U0727866

本书系广东省哲学社会科学"十一五"规划项目成果

本成果出版得到了广东工业大学文法学院的资助

高校社科文库
University Social Science Series

教 育 部 高 等 学 校
社会科学发展研究中心

汇集高校哲学社会科学优秀原创学术成果

搭建高校哲学社会科学学术著作出版平台

探索高校哲学社会科学专著出版的新模式

扩大高校哲学社会科学学科研成果的影响力

邵俊武/著

纠纷解决的
法律机制研究

A Study on Legal Mechanism
of Dispute Resolution

光明日报出版社

图书在版编目（CIP）数据

纠纷解决的法律机制研究 / 邵俊武著 . -- 北京：光明日报出版社，2011.4（2024.6 重印）
（高校社科文库）
ISBN 978 - 7 - 5112 - 1042 - 5

Ⅰ.①纠…　Ⅱ.①邵…　Ⅲ.①民事纠纷—调解（诉讼法）—研究—中国
Ⅳ. D925.114.4

中国版本图书馆 CIP 数据核字（2011）第 043050 号

纠纷解决的法律机制研究

JIUFEN JIEJUE DE FALÜ JIZHI YANJIU

著　者：邵俊武

责任编辑：刘书永　宋　悦　　　　责任校对：李剑楠　海　宁
封面设计：小宝工作室　　　　　　责任印制：曹　净

出版发行：光明日报出版社
地　　址：北京市西城区永安路 106 号，100050
电　　话：010-63169890（咨询），010-63131930（邮购）
传　　真：010-63131930
网　　址：http://book.gmw.cn
E - mail：gmrbcbs@gmw.cn
法律顾问：北京市兰台律师事务所龚柳方律师
印　　刷：三河市华东印刷有限公司
装　　订：三河市华东印刷有限公司
本书如有破损、缺页、装订错误，请与本社联系调换，电话：010-63131930
开　　本：165mm×230mm
字　　数：280 千字　　　　　　　印　　张：15.5
版　　次：2011 年 4 月第 1 版　　　印　　次：2024 年 6 月第 2 次印刷
书　　号：ISBN 978 - 7 - 5112 - 1042 - 5 - 01
定　　价：68.00 元

版权所有　翻印必究

序

在多元化纠纷解决机制中律师能否有所作为?

刘桂明

作为受命于危难忧烦之际、效力于是非曲直之间的律师，在为维护当事人的合法权益时，究竟应该是以诉论为主还是以调解位重，应当说是一个见仁见智的选择。对律师来说，似乎又是一个并不难回答的问题。

但是，最近读到邵俊武教授的新作《纠纷解决的法律机制研究》一书时，我有了一个新的问题：在多元化纠纷解决机制中，律师能否有所作为？律师究竟可以有何作为？律师应该有何作为？

去年的此时，河南省司法厅和河南省高级人民法院联合下发了《关于充分发挥律师在诉论调解工作中积极作用的意见》（下简称《意见》）。按照《意见》要求，律师要努力促进当事人之间、当事人与法官之间的相互沟通与理解，向法官提出有利于调解的意见和建议，配合人民法院促成调解。《意见》发出后，立即在社会各界引起了轩然大波，赞成者有之，观望者有之，质疑者更有之。平心而论，两个法律部门联合发文的初衷不可谓不好，权威不可谓不大，思路不可谓不高。但是，为什么《意见》发出后还会引起如此表态不一的"意见"呢?

显然，在官方和律师之间的沟通方面出现了问题。一方面是官方对律师缺乏足够而有效的情况介绍，另一方面也是律师对自身的职能乃至责任缺乏足够而有效的职业认同。同时，因为其中参与联合发文的法院并非律师的管理部门，所以律师对官方尤其是法院的天然抵触心理使他们对《意见》的设计初衷与制度效力产生了怀疑。于是，有律师就质问："法院是律师的上级吗""当和事佬是律师的职能吗"。

据司法厅介绍说，《意见》对涉及弱势群体利益的案件指出要重点做好调解工作，以促进弱势群体利益得到尽快解决，免受诉讼之累。民事案件、刑事附带民事诉讼案件、刑事自诉案件、轻微刑事案件，都是律师应当积极引导当事人达成庭外调解，或配合人民法院在诉讼过程中达成调解的领域。此外，当事人情绪激化、严重对立的案件，案情复杂、双方都难以形成证据的案件等也是调解的重点。

在我看来，律师当当"和事佬"也无妨。如果说将军决战岂止在战场，那么同样的道理，律师决战又岂止在诉讼？随着"和谐社会"理念的构建与司法人民性的张扬，努力追求为当事人实现调解的职业目标，也应当被认为是律师业务的"第二战场"。

根据我国《律师法》第二条规定，律师接受委托或指定，为当事人提供法律服务，应当致力于维护当事人的合法权益，维护法律的正确实施，维护社会的公平和正义。所以，不论是诉讼还是调解，只要能够达到这"三个维护"，就算是大功告成了。如此看来，以调解实现当事人的正义诉求，同样也是律师的法定职能，更是律师职业定位的应有之义。尤其需要看到的是，律师成为"和事佬"将自然而然地带来几个方面的双赢乃至多赢效应。

一是节省时间。首先应当承认，在当下各级法官尤其是基层法官普遍人手短缺、诉讼爆炸、任务繁重而判决结果又常常未能如愿平息纠纷的情形下，司法调解对于实现法律要求的"定纷止争"目标具有其他方式无可比拟的作用。在有关学者和实践者看来，司法调解将以当事人之间私权冲突为基础，以当事人一方的诉讼请求为依据，以司法审判权的介入和司法审查为特征，以当事人之间处分自己的权益为内容，实际上是公权力主导下对私权利的一种处分和让与。相比那些漫长反复的诉讼来讲，案件如果能够以调解方式结案，不仅将节省自己与当事人的时间，而且还往往能够达到双方当事人都不上诉、不申请再审、不再上访的皆大欢喜之结果。

二是降低成本。有大量的事实表明，通过律师有效代理，借助律师职业智慧，成功实现司法调解，减弱诉讼过程中的矛盾冲突，这对当事人而言，不仅是一种对原有目标设定进行重新选择的尝试，更是一种对经济成本实现有效降低的探索。而对那些弱势当事人来说，如果避免诉讼之累等同于锦上添花的话，那么降低成本就相当于雪中送炭。

三是提升形象。有人说，宪法是妥协的产物，而律师则是矛盾的产物。确实，在我们的社会现实中，律师看起来处处充满矛盾。人们羡慕律师，社会却又处处排斥律师；社会需要律师，却又没有赋予律师应有的执业权利；一些法官、检察官看不起律师，却在辞职后干起了律师……当然，我说律师是矛盾的产物，未必就完全是这个含义。更重要的是指，律师是化解矛盾的高手。在法治社会中，在市民社会里，律师的确在处理和化解公与私的矛盾、权利与义务的矛盾、甲方与乙方的矛盾方面，能够发挥相当的作用。同时，为了避免给社会、给政府、给国家带来更多的麻烦，律师也是解决麻烦的高手。化解矛盾也好，解决麻烦也罢，均表明律师在履行职业责任与承担社会责任方面可圈可点，而其中担当"和事佬"的职业表现则更显示了律师的崇高使命感。

当然，从律师表示质疑的声音中，我们不难发现这样的潜台词：一是对省高院参与发文存有抵触情绪，二是担心自己的业务创收大幅下降。其实，这个质疑是没有必要的。因为省司法厅相关负责人说，《意见》不是法律、法规，而是一个建议性质的政策，不会强求律师、当事人参加调解。出台《意见》的目的是，提高司法效率，避免更多的社会矛盾。如果当事人不同意调解，司法机关完全尊重他们的意愿，继续走司法程序。而且，司法机关也不会对律师制定一些条条框框，不会命令他们必须让当事人调解。至于对律师的收入影响问题也不会存在，《意见》提出，律师在与当事人签订委托代理协议时，可以根据纠纷的具体情况，在充分平衡当事人利益、自身利益与社会利益关系的前提下，就以调解方式结案情况下的律师服务收费进行协商约定。也就是说，如果调解案件，律师费可以由律师与当事人商量，达到双方都满意。而非调解案件，律师收费是有标准的。因此，也就不存在律师收入低的问题。

更加难能可贵的是，律师担当"和事佬"不仅可以有效地实现当事人的目标，而且还可以获得司法行政机关的有关表彰和物资奖励。

可以预计，尽管省司法厅与省高院的联合发文在操作程序上还有商榷之处，但律师担当"和事佬"的创意，将为律师业赢得社会更好的口碑和带来更多的成果。

如此判断，如此结论，在邵俊武教授的新作《纠纷解决的法律机制研究》中，同样得到了佐证。

因为在邵俊武教授看来，和解与协商在给当事人自主解决纠纷机会的同时，也为当事人的实力博弈提供了空间。如果任由当事人自己掌控，必然导致弱势一方当事人的合法权益在和解与协商的名义下大打折扣。因此，必须对当事人的和解与协商加以必要规范，以保证国家法制的实现、社会正义与公平的彰显。

而律师的参与正是为了规范当事人的和解与协商，丰富并完善多元化纠纷解决机制，从而有效地维护当事人的合法权益，维护法律的正确实施，维护社会的公平和正义。

针对律师能否担当"和事佬"的争议，有专家介绍说，在国外，律师作为中立第三人参与调解早已经成为 ADR（非诉讼纠纷解决程序）中的主要力量，中国的律师却还停留在讨论能不能的问题上，这说明律师明显落后于法院。事实上也正是如此，专门用一个文件倡导律师要在诉讼调解工作中发挥积极作用，反过来正好说明目前律师在这方面工作做得不够。分析起来，这其中既有意识上的缺乏也有制度上的缺失。"

因为在许多人的传统眼光里，好律师似乎就是要在法庭上唇枪舌剑、咄咄逼人。这确实是律师的一面，但并不是全部。

于是，我们可以就此得出如下结论：懂法律的律师是一个合格的律师，懂仲裁的律师是好律师，懂调解的律师是更好的律师。

作为一位职业律师，要做到懂法律是基本要求，懂仲裁则是专业要求，那么，懂调解呢？

在本书中，邵俊武教授既没有将更多的笔墨倾注在对纯理论问题的论述方面，也没有较多地引用外国立法进行纠纷解决机制的比较研究，而是围绕纠纷处理过程中的具体问题，有针对性地运用法学理论进行分析与探讨，并在此基础上反思具有符合中国特色与需要的纠纷解决制度的构建，提出进一步完善制度建设的意见和建议。其中，尤其是在分析与研究和解与协商机制的公正保障、诉讼机制的改良、仲裁机制的完善等方面，既有独立而深刻的主张，也有实用而有可行性的构想，值得关注与赞赏。

可以说，本书正是一部让律师能够从理论与实务上了解调解、运用调解、完善调解的潜心之作。在多元化纠纷解决机制的运行与探索中，律师能否有所作为、如何作为，本书将告诉我们一个令人舒心的参考答案。

拉拉杂杂，絮絮叨叨，总而言之，言而总之，都是为了鼓吹律师开辟"第二战场"。同时以此祝贺俊武教授的新作出版。不言为序，不敢为序，权且代序。

（作者为中国法学会民主与法制社副总编）

CONTENTS 目 录

绪　论

通常意义上，人们把权利与救济并列，即所谓有权利必有救济，无救济则无权利。这种认识主要基于实体法权利的视角而得出，即任何一项实体法权利都应有相应的救济机制加以保障，否则，该项实体法权利仅停留在立法层面，只是一种权利的宣示，而难以使之在现实生活中具体实现，难以成为权利主体实际享有的具体法益。在现实生活中，权利如果能够得到顺利实现，权利的存在实际上是一种无形的状态，人们无需为权利而斗争。只有当权利的行使遭遇障碍并发生纠纷时，人们才会诉诸救济机制以寻求对权利的保障。因此，权利虽然仰赖于救济机制的保障，但权利并不直接对应救济，只有那些在行使与实现过程中发生争议的权利，才需要诉诸救济机制。在此种意义上，纠纷在权利与救济之间起着媒介的作用。在权利实现的过程中，权利是引发纠纷的原因和基础，权利隐含在纠纷之中，人们首先面对的是纠纷，只有通过救济使纠纷得到解决，纠纷中所包含的权利才可能得到正确认定和全面保护。因此，纠纷的解决在法治国家就有着至关重要的意义。

一、制度研究的基点：健全、完善的纠纷解决机制是社会制度的必需

社会矛盾与纠纷是与人类相伴相生的一种社会现象，这是任何国家、任何社会在任何历史阶段中都会面临的一种普遍现象，只是在不同的国家、不同的历史时期，各种社会矛盾与纠纷发生的特点不同，相应的处理和解决的手段与方法也有所差别而已。也正因为如此，妥善处理和解决各种社会纠纷，是一个历史性和世界性的普遍问题，是人类无法回避的社会问题。

从表面上看，社会矛盾与纠纷影响社会秩序的稳定与和谐，造成一定范围内的社会冲突，甚或引发社会成员关系的离散，而处理和解决社会矛盾与纠纷又会耗费各种社会资源，因而是一个社会的消极和负面的因素。但是事实上，对于社会的发展和进步来讲，社会矛盾与纠纷具有某种独特的积极意义，它不

仅能够充分、及时地暴露和反映社会某一方面存在的问题，促使人们及时处理和解决之，并可使社会在处理和解决这些矛盾与纠纷的同时，改进和完善社会制度，从而消除影响社会进步与发展的各种障碍，甚至有些时候，某些典型纠纷的处理不仅可以对全社会产生示范效果，有效提升人们的价值观和法律意识，还可以推动立法的发展和进步。可以说，在一定意义上，正是不断涌现的各种社会矛盾与纠纷，刺激了社会的发展与进步。

虽然社会矛盾与纠纷可以起到刺激社会发展的作用，但是，社会矛盾与纠纷毕竟对现存的社会秩序还是会造成一定的冲击，如果任其发展演变而得不到有效地处理和解决，则会对社会秩序造成严重的震荡，甚至造成严重的社会混乱，不仅阻碍社会的发展，甚或引起社会的倒退。而如果没有有效的法治手段的处理和解决，社会矛盾与纠纷的处理会被各种丛林法则所控制，就会导致弱肉强食和社会不公的结果。因此，任何一个法治的社会，都力图将各种社会矛盾与纠纷纳入到制度性处理与解决的轨道上。虽然在一国之内，各种利益诉求与社会的价值观念可以是多元的，但国家法制的统一性，能够保证多元的社会利益诉求与多元的社会价值观之间关系的协调，能够维系作为最大公约数的社会整体利益的完整，从而能够保护最大范围的人们的共同利益和追求。由于法制所具有的对多元的社会利益与价值诉求充分吸收与整合的功能，可以最大程度地平息已经发生的各类社会矛盾与纠纷。因此，将各种社会矛盾与纠纷的处理与解决纳入法治的轨道，在矛盾与纠纷处理与解决的过程中可以充分彰显法制的精神，公正、合理地分配各种权利和利益。这就要求对社会矛盾与纠纷处理的结果应当能够与国家的法律制度相统一，能够体现社会的正义与公平。同时，通过法制途径与手段处理和解决各种社会矛盾与纠纷，也可以对整个社会产生示范和扩散的效应，避免类似纠纷与矛盾的后续发生，或防止类似纠纷与矛盾的激化。

二、纠纷解决方法的检视：纠纷解决应当避免走入误区

在构建各种纠纷解决机制的过程中，有几种错误的倾向应当引起我们的重视。

（一）纠纷解决机制万能论

总体来讲，纠纷解决机制具有消解社会纠纷、吸收社会不满、析出社会正义等方面的重要功能，因此，作为一个完善的社会制度，必要的、健全的纠纷解决机制是必需的。但从和谐社会的角度讲，不能过度迷信它的作用，更不能陷入纠纷解决机制万能的误区。因为，面对因为各种原因引发的形形色色的社会矛盾与纠纷，任何一种纠纷解决机制都有其局限性。

1. 任何一种纠纷解决的方法都无法完全对应所有的纠纷类型。纠纷的种类不同，纠纷解决的方法也应相应的不同。任何一种纠纷解决的方法可能都不是万能的，对某一特定类型纠纷有明显效果的纠纷解决方法，对其他类型纠纷的解决或许适得其反。

2. 任何一种纠纷解决机制都只是一种事后救济手段。虽然纠纷解决的结果可以在一定程度上起到预防纠纷发生的作用，但是，这种作用只是一种间接作用。纠纷解决机制无法在纠纷尚未发生时，即发出预警并预先采取必要的措施；即使建立了完善的纠纷解决机制与相关管理部门之间的联动机制，纠纷解决机构也只能就已经发生的问题，提示相关管理机构采取相应的措施，改进和加强相关的工作，预防同类情况的再次发生。对于已经发生的纠纷而言，这种联动机制无法改变已经发生的事实，无法溯及既往。况且，由于纠纷解决机构与相关管理部门之间的职能与分工不同，纠纷解决机构无权节制相关的管理部门，纠纷解决机制的这种提示能否为相关管理部门所接受，还要取决于相关管理部门的认识和态度，这使得其作用必然大打折扣。总之，完善的纠纷解决机制对于各种社会纠纷的处理和解决只是一种可能的善后，一个和谐的社会应当以尽可能减少纠纷的发生为追求目标，完全寄希望于各种纠纷解决机制善后功能的发挥，或许能够疏流，但难以堵源。

3. 纠纷解决机制的作用有局限性。纠纷解决机制能够努力实现个案的公正处理，但难以实现社会的公平。任何形式的纠纷解决机制都只能直接作用于特定的纠纷，完善的纠纷解决机制能够倾尽所能，通过对具体纠纷的解决，尽可能实现对个案的公正处理，但它却无法改变整个社会的现状，无法触及纠纷发生的源头，无法对社会公共事务实施直接管理，而只能通过对具体纠纷的裁断和处理，间接地实现对社会事务的影响。事实上，基于特定条件的限制，纠纷解决机制有时也难以实现个案的公正；甚至在某些特定情况下，即使是完善的纠纷解决机制有时也无法实现个案的公正。在各种社会矛盾与纠纷中，有些是因为当事人不能正确行使其权利造成的，而有些则是因为制度性缺陷造成的。对于前一种纠纷，纠纷解决机制具有较强的处理能力；但对后一种纠纷而言，则必须从制度层面加以调整，才能使纠纷得到妥善的处理。因为纠纷解决机制仅仅是一种程序性机制，必须结合相应的实体制度规范才能发挥作用，如果这种制度规则本身存在严重的问题，社会不公已经被制度化，那么，不论多么公正完善的纠纷解决机制也无法让一个恶法升华成为一种社会正义。毕竟任何一种纠纷解决机制都无法替代社会管理的所有政策与策略。

也正是因为上述原因，任何一种纠纷解决机制都无法从根本上控制和减少纠纷的增量，无法使所有的社会纠纷与矛盾从根源上得到彻底解决。

(二) 调解解决机制理想化

在我国，漫长的封建统治的历史，长期的儒家思想的熏陶，先天缺少法制的历史积淀，赋予了调解解决纠纷以深厚的历史文化依托和现实的发展空间；更由于封建司法官僚政治的腐败，使得司法审判等国家公权掌控下的纠纷解决机制无法正常输出社会正义，老百姓对诉讼解决纠纷的方式退避三舍，冤死不告状，屈死不告官。

改革开放后开始的现代化法制发展运动，给全社会注入了新的社会发展动力，并将国家的发展目标从宪法的高度明确定位为建设社会主义法治国家。但是，社会经济的迅速发展与政策制度的不断革新，使得社会矛盾与纠纷呈现频发和高发的态势，而我国短暂的法制发展历史仍无法完全卸载厚重的历史包袱，无法充分满足人民对现代法制的极度渴求，激情燃烧的理想遭遇艰苦卓绝的现实，会使人们产生挫折感，并逐渐在社会上弥漫出一种对法治的失望和对法律的不信任。面对日益复杂的各类纠纷与矛盾，原有的各种制度性纠纷解决机制均遭遇到一定的挑战，全社会因此更加关注构建新的社会矛盾与纠纷处理和解决机制，并探索着各种纠纷解决的途径，在这种大背景下，形式灵活且方式简便的调解解决纠纷的方式以其独特的作用得以复兴，重新受到各方的青睐：从官方而言，法律的刚性规范对长期以来习惯依政策办事、唯领导意志是从的传统观念与工作方法形成了严重冲击，极大地制约和限制了官方对具体问题的灵活处理，影响了官方对各种法外利益的特别安排，而调解所具有的形式简便、方式灵活的特点，顺应了官方力图挣脱法制束缚、规避法律刚性规则限制的现实需求；从民众而言，依法维权但屡屡受挫以及法律工具主义的负面影响，使得他们感到法律似乎只是管制民众的利器，不是保护自身利益的盾牌，而现行制度下的诉讼期限较长、诉讼负担的过重也使民众视司法审判为畏途，比较之下，调解则为他们提供了一个公力救济之外的法外谈判空间和获取可能利益的机会，为此他们也愿意接受调解解决的方式。

在目前的社会基础与法制条件下，与其他纠纷解决机制相比，调解具有一定的优势：一方面，社会转型期引发的各种社会不公与利益冲突呈普遍多发性，原有的各种纠纷解决机制难以全面应对；另一方面，法制发展的滞后性和不完善的现状，无法保证制度性纠纷解决机制对各种社会纠纷的有效吸纳和妥善处理。而调解方式因其参与的自愿性、过程的商谈性、形式的灵活性、结果的可控制性等特点，可以在一定程度上克服制度性纠纷解决机制刚性过强（如严格的主管与管辖限制、严格的程序规范要求、严格的合法性处理结果等）和法律依据的不足等缺陷。因此，国家尝试在全社会打造"大调解"的纠纷解决体制。但是，我们也应当清醒地看到，调解毕竟是一种替代性的纠纷解决机制，国家不能因此放缓或者削弱制度性的纠纷解决机制（如诉讼与仲裁）的发展与建设，而应保障社会对制度性纠纷解决机制需求的供给，保证民众在任何一种纠纷解决机制中都能得到公正的对待，并可以无限制地选择和重返制度性纠纷解决机制。目前，包括诉讼在内的制度性纠纷解决机制供给的不足，只是社会在特定历史时期的暂时现象，随着法治国家建设的不断推进，必然有所改善。

也正因为如此，在这样的一种社会背景下，过分夸大调解解决的作用，不仅会消解人们对国家法律的信心，也会阻碍法治国家建设的进程。

1. 调解难以完全保证国家输出正义的畅通。人类社会经历了一个公力救济取代普遍的私力救济方式来解决社会纠纷的历史发展过程。通常情况下，公力救济是国家公权主导下单一作用的纠纷解决制度，而调解即使是法院主持下的诉讼调解也只是国家公权与当事人私权处分权共同作用的一种纠纷解决机制，诉讼调解之外的其他调解机制则大多是由当事人主导下进行的。公力救济一方面可以避免和防止由于弱肉强食式的暴力或非暴力压制，严重损害社会弱者的正当利益和生存空间；另一方面，国家也能够通过它将社会公平与正义的价值理念传递到全社会，以营造和维护良好的社会秩序。而在各种的纠纷调解解决的过程中，调解虽然也可在纠纷解决的过程中起到维护社会公平和法律正义的作用，但由于调解的实施是在当事人各方自愿的基础之上进行的，调解的结果受制于当事人意思自治的内容，因此，它对社会成员实力实际不平等的修正能力是有限的，难以充分体现和反映社会的公平与正义。

2. 调解结果的不确定性不能为其他纠纷解决方式提供准确参照。通过公力救济方式最终作出的裁断，因为其严格的法定性要求，不仅能够使法律得到充分的实施，其结果具有较强的可预测性，也可作为其他同类案件处理和解决时的参考，其他社会成员也可参照公力救济的结果，主动、正确地调整和选择其恰当的行为方式，依法自觉规范其行为，避免和防止因某些不可预测的事由而导致其权利的丧失。而调解由于其结果主要建立在当事各方对其法内利益相互让步的基础上，这种形式对于纠纷的处理和解决虽然具有一定的积极意义，但从严格依法的角度而言，其结果难以准确反映法律规范的原貌，难保不失真或扭曲，因此，其结果对于其他同类案件也就不具有可效仿性与推广价值，不能成为其他纠纷解决的参照。

3. 调解方式可能为当事人实力决定纠纷解决结果提供了机会。因为调解给了当事人相互协商的更大的自主权，同时也为当事人之间实力的博弈提供了施展的空间，调解中弱势的一方难免无力抵御来自强势一方施加的压力，甚至可能会屈服于对方当事人的实力（势力）而被迫就范，社会公平与正义可能因此被异化。

调解也会给其他社会力量干预诉讼对纠纷的处理打开方便之门。调解现已成为当下社会中的一个强势话语，社会各界都十分关注并极力倡导调解，甚至行政官员和司法官员的政绩也要与之挂钩，调解因此被赋予了许多牵强的象征意义，承受了许多不能承受之重。在这些因素的共同推动下，在正常的诉讼过程中，受司法独立的限制，各种社会力量对纠纷的处理难以有所作为，此刻则可能借调解之机涉足于纠纷的调处，并促成调解协议的达成。应该说，这种外力的作用对纠纷的调处解决并非没有益处，但却无法排除其可能为了实现调解的目标而迫使当事人接受调解的隐忧。

4. 调解主体与调解依据的多元性和调解结果的多样化会造成社会认同的混乱。由于调解并无法定主管的限制，各种社会主体均可运用调解方式参与对纠纷的处理，而不同的调解主体对纠纷调处所依据的准绳各有不同，其中既有法律法规，也有村规民约、风俗习惯、行业惯例、宗教信仰等，因此形成的调解结果也必然多样化。当然，从积极的方面看，多元的调解依据因为能够更好地契合特定当事人与特定纠纷的特点，对纠纷的处理能够起到更好的定纷止争的作用。然而，从另一方面看，现代社会信息发达，社会成员流动频繁，任何一个环境都无法做到完全的封锁与闭塞，人们能够直接或者间接地了解到其他地区人们的社会生活状况，同类的纠纷经由不同的调解主体适用不同的依据进行调处后，如果其结果与人们所了解的其他地区同类纠纷处理的结果差距过大，民众不仅会对纠纷处理的公正性心存怀疑，也会对公平正义的制度产生疑惑。

从理想的角度而言，一个法制完善、司法公器能够正常输出社会正义的情况下，调解解决各种社会纠纷是一种有益的制度补充，既能够有效弥补公力救济供给的不足，又可以克服公力救济形式单一的局限，为不同类型的纠纷提供更适合的纠纷解决方式。但是，调解毕竟是一种非常规的纠纷处理方式，是在国家司法公权之外的一种纠纷解决机制，虽然在现行制度内也存在其他国家机关调处纠纷的机制，如行政机关的调解解决等，但司法公力救济制度的完善仍是一个法治国家必不可少的制度建设，是其他各种纠纷解决机制作用的基础和效力的保障，它们的有机结合、共同作用，既能为社会提供各种纠纷有效处理和公正解决的合法途径，也能避免民众因诉求无门、公正难寻而采用极端手段自力救济，更能防止各种黑恶势力通过纠纷的解决渗透到社会生活中来。

（三）压制方式解决纠纷扩大化

近几年，由于暴力抗法现象在一些地方和一些领域呈多发态势，面对频发的各种社会纠纷与矛盾，尤其是为了遏制群体性纠纷的发生和蔓延，有些地方政府常用的话语或手段就是"加大执法的力度"、"加大打击的力度"，似乎只有加大了执法的力度或者加大了打击的力度，处理起来才会更有效。据媒体报道，有的地方在对城管进行执法培训的教材中传授在执法过程中如何"注意要使相对人的脸上不见血，身上不见伤，周围不见人……"。① 但从实际效果观察，这种高压式的暴力执法方式收效甚微，并且可能引发其他的违法行为发生，② 甚至引起矛盾激化，导致更为严重的暴力对抗和武力抵制。

在现实生活中，相当多的纠纷（尤其是群体性纠纷）的发生往往与政府信息公开的不通畅有关。有些部门在涉及民众权益事务的决策过程中，有意或无意地屏蔽了民众的知情权，以至纠纷发生时的参与者往往不是"一小撮人"，而是不明真相的社会大众。当纠纷发生后，相关部门如果能够及时指派相关人员到场说明情况，公开真相，进行耐心的说服和解释工作，通常都会消除误解，平息事态。但遗憾的是，有些地方的政府面对纠纷与矛盾，首先不是作足说明和解释的工作，而是直接派出防爆警察和警犬到现场进行威吓，甚至武力对峙，错误地将政府直接摆在了民众的对立面，本来民众只是想通过聚集请愿的方式提出某种诉求的活动，结果升级为一场政府与民众之间的暴力冲突。

众所周知，对于确已发生的暴力违法行为，地方政府采取必要的措施予以强行制止，不仅是必要的，而且也能够得到民众的普遍认同与积极拥护；但对

① 本报记者张东锋，实习生熊巧："网友曝光城管'打人不见血'教材"，《南方都市报》2009年4月22日A32版。

② 如上海发生的城管殴打水果摊主致其瘫痪的现象。参见"殴打摊主致瘫沪5城管被刑拘"，《南方都市报》2009年7月30日A16版。

于那些只是采取不适当方式主张其诉求的行为，积极回应他们的合理诉求，公正解决他们提出的问题，可以消解已经引发的不理智情绪，控制事态的升级，完全不必要直接动用武力弹压。那种动辄采用武力压制方式处理和解决一般性社会纠纷的做法，不仅于事无补，而且后患无穷。

1. 容易激化矛盾。对于已经发生的各种社会纠纷，不分青红皂白一味采用强力执法的方式，很容易激化矛盾，导致矛盾升级。在政府采用强力措施解决纠纷时，有些民众看到事态的严重而退避，而对于那些自认为其权利合法正当但不得求解的当事人来讲，反而心生绝望，认为政府是在打压他而偏袒对方当事人，将本来对对方当事人的不满转移到执法人员人上，转移到地方政府的身上，不仅激化了矛盾，也影响了政府在解决纠纷过程中的中立地位，削弱了政府在纠纷解决过程中的权威性和说服力。

毛泽东同志早就将矛盾的性质科学地划分为敌我矛盾与人民内部矛盾，对于不同性质的矛盾应当采用的手段与方法完全不同。在现阶段，占绝对数量的矛盾是人民内部矛盾，万不可滥用对待敌我矛盾的手段与方法，否则，就可能将政府推向人民的反面，从根本上改变人民政府的性质。

2. 容易产生不良的示范效应。面对各种社会纠纷与矛盾，动辄使用强力打击的手段，不仅会助长执法机关简单、粗暴的工作作风，容易导致政府行为违法，更重要的是还会带来不良的社会示范效应。因为这种做法没有任何"技术含量"，既简单易学又方便易用，可在较短时间内迅速控制事态，容易诱导其他政府机关争相效仿。古语说："以法为教，以吏为师"。[1] 某些地方政府的这些错误做法，也容易在全社会引发传导和扩散效应，民众一旦习惯了政府的这种做法，也会错把极端方式与暴力手段作为一种正当选择用在民间纠纷的解决过程中，甚至采用暴力对抗与政府发生的纠纷（如屡屡发生的暴力抗拒拆迁案件)[2]，引发全社会暴力倾向的蔓延。

3. 后遗症较大。通过强力压服那些不愿服从的当事人接受某种结果，从表面上看，它似乎解决了问题，但事实上，被压服的当事人并未真正接受这种处理的结果，可能转而寻求其他的纠纷解决方法，如继续向更高一级政府提出其诉求，或者采取其他极端方式以引起社会和官方高层的关注等。由于强力压

---

[1]　转引自邵建："信任危机中的吏治问题"，《南方都市报》2009 年 7 月 14 日 A31 版。

[2]　如武汉市东西湖一农民为了反对强制拆迁，在自己承包的田地里搭"炮楼"，自制土炮，两次打退拆迁队。参见"农民造土炮轰退强拆队"，《南方都市报》2010 年 6 月 8 日 A19 版。

服的做法实际上仅仅是暂时掩盖了问题，并没有真正解决问题，而且这种解决问题的方式本身又会产生新的问题。在有些情况下，将本已暴露出来的问题强行压制下去，就会使这些问题脱离正常的解决轨道而隐蔽起来，自行酝酿、不断扩散、积蓄能量，失去必要的控制或一旦有合适的机会出现时，这些隐蔽起来的问题就会与其他相关或不相关的问题一并发作，后患无穷。

此外，以动用武力强压的方式处理纠纷社会成本高昂。地方政府需要调用大量的人力，耗费大量的物力财力，给政府造成很大的财政压力，加大地方民众的经济负担。

三、纠纷解决的目标和价值：社会公平与正义

纠纷能够得到妥善公平的处理和解决，这是任何一种纠纷解决机制的最终目标和制度存在的价值。这一目标的实现既包括纠纷处理程序的如期终结，也包括纠纷中所涉及的各方利益和权利得到了公平合理的分配和处理。从一般意义上讲，纠纷的解决应当包括以下几方面目标的实现：

（一）纠纷的解决程序公正科学

纠纷解决是一项具有一定程式规范和科学合理的方式方法要求的专门活动。在纠纷解决的各种机制中，既有制度性纠纷解决机制，也有非制度性纠纷解决机制。相对而言，制度性纠纷解决机制由于有法定程序规范，其纠纷解决程序的科学性和公正性能够得到基本保障；而非制度性纠纷解决机制由于欠缺直接的法律规范，其程序过程的规范性相对比较薄弱。但无论何种纠纷解决机制，都应当拥有符合其纠纷解决形式的科学合理的工作程式和手段，以保证纠纷解决的可行性和有效性。我们经常会发现，"即使两种法律程序提供的结果同样准确，人们仍有可能认为其中一种程序优于另一种程序。"① 这充分说明了公正科学的纠纷解决程序对于纠纷的解决具有至关重要的意义。在现实生活中，武断的命令或者抛硬币同样可以解决许多争执，但其结果的公信力显然难以被全社会所接受。

此外，纠纷解决程序应当如期终结。如果有具体的法律规定，纠纷的解决应当在法定期间内正常结束；如果没有具体的法律规定，纠纷应当在一个合理的、当事人能够接受的期限内予以终结。所谓迟来的正义是非正义，纠纷解决程序启动后，如果长期拖延而不能在法定的或者合理的期间内终结，当事人之

---

① ［美］迈克尔 D 贝勒斯 S 著，张文显、宋金娜、朱卫国、黄文艺译：《法律的原则——一个规范的分析》，中国大百科全书出版社 1996 年 1 月版，第 33 页。

间的权利义务就会长期处于不确定状态，纷争的状态会一直持续，既影响到权利人的利益，也威胁着社会的正常秩序。

（二）全面处理当事人之间的争议

纠纷的解决应当具有终结当事人之间争议的基本功能，因此，纠纷的解决应当对当事人之间的争议予以全面回应并全部作出裁断。在特定的纠纷中，当事人基于纠纷提出的诉求可能多种多样，有些合法有些不合法，有些合理有些不合理，有些诉求甚至可能超出了纠纷解决者有权管辖的范围。但是，作为特定纠纷解决机制中的纠纷解决者，不应忽视或回避当事人提出的不合法、不合理或超出自己主管范围的诉求，否则，不仅无法全面审视纠纷的全貌，也无法妥善处理和解决纠纷。即使某些诉求涉及到纠纷产生的深层次原因和问题，超出了所有纠纷解决机制所能覆盖的范围，也应予以必要的回应。如果纠纷的解决只是对其中的一部分作了结论，则不仅纠纷依然存在，甚至连已经解决的部分也会因此受到牵连而无法显效。所以，在纠纷的解决过程中，纠纷的解决者除了有裁断的职责外，还应当有说服的义务，对于当事人提出的那些不能直接裁断的诉求，进行必要的说服和理性的劝慰，不仅能够展现纠纷解决者的人文关怀，也有利于纠纷的全面解决和顺利解决。

（三）纠纷解决的结果符合法律的基本原则和精神

因为法律在社会生活中的地位和权利义务的法定性，决定了纠纷的解决应当依法进行。但从实际处理的情况来观察，依法解决纠纷并不意味着纠纷的解决只能按照法律的具体规范进行，或者纠纷处理的结果必须完全符合法律规范的规定。由于以下几方面的原因，纠纷的处理与法律的具体规定之间有时并不一定能保持一种完全的对应关系。

1. 法律调整范围的有限性。由于法并不是调整社会生活的惟一规范，因此，有些纠纷的处理必然没有可供依据的法律规范，必须依靠政策、道德、习惯等其他社会规范。

2. 法律本身规定的局限性。即使在法律调整的范畴内，由于社会生活的复杂性和法律规范的确定性特点，法律并不能对所有的调整对象都事无巨细地作出完整、系统的规范，致使一些纠纷的处理欠缺直接依据的规范性文件；即使存在具体的制定法，同样由于社会生活的复杂性，法律对许多社会生活问题的规范也只能以某种抽象性和原则性规定为主。因此，某些纠纷的处理就具有很大的灵活性，其结果也就必然多样化。

3. 纠纷解决过程中主体作用的多元性。在各类纠纷解决方式中，除了完全由某种权威主体单方主导下的纠纷解决方式，如审判、仲裁、行政裁决等，其纠纷处理的结果可由纠纷的处理者单方控制外，其他纠纷解决方式（如各种调解与和解等）对纠纷处理的结果既要受纠纷处理者的控制，也要受纠纷当事人的制约和影响，其结果是纠纷处理者与当事人的意志共同作用的结果。由于当事人对自己的法定权益依法可以行使处分权，其自由意志作用的结果使得纠纷处理的结果与法律的具体规定发生一定的出入。事实上，即使是由权威主体单一主导下的纠纷处理结果，也会因为法律调整范围的有限性和法律规定自身的局限性，而无法与法律的具体规范完全契合。

因此，在纠纷的处理过程中，一味苛求纠纷处理的结果要与法律完全保持一致，不仅是不现实的，也是不必要的。而且，我国尚处于法治化起步阶段，有些立法没有随着时代的进步而及时改进，也有不少的立法由于立法者的认识错误而存在这样或那样的错漏，更有一些立法的错误虽然已经被人们所认识，但由于立法过程的滞后性而尚未得到及时的修正。在一个实行制定法的国家，这些客观存在的恶法，即使不符合当下的法治原则和精神，在法律没有修改之前，其效力也并不因此而自然消亡，它仍然对某些纠纷的处理和解决发生着作用。但是作为纠纷的处理者，如果一味恪守这些恶法的具体规范，不仅纠纷处理的结果不能被当事人所接受，其纠纷解决的公信力也难以在全社会树立。因此，在纠纷的处理结果与法律规范的内容之间，应当容许存在一种必要的距离。

当然，即便如此，也不能因此得出结论，认为纠纷的解决可以完全脱离法律独自运行。因为法律的规范作用包括了法的指引作用、评价作用、预测作用等多个方面，① 即使在某些情况下，对纠纷的处理从表面上看似乎不完全是按照法律的具体规范直接进行的，但法律还是能够以它特殊的形式作用其中。现代社会，法治国家已经成为国家发展的基本目标，法律也已经渗透到社会生活的各个领域，成为人们行为的最基本规范。作为其他社会规范中最高价值的体现，法律的基本原则和精神始终是纠纷处理的基本依据和最终归宿。因此，从理想的角度而言，二者之间的距离越接近越好，而且二者之间应该以法律的基本原则和精神为圆心、以法律的具体规范为内圆、以纠纷的实际处理结果为外圆，共同构成一个同心圆。

----

① 参见张文显：《法理学》，法律出版社 2007 年 1 月版，第 296～299 页。

（四）纠纷的解决结果被当事人接受

从表面上看，当事人是否接受纠纷处理的结果似乎是一个纯粹的主观范畴的问题，但此处所指的并不是一个直接民意调查的问题。借用诉讼的话来说，当事人对纠纷解决结果的接受主要是指当事人能够息讼服判，具体表现在当事人对已经处理的纠纷不再寻求其他途径的解决（如持续不断的申诉或上访等）、当事人能够履行纠纷处理的结果（包括其自觉履行和不严重抗拒公权组织的强制执行）、当事人之间不再继续坚持原来的矛盾状态或者没有因已解决的纠纷引发新的冲突等。

由于当事人是纠纷事件的直接利害关系人，所以其对纠纷处理结果公平与否的评判最有感触。但是，我们基于对人的欲望无限的认识，通常认为，无论如何处理纠纷都难以取得各方当事人的认同，或者在利益冲突的当事人中最多只能让一方当事人满意，而难以博得各方当事人的共同接受。事实上，纠纷的处理并不总是这样一种结果不可或知的怨声载道的状态，否则，人们也就不会选择纠纷解决机制要求处理其纠纷，法院及其他纠纷解决机构也早就从人类社会消亡了。纠纷解决机制所具有的正当科学的法律程序、平等有效的参与机会、经济便捷的处理过程、公平合理的处理结果以及当事人权利得到的应有尊重等，无疑都会促进和提升当事人对纠纷处理结果的认同度。当然，任何事情都不是绝对的，当事人对纠纷解决结果的接受程度也不是绝对的。但拒绝承认当事人对纠纷解决结果的满意度，甚至将当事人都推向纠纷处理者的对立面，认为各方当事人当然无法满意纠纷处理的结果，无疑也是错误的。温家宝总理在 2010 年春节团拜会上的讲话中指出："我们所做的一切，都是为了让人民生活得更加幸福、更有尊严"，纠纷解决机制也应当将让人民满意、让当事人满意作为其追求的价值目标之一。而且，纠纷处理的结果直接关涉当事人各项权益的得失，顾及当事人的感受，体谅和关怀当事人，尽可能唤起当事人对纠纷处理的理解与支持，也是纠纷处理者人性化解决纠纷的应有之义。

（五）纠纷的解决结果被社会公众所认可

纠纷的处理应当能够彰显其公平正义的理念，向全社会传递一种正确的价值观和信念，惟其如此，对某一具体纠纷处理的结果才能对社会形成一种良性的扩散效应，引导社会成员自觉规范其行为，正确行使其权利。如果纠纷的处理结果没有将当事人合法的权益予以全面肯定和保护，或者纠纷的处理不恰当地或过度地迁就了某些当事人的诉求，就会导致社会认知的错乱，诱使更多的当事人提出法外诉求或者向法外寻求解决的手段，激化矛盾和对立关系，增加纠纷处理的难度，或者刺激纠纷的不断发生，或者因没有客观公平的参照系而使纠纷的处理屡屡受挫。

因此，纠纷的解决不是简单地将纠纷处理了结，也不是能让各方当事人平息就完事大吉。纠纷的解决应当有其特定的价值目标和追求，让良法在社会上大行其道，让社会感受到正义的力量和公平的阳光。

四、研究方法的选择和内容结构

纠纷的处理与解决问题，不仅是一个具有较强理论研究价值的学术问题，也是一个实务层面探索的问题；不仅是法学领域的同仁们始终关注的问题，也是其他社会科学领域的学者和相关实务部门工作者日益关注的问题。本书的研究视角主要是从法学学科的角度切入并展开的，运用了法学理论研究与实务分析讨论相结合、前瞻性构想与具体对策设计相结合等研究方法。在理论研究方面，对于目前已有的理论讨论和成熟的学术思想，笔者结合实践中的具体问题进行了分析和评价，在书中借鉴和吸收其思想与成果时，均作了规范的引注和说明。由于本课题预设的研究目标主要是针对我国纠纷处理与解决机制问题展开，许多问题的中国特色现象比较突出，为了能集中力量开展对我国纠纷解决机制问题的研究，笔者没有将更多的笔墨倾注在对纯理论问题的论述方面，也没有较多地引用外国立法进行纠纷解决机制的比较研究，而是围绕纠纷处理过程中的具体问题，有针对性地运用法学理论进行分析与探讨，并在此基础上反思具有符合中国特点与需要的纠纷解决制度的构建（如笔者提出强化行政复议机制的功能），提出进一步完善制度建设的意见和建议。在实务分析过程中，笔者主要运用典型个案剖析、权威数据分析、对司法实践中存在的不规范问题和实务部门的一些创新性做法予以评论等方式，并以特定纠纷为例，进行多元化纠纷解决机制的具体应用研究，试图通过"去粗取精、去伪存真、由表及里、由此及彼"的讨论，完善对具体制度的构想。

本书是由笔者主持承担的广东省哲学社会科学"十一五"规划项目"和谐社会与多元化纠纷解决机制的理想模式"课题的最终研究成果，具体研究内容如下：

第一部分是关于和谐社会与纠纷解决的基本理论。在对纠纷问题进行必要的理论界定和学科研究范畴确定的基础上，围绕和谐社会与社会纠纷的辩证关系、和谐社会与纠纷解决机制、纠纷解决机制构建的基本原则、多元纠纷解决机制的基本类型等问题进行了分析和论证，探讨纠纷解决理论的基本原理。

第二部分是关于和解与协商机制的公正保障。我国作为一个法制后发国家，在公力救济的供给和诉权的保障等方面仍存在较大不足，无论在公力救济的制度内抑或制度外，允许当事人和解与协商处理和解决相互间的纠纷，无疑有积极的现实意义。然而，和解与协商在给当事人自主解决纠纷的机会的同时，也为当事人的实力博弈提供了空间，如果任由当事人自己掌控，必然导致弱势一方当事人的合法权益在和解与协商的名义下大打折扣。因此，必须对当事人的和解与协商加以必要规范，以保证国家法制的实现，社会正义与公平的彰显。在此理论基础上，书中就和解与协商解决纠纷的类型、和解与协商解决纠纷的优势、和解与协商解决纠纷的适用条件、各种类型的和解与协商解决机制的具体规范等问题进行了研究。

第三部分是关于行政复议机制的强化。虽然从权力性质来讲，行政机关不是纠纷解决的专门机关，但是，由于行政权力的行使必须与具体的事件和对象发生直接的关系，因此，无论从制度设计层面还是从现实状况方面看，行政机关处理和解决各种社会纠纷的情况还是比较多的。在行政机关处理和解决纠纷的机制中，行政复议制度相对规范和完整，更重要的是，在我国这样一个行政权占明显强势地位的国家，行政的处理也具有其他公力救济制度无可比拟的优势。然而从我国目前的行政复议制度的建设情况看，行政复议功能的发挥仍存在不足，其与诉讼机制关系的衔接还存在一定问题。强化行政复议机制的功能，应当立足于我国实际，在相关制度的设计上有所突破和创新。

第四部分是关于诉讼机制的改良。在纠纷解决的问题上，诉讼似乎是一个永远也说不完道不尽的话题，本书则主要针对近几年学界和司法界关注较多的诉讼程序简化、诉讼调解及相关问题进行研究，包括诉讼程序的简化、诉讼调解的规范化、诉讼调解与人民调解及行政调解之间的关系、诉讼调解的节制等问题。由于近几年建设和谐社会的需要，调解包括诉讼调解重新引发了全社会的关注，甚至出现了"盲目跟风"与"扎堆"的现象，针对目前已经存在与可能引发的一些问题，本书提出了对诉讼调解依法节制的观点。

第五部分是关于仲裁机制的完善。仲裁作为一种民间性质的处理解决纠纷的机制，在我国已经有比较长的历史，但诞生于计划经济时代的仲裁制度，无论在理论研究方面还是制度建设方面，都没有随着我国市场经济国家建设的推进而与时俱进，这种状况制约和阻碍了我国仲裁制度的发展，也不能满足社会各方面对仲裁的需求。尤其是在一些专业技术性较强领域里发生的纠纷和争议，如果有健全和完善的仲裁制度，不仅有助于纠纷及时有效地公正处理，也有助于相关专业领域形成有效的行业自律和净化机制，促进相关专业领域不断提升服务意识和服务质量，构建和谐的社会关系。本书在对我国现行仲裁制度分析评论的基础上，提出了制度建设的意见和建议，希冀能够引起社会各界对此的关注，加大仲裁机制的研究和制度建设的力度。

最后，根据多元纠纷解决机制的理论构想，针对近年来频繁发生的医疗纠纷案件，运用上述研究成果和思路，就医疗纠纷的处理与解决进行全面分析与研究，从而探索多元化纠纷解决机制的具体应用。

第一章

和谐社会与纠纷解决的基本理论

第一节　关于纠纷的界定

一、关于纠纷的法理定义

（一）关于纠纷的概念分析

纠纷并不是哪个学科特定的专用术语，不同的学科可以从各自不同的研究角度对纠纷进行定义和界定。虽然在法学范畴内尤其在诉讼法学领域，纠纷是一个经常遇到和使用的概念，但严格地讲，纠纷并不是一个法定用语。但这并不是说，在法学上研究纠纷概念的学术意义不重要，也并不意味着不同的认识没有具体的实践价值。在法学范畴内，有学者将纠纷理解为社会主体间的一种利益对抗状态；① 有学者认为纠纷的本质是主体行为与社会既定的秩序和制度以及主流道德的不协调或对之的反叛，与既定秩序和制度以及主流道德意识所不相容，具有反社会性；② 有学者认为，纠纷是至少两方主体的与既定秩序和制度以及主流道德意识所不相容的互动行为；③ 等等。以上观点无疑都具有一定的学术价值和可取性，但笔者无意在纠纷的具体定义方面作深入探讨，根据本研究的需要，笔者将从以下几方面对纠纷进行基本框定。

1. 纠纷是某种社会状态的具体表现。从纠纷的表象上观察，纠纷是一种发生在某些特定主体之间基于某种利益而形成的矛盾与冲突，其具体形态表现为，基于某种原因介入后造成的干扰和影响，使得某种社会关系在运行过程中出现了障碍或者产生了扭曲，法律规范预设的某种秩序和利益因此不能得到顺

---

① 何兵：《现代社会的纠纷解决》，法律出版社 2003 年版，第 1 页。
② 顾培东：《社会冲突与诉讼机制》，四川人民出版社 1991 年版，第 2～7 页。
③ 沈恒斌主编：《多元化纠纷及决机制原理与实务》，厦门大学出版社 2005 年版，第 34 页。

利实现，从而需要通过某种机制加以矫正，使之复归到与现行社会秩序的要求相符的正常状态。在任何一个社会环境中，人与人之间的纠纷都是一种社会常态，在由法制调整的社会环境中，虽然纠纷的出现是一种与现行法律秩序不相符的社会现象，但纠纷仍是一种正常的社会现象。在一个法制的社会，把某种希望达成的社会秩序从观念上升为法律，只是完成了对这种社会秩序的静态规范，而将法律的规定具体落实到现实生活中去，还需要通过具体的社会活动才能实现，纠纷的处理和解决就是实现法律对社会秩序的动态调整，只有将静态的规范与动态的调整结合起来，法律预设的社会秩序才能得到完全地实现。①

2. 纠纷是一个中性的概念。从纠纷产生的原因来看，纠纷既可能由某种违法行为而导致，也可能由当事人对各自权益的不同认识与理解而引起，因此，纠纷本身并不存在违法的纠纷和合法的纠纷之分，也无所谓善恶之分。从纠纷对社会的实际影响来看，纠纷对某个具体的社会关系的和谐可能会造成直接的干扰和影响，但从宏观角度观察，由于纠纷具有矫正扭曲的、不符合现行法律规范的社会关系的功能，对于社会总体发展具有积极的推动作用。

3. 纠纷是一种行为的冲突。发生纠纷的领域和范围很广，但本研究所指的纠纷仅限于行为的冲突，而不包括思想与认识上的冲突。人与人之间经常会发生思想认识以及观念等方面的争论和交锋，这种争论和交锋有时甚至会很激烈，但是，除非这种争论的内容超越了法定和道德可容忍的范围，或者其思想的宣传活动影响到其他特定主体或者不特定主体合法享有的权益，原则上其他人不能阻止别人持有与自己或者与主流意识形态不同的思想与观念，也不能以此为由把这种思想争议提交给第三方作裁判，强行禁止他人继续保持其思想以避免争论。最典型的如学术观点的争论，就不能通过提交某个机构或者交与某个人予以最终评判的方式解决。

纠纷与争议（争执）一词在许多情况下都具有相同或者相近的含义，从本质上讲，纠纷与争议（争执）之间应该说没有实质性区别。但是，如果从其所反映的内容以及人们通常对两个词的习惯用法来看，争议（争执）不仅包括各种行为和利益的纠葛，也包括思想与认识上的对立与冲突，而纠纷则通常不包括思想认识范畴内的对立与冲突。

---

① 德国学者耶林将法区分为客观意义上的法（由国家适用的法原则的总体、生活的法秩序）与主观意义上的法（对抽象原则加以具体化而形成的个人的具体权利），并指出不论何种情形，法都将遇到必须克服的抵抗，即法必须通过斗争这一手段而获得自身之存在并得以主张。参见［德］鲁道夫·冯·耶林:《为权利而斗争》，胡宝海译，中国法制出版社2004年11月版，第4页。

（二）关于纠纷的特征描述

1. 纠纷发生在两方以上主体之间。纠纷以两方以上主体利益的相互对立为基本发生要件，单方主体自身即使其前后行为出现矛盾，如果不涉及他人的利益，也不会与他人发生纠纷。发生纠纷的两方或两方以上的主体，包括自然人之间、法人及非法人组织之间、自然人与法人及非法人组织之间、法人及非法人组织之间。

2. 纠纷是发生在人与人之间的关系。纠纷无论以何种形式表现出来，都可归结为一种人与人之间的关系。纠纷不是发生在人与物之间或者物与物之间的关系，虽然利益关系有时以一定的物为媒介而发生，但其实质仍是人与人之间的关系。人与物之间或者物与物之间也会发生矛盾，如人与自然的关系、人对物质的利用关系、物质相互间的组合配伍关系等，但是这些问题通常都不是用社会科学的方法来解决，所以，也不纳入本研究的范畴。

纠纷的代表可以是某个组织和个人，但归根结底还是人与人之间的纠纷。只不过某些纠纷涉及到具体人的利益；有些纠纷不直接涉及具体某个人的利益，而影响的是由某些个体组成的某种法律上的实体，由该实体作为其成员出面解决纠纷；也有些纠纷影响的是不特定主体的利益，这些涉及不特定主体利益的纠纷一方需要由某个特定的组织出面代表其进行主张，如公益诉讼。

3. 纠纷不应发生在国家权利与个人权利之间。从理论上讲，个体权利只能和其他个体权利发生冲突，而不可能和国家权利发生冲突，因为国家作为一个整体的概念已经包含了个体，而整体不可能和其组成部分发生冲突。即使是一个公民和其他所有公民之间的利益冲突，把它说成是这个公民和"国家"之间的冲突也是不准确的，因为"国家"也包含了他，而他不可能和自己发生冲突。国家不可能不代表他而仅代表其他的任何一部分并以其名义发言。①因此，行政诉讼和行政争议也不应理解为个体公民或组织与国家之间的纠纷，而应是发生在个体公民或组织与个别国家机关之间的纠纷。

需要说明的是，理论上的认识不能代表实践过程中的客观事实，虽然，从理论上讲，国家不应与其社会成员之间发生冲突，但这并不能排除二者之间实际仍然会发生冲突的事实。在实际生活中，国家与其社会成员之间还是会产生一定利益冲突的，如国家税收、房屋拆迁、土地征收等等，这也正是我们需要强调国家、集体、个人三者利益一致的原因所在。不过这种利益一致的达成，

---

① 张千帆：《宪法学导论》，法律出版社 2004 年 1 月第一版，第 488 页。

更主要的应该是在政治层面和立法层面加以实现，即将三者之间利益关系的安排通过充分的民主协商的方式，采用立法的形式予以公平对待和正确处理，从根本上排除它们在具体运行过程中可能发生的纠纷。进而言之，如果在政治层面不能充分发扬民主，在立法层面不能全面反映国家、集体、个人的合理要求和正当利益，也必然会在权利运行的过程中发生争议。而且，在这种情况下发生的纠纷，任何一种纠纷解决机制都无法做到对纠纷的妥善处理和有效解决，这也就是为什么有的时候政府在处理土地征收、房屋拆迁等事务的过程中，无论行政机关如何严格依法行使其权力，也难以获得民众的理解与支持的原因之所在。因为，行政机关执行的法律、法规和规章在制定过程中，没有对集体土地与公民房屋的所有权作出公正合理的评估，对其权利的剥夺也没有作出权利人可以接受的妥善合理的补偿安排。也正因为如此，不论行政机关的行政行为在程序上如何公正，都难以取得比较好的效果，因为问题的根源不在于纠纷如何解决，而在于实体本身在不断地制造着不公。

二、关于纠纷的分类

（一）从纠纷的社会性质来讲，既包括法律纠纷，也包括非法律纠纷

在现实社会中，人与人之间所发生的一切关系均属于社会关系，法律关系只是社会关系中由法律所调整那部分社会关系。但纠纷的发生不局限于法律所调整的那部分社会关系，在法律不直接调整的大量社会关系中，也会涌现出各种的纠纷与矛盾。例如，广州市天河区金东花园两名邻居因为"天神"牌位，互挂八卦镜"回镇"对方，引发邻里争议事件。① 由于国家司法主管范围的限制，非法律纠纷通常不能直接进入到正式的司法救济途径，通过诉讼方式解决，但从纠纷的解决来讲，所有这些纠纷都应当纳入到一定的社会解决机制中来，其中所涉及的各种利益都应当能够获得相应的救济。

（二）从纠纷的法律性质来讲，既包括民事法律纠纷、行政法律纠纷，也包括轻微的刑事纠纷

民事法律纠纷，是指受民事法律调整的，发生在平等主体之间的，给予人身权利与财产权利为内容而发生的纠纷。如债权债务关系纠纷，各种物权关系纠纷等。

行政法律纠纷，是指国家行政机关在行使行政权力的过程中，与行政管理

---

① 彭美："和为贵'八卦镜'对峙事件落幕"，《南方都市报》2007年5月20日。

相对人之间发生的法律纠纷。

轻微的刑事纠纷，是指行为人的行为违反刑法的有关规定，但情节轻微，不需要检察机关依法提起公诉的侵害人与受害人之间的法律纠纷。包括告诉才处理的案件和受害人有证据证明的轻微刑事案件。

与纠纷有关的另外一种表述为民间纠纷，很显然民间纠纷与纠纷之间是两个不同的概念。从逻辑上看两者系种属关系，纠纷的概念是种概念，民间纠纷则属于属概念。根据司法部《民间纠纷处理办法》的规定，民间纠纷是指公民之间有关人身、财产权益和其他日常生活中发生的纠纷。① 根据这一规定，民间纠纷从主体上看，仅限于公民之间，② 法人与法人、个人与法人之间发生的纠纷不属于民间纠纷；从内容上看，民间纠纷包括人身权益纠纷、财产权益纠纷，也包括其他日常生活纠纷，从语言逻辑角度分析，此处的日常纠纷应当是那些除人身权益、财产权益之外的其他性质的民间纠纷；从类别上看，民间纠纷应属于有关人身权益、财产权益和其他日常生活中发生的纠纷，属于民事纠纷而不同于行政纠纷和应当由检察机关提起公诉的严重刑事诉讼。

（三）从纠纷的烈度来讲，仅包括可调和的纠纷，不包括不可调和的纠纷

所谓可调和的纠纷与不可调和的纠纷，一个方面的区别是国家和社会对纠纷所能容忍的限度。其中，不可调和的纠纷对社会公共秩序所造成的破坏、对他人合法权益侵犯的程度已经超过了国家和社会的容忍程度，不仅使具体主体的权益遭受严重侵害，而且使全社会赖以维持的基本价值观和公共利益也遭受严重破坏，国家不仅要求纠纷的制造者对于其行为所造成的直接损害承担相应的责任，而且还要为申张被该行为破坏的社会基本秩序的法律严肃性，附加追究该行为者的其他责任；另一个方面的区别是国家是否有必要主动介入干预。可调和的纠纷即使不能得到解决，或者其解决的方法和最终的处理结果即使不完全符合法律的规定，国家和社会也不会主动介入干预，而不可调和的纠纷即使纠纷的当事人不主张其权利，放弃其权利救济，国家也要主动介入予以处理。早在上世纪 50 年代，毛泽东同志就已经对上述问题作了系统深入的研究。将社会矛盾划分为人民内部矛盾和敌我矛盾两大类，并提出了解决两类不同性

---

① 笔者经检索后认为，这是关于我国关于民间纠纷惟一的规范性文件。

② 根据《现代汉语词典》的解释，民间一词有两种含义，一是指人民中间；二是指人民之间（指非官方的）。商务印书馆 2005 年版，第 950 页。

质的矛盾的不同方法。① 从现行制度来说，犯罪就是一种敌我矛盾，是一种不可调和的纠纷。

虽然现行刑事司法制度多采用辩诉交易或者对轻微的犯罪采用不捕不诉的做法，但这并不是否认犯罪本身的矛盾性质，也不是说可以用处理人民内部矛盾的方法来处理犯罪行为，并不意味着任何社会主体都可以主持此类纠纷的解决。我国《宪法》第28条规定："国家维护社会秩序，镇压叛国和其他危害国家安全的犯罪活动，制裁危害社会治安、破坏社会主义经济和其他犯罪的活动，惩办和改造犯罪分子。"我国《刑事诉讼法》第3条规定："对刑事案件的侦查、拘留、执行逮捕、预审，由公安机关负责。检察、批准逮捕、检察机关直接受理的案件的侦查、提起公诉，由人民检察院负责。审判由人民法院负责。除法律特别规定的以外，其他任何机关、团体和个人都无权行使这些权力。"由此可见，对于这些冲突的解决，依法由国家垄断，是一种单一主体的纠纷解决方式，依法按照刑事诉讼法的规定进行，鉴于本研究范畴的限制，在此不作专门研究。

（四）从纠纷的解决途径来讲，既包括法律规定可诉讼救济的纠纷，也包括法律规定不可诉讼救济的纠纷

这种情况包括：第一，虽然属于法律范畴内的纠纷，但是，由于各种原因法律没有规定相应的救济制度，也没有配套的救济措施。如行政诉讼法、民事诉讼法、仲裁法均规定了具体的受案范围，不符合受案范围规定的纠纷，就无法纳入到法定诉讼或仲裁机制中予以处理。第二，虽然属于法律范围内的纠纷，法律也规定了相应配套的救济制度和措施，但是因为当事人的原因，当事人丧失了行使该权利的条件而不能再行使该权利。如已过诉讼时效期限的纠纷。第三，虽然属于法律范围内的纠纷，也符合法定纠纷解决机制的受案范围，但是，因为没有符合启动这些纠纷解决机制的法定条件的主体，而无法纳入到法定纠纷解决机制中予以解决。如2004年12月和2005年4月，江苏省高淳县境内先后有两名身份不明的流浪人员因车祸身亡。2006年3月，高淳县民政局以肇事方、保险公司为被告诉至法院要求赔偿，法院判决因主体不适格，驳回民政局起诉（原文如此）。②

---

① 毛泽东：《关于正确处理人民内部矛盾的问题》，参见《毛泽东选集》（第五卷），人民出版社1977年版，第363～375页。

② 参见《法制日报》2007年2月5日。

上述这些不能直接纳入法定诉讼救济机制的问题，由于其客观存在冲突的事实，应当属于纠纷的范围，并寻求一定的解决之道。

第二节　和谐社会与社会纠纷的辩证关系

如何理解纠纷，尤其是在构建和谐社会的过程中，如何正确认识和对待纠纷，是一个至关重要的问题。

一、不同的纠纷观

对于纠纷的态度，基于不同的立场，人们的认识随之也不同，据笔者的分析，大体来讲，有以下几种不同的情况。

（一）对纠纷的不同认识

1. 纠纷罪恶观

认为纠纷会给社会秩序和人们的正常社会关系造成严重的震荡和损害，威胁社会的正常生产和生活关系。① 这种观念认为，纠纷是一种社会消极现象，是引发社会不稳定的因素，纠纷的出现和存在，势必影响社会公共利益，殃及社会和当事人各方的利益。对纠纷的解决，尤其是利用国家公权机器的解决，是一种浪费国家资源的情况，而纠纷多发的地区则是存在各种社会矛盾较多的地区。动辄挑起纠纷，或者将纠纷诉诸外力解决的人，也会被认为是"刁民"。

2. 纠纷有益观

认为纠纷是一种社会正常现象，是社会不正常情绪和不和谐信息的一种发泄和释放。纠纷的存在不仅不会损害社会秩序和正常的人际关系，反而会对社会的正常发展起一定的促进作用，对社会人际关系也具有一定的修正作用，有利于促进社会向更和谐的方向发展，构建更为理想的社会关系。

3. 纠纷辩证观

认为纠纷的存在和发生，有其一定的客观必然性，也有人的不正确的主观因素的作用。② 纠纷对于社会而言，有其有利的一面，但也有其不利的一面。对于纠纷应当采取积极主动的措施去防止和避免，也可以通过适当的纠纷解决机制有效地处理和化解。

---

① 参见刘荣军：《程序保障的理论视角》，法律出版社 1999 年版，第 17 页。
② 参见刘荣军：《程序保障的理论视角》，法律出版社 1999 年版，第 18 页。

（二）对解决纠纷的不同认识

1. 纠纷抑制观

认为社会管理的其中一个重要内容，就是要防止和避免纠纷的发生。所以，须采取各种措施，以抑制纠纷的发生；对于已经出现的纠纷，也要采取各种措施尽力避免使之发展和扩散。

2. 纠纷放任观

认为纠纷是一种社会必然现象，其发生、发展和结束有其自身的客观规律，无法防止也难以避免，应当顺应其规律，静观其变化。

3. 纠纷化解观

认为任何纠纷都是可以通过一定的方式加以化解的，这取决于是否采取正确的方式方法，是否积极主动地去发现和处理。有些纠纷的存在和蔓延，主要是相关纠纷处理主体的主观能动性因素的作用所致。

从中国目前的实际情况看，无论是各级地方政府还是各类纠纷解决机构，都不同程度地存在对纠纷回避、掩盖和压制的态度。中国民间自古就有"多一事不如少一事"、"民不告官不究"的观念，这种观念的作用如果再与其他因素相结合，就更加重了纠纷在当事者之间的滞留。近几年，国家强调建设和谐社会，有的地方错误地把纠纷与和谐、稳定对立起来，片面地认为纠纷少就是社会和谐、社会稳定，对于正常的监督举报与社会纠纷问题，或者不建立健全必要的处理解决机制，相互推诿，敷衍搪塞，掩盖纠纷，回避矛盾；或者采取错误的处理措施，予以压制，甚至导致矛盾的激化。有的地方为了营造良好的投资环境，一味追求经济指标，将"以经济建设为中心"机械地理解为唯经济指标论，在对待纠纷与矛盾的问题上采取能压则压的态度，在处理正常矛盾与纠纷的过程中，也采取极端手段，为经济指标和官员政绩让路。这些做法不仅会导致地方政府及其职能部门为了其政绩、逃避相关追究而掩盖纠纷与矛盾，更不利于纠纷和矛盾的处理和解决。如原湖南省郴州市委书记李大伦在该市 2004 年一次联席会上讲："如果媒体来曝光，就把他们的照相机、摄相机砸了再说！"还指使市委宣传部长、纪委书记直接起草了一份"四不准"的文件，令郴州市"各单位一律不准接待市外媒体记者；不得通报重大案件、突发事件的进展情况；不得对外提供新闻线索；不得随意召开新闻发布会。"①

---

① 刘国航："一个市委书记的霸道'新闻观'及其悖论"，《法制日报》2007 年 2 月 2 日。

河南六农民编发册子举报企业经济问题，却因在书中议论官员而获罪;① 因为转帖网文揭露官医勾结，被取保受审的张志坚;因举报抚顺市原市委书记被通缉、逮捕、关押、审判的于瑾;② 有的地方的标语上写道"越级上访就是违法""狠狠打击越级上访的犯罪分子"③，这些极端的认识和做法，虽然可能在短时间内使纠纷不被暴露，或者使已经出现的纠纷进入休眠状态，但却无法回避纠纷的客观存在，也无法避免纠纷实际可能产生的各种影响。

二、和谐社会与社会纠纷的关系

（一）和谐社会是一个有纠纷甚至纠纷多发的社会

和谐社会建设过程中一个不能回避的问题就是如何对待纠纷的问题。表面看来，和谐与纠纷似乎是不相容的，因为纠纷实际上就意味着不和谐。但是，人类社会是一个多层面的广阔世界，在一定范围内有一定数量的纠纷存在，并不影响整个社会的和谐，而且，和谐社会也不是一个单纯的思想统一的社会，人们之间不可能不发生纠纷，只是在不同的社会及其具体环境下，纠纷的类型、数量等有所不同。即使从理想角度考虑，和谐社会也不可能没有纠纷，只能说社会越和谐，纠纷发生的数量相对越少，纠纷的烈度相对较小，对社会的震荡相对较弱，社会处置和应对纠纷的能力相对较强。正所谓"流水不腐户枢不蠹"，社会也就是在不断涌现的各种社会纠纷的解决过程中，不断吸纳各种新的社会发展动力，不断释放各种社会压力，校正其发展的方向。从现实角度分析，和谐社会中纠纷的数量或许更多，纠纷的类别也更丰富。因为，和谐社会从更广泛意义上提出了社会发展的目标与方式，人们的社会权益涉及的范围和层面更广、更深，各种社会矛盾、利益冲突产生的几率也就相应越大，各种社会纠纷发生的频率也就必然越高。因此，不能把杜绝纠纷与矛盾作为建设和谐社会的目标。从唯物辩证法的角度而言，只要社会存在差异，就必然存在矛盾，没有矛盾就没有世界，矛盾存在于一切事物的发展过程中，每一事物的发展过程中存在着自始至终的矛盾运动。④ 有矛盾也就必然会发生纠纷，社会的发展其实就是由这些不断发生的矛盾和纠纷推动前进的。

据此，我们可以推导出两个基本的结论：一是任何社会都有矛盾有纠纷，

---

① 何海宁："孟州'书祸'"，《南方周末》2007年6月28日。

② 贺信："网文揭露官医勾结 转帖者被取保候审"，《南方都市报》2007年2月7日。陈群："郑筱萸案真相大白，'张志坚案'何以终了?"，《南方都市报》2007年5月31日。

③ 蔡中锋，秦明华："制造恐怖的'土法律'"，《法制日报》2002年10月25日。

④ 参见毛泽东：《矛盾论》，《毛泽东选集》（合订一卷本），人民出版社1964年，第280页。

和谐社会也不能例外；二是包括和谐社会在内的任何社会，矛盾和纠纷都将会不断产生，难以一次性根除。因此，那种大规模的运动式的纠纷解决方式，对于已经发生的纠纷可能起到一定的集中排查和解决的作用，但却不能阻止新的纠纷的发生，而且，这种方式的宣传效果可能远大于实际解决问题的效果。

建立社会主义市场经济体制为目标的改革开放制度，一方面打破了原有的利益格局，另一方面催生了大量不同的利益主体和利益群体，形成了多元化的利益格局。因而，不同利益主体、利益群体之间的矛盾，尤其是利益方面的矛盾大量出现了，人民内部的物质利益矛盾呈现出前所未有的复杂局面，而解决这些矛盾的难度也越来越大。面对这样的情况，社会的和谐发展问题必然要提上议事日程，提到比过去更为重要的位置。随着我国社会主义市场经济不断发展，随着我国公有制为主体、多种所有制经济共同发展的基本经济制度和按劳分配为主体、多种分配方式并存的分配制度不断完善，随着我国工业化、城镇化和经济结构调整加速，随着我国社会组织形式、就业结构、社会结构的变革加快，我们正面临着并将长期面对一些亟待解决的突出矛盾和问题，我国的社会经济发展也出现了一些必须认真把握的新趋势和新特点，主要是：资源能源紧缺的压力加大，对经济社会发展的瓶颈制约日益突出，转变经济增长方式的要求十分迫切；城乡发展不平衡、地区发展不平衡、经济社会发展不平衡的矛盾更加突出，缩小发展差距和促进经济社会协调发展的任务艰巨；人民群众的物质文化需要不断提高并更趋多样化，社会利益关系更趋复杂化，特别是受经济文化发展水平等多方面因素的限制，统筹兼顾各方面利益的难度加大；体制创新进入攻坚阶段，深化改革，扩大开放，进一步触及深层次的矛盾和问题；劳动者就业结构和方式不断变化，人员流动性大大加强，社会组织和管理面临新问题；人民群众的民主法制意识不断增强，政治参与的积极性不断提高，对发展社会主义民主政治和落实依法治国基本方略提出了新要求；各种思想文化相互激荡，人们受不同思想观念影响的渠道明显增多、程度明显加深，人们思想活动的独立性、选择性、多变性、差异性明显增强；社会上存在的消极腐败现象以及各类严重犯罪活动等也给社会稳定与和谐带来了严重影响，等等。[①]当前，我国社会经济的发展已经进入人均 GDP 从 1000 美元向 3000 美元跨越的关键阶段。从国际经验看，这个阶段既是发展黄金期，又是矛盾凸显期。且

---

① 2005 年 2 月 19 日胡锦涛在省部级主要领导干部提高构建社会主义和谐社会能力专题研讨班上的讲话。

不说这种结论是否正确,这种规律是否契合我国的现实,客观增长的各种社会矛盾与纠纷的多发态势,已经证明我国现阶段出现了比以往任何时候更多的社会矛盾与纠纷。我国在这一阶段提出建设社会主义和谐社会的构想是十分及时的,而和谐社会的建设不能以建设没有矛盾纠纷的理想社会为目标。

(二)基于制度性缺陷和严重社会不公而发生的纠纷危及和谐社会

和谐社会虽然不能避免各种社会矛盾与纠纷的发生,但这并不意味着和谐社会可以忽视社会矛盾与纠纷,更不是说任何的社会矛盾与纠纷都与和谐社会相辅相成。在和谐社会中,一般的矛盾与纠纷不仅是正常的,使其得到有效的处理和解决,也有利于促进和谐社会的发展。但是,如果纠纷是基于制度性缺陷引发的,或者纠纷是因为严重的社会不公所造成的,囿于制度的局限,该类纠纷不仅无法得到有效的解决,而且也会从根本上危及和谐社会的建设。

1. 社会公平是纠纷获得有效解决基本基础

纠纷的发生多种多样,形态各有不同,纠纷发生的原因也非常复杂,但社会公平能够避免纠纷大规模爆发、大面积扩散、强烈度表现。可以说,社会公平是维系社会和谐的最重要因素,公平正义是社会主义和谐社会的重要特征,是社会主义法治理念的价值追求。中共十六届六中全会通过的《中共中央关于构建社会主义和谐社会若干重大问题的决定》指出,"社会公平正义是社会和谐的基本条件,制度是社会公平正义的根本保证"。没有社会公平正义,就没有社会和谐。要使社会成员有平等参与各种社会活动的机会,社会各方面利益有正常的表达和诉求的渠道,社会各阶层成员相互间利益关系的差别要合理,社会困难群体和弱势群体能得到有效救助,并切实铲除各种不法特权等。各种社会纠纷的出现,在不同程度上反映了人们对公平正义的追求和实现时出现的阻碍,一般的社会纠纷并不能从根本上影响社会稳定,也不会危及社会秩序和安全,相反,它是为了维护和实现现有的社会制度和秩序所进行的各种抗争。但是如果因对社会公平的不满而发生纠纷,则矛头会直接指向现有的社会制度,危及现有的社会秩序,虽然它在某种意义上也可以起到推动社会进步的作用,但这种纠纷对社会的冲击力度更大,纠纷的扩散性效应更强,更容易以非理性方式表达,甚至危及国家的安全和社会的稳定。

2. 社会制度与法律制度是纠纷能够得到有效解决的基本保障

纠纷的解决受特定的社会制度与法律制度条件的限制,且以一定的社会制度与法律制度为基本依据。不同的社会制度与法律制度环境,对于纠纷处理的方式与处理的结果也相应有所不同。

还需强调的是，没有法治保障下对纠纷的处理，就没有和谐社会。法治是人们追求公平与和谐的成果，也是实现公平与和谐的保障。社会纠纷的产生和存在，并不是一件可怕的事情，但如果没有必要的法律保障，使社会纠纷不能得到一定的处理和解决，或者使纠纷不能得到公平合理的解决，不仅法律赋予人们的权利不能有效地实现，而且，还会迫使人们选择其他非法制的方法解决其纠纷。因此，保证实现宪法所确定的法律面前人人平等，依法解决社会纠纷，才能建设一个和谐的社会。

（三）和谐社会不能以从根本上消灭纠纷为目标

尽管从唯物辩证法的角度而言，和谐社会与矛盾纠纷相伴相生，但人们总是希望纠纷越少越好，和谐社会中的矛盾纠纷应该越来越少，这是非常正常的愿望。许多地方都把辖区内纠纷的多少和发案率高低作为考察下级机关工作好坏的条件之一，这虽然在一定程度上可以促使地方政府及其职能部门加大力度减少纠纷的发生，但是，和谐社会的建设及其将来建成的和谐社会，却不应该以消灭纠纷为目标。据报道，辽宁省大连市司法局于 2006 年 12 月开展的为期三个多月的"千人下乡大排查"活动，排查出各种纠纷 3966 件；① 福建省莆田市仅 2007 年 2 月份，在全市共排查调处各类社会矛盾纠纷 3201 件；② 甘肃省委、省政府于 2007 年 5 月开展的为期三个月的全省"万名干部下基层集中排查调处矛盾纠纷"活动中，排查出各类矛盾纠纷 22041 件，③ 甚至仅一个月就"揪出纠纷 16000 余件"④；2007 年 7 月河北省启动了"法律服务大动员，化解矛盾促和谐"百日专项行动，集中开展有针对性的法律服务、法制宣传和矛盾纠纷排查调处工作，化解矛盾纠纷 30667 起。⑤ 这些数字既反映了政府排查矛盾纠纷的工作成绩，也从一个侧面也反映出了以往存在着大量矛盾与纠纷的事实，我们不能奢望通过一次或者数次大规模、突击性、地毯式的轰轰烈烈的纠纷解决运动，就达到彻底清除这些纷繁复杂的不断涌现的纠纷的目的。⑥

① 阎永炜："大排查后人民调解制度更完善"，《法制日报》2007 年 5 月 1 日。

② 张亦嵘，郭宏鹏："莆田三千多矛盾纠纷案结事了"，《法制日报》2007 年 3 月 19 日。

③ 周文馨："政策性矛盾纠纷领导协调"，《法制日报》2007 年 8 月 15 日。

④ 周文馨："甘肃 2.7 万名干部下基层排查调处　月余揪出矛盾纠纷 1.6 万件——漏了矛盾纠纷要追究责任"，《法制日报》2007 年 7 月 20 日。

⑤ 马竞，张辉："河北法律服务百日行动　化解矛盾纠纷 3 万起"，《法制日报》2007 年 11 月 3 日。

⑥ 周文馨："漏了矛盾纠纷要追究责任"，《法制日报》2007 年 7 月 20 日。

其实，单纯地处理和解决各种纠纷，并不一定能实现建设和谐社会的目的，和谐社会应当对纠纷有科学有效的解决之道，使所有的纠纷都能纳入到理性的、有秩序的纠纷处理轨道，对所有的纠纷都能给予一个相应的解决之道。但是，所有的功夫不能全部集中在对纠纷解决的层面，采用各种运动式、集中统一行动的方式，试图毕其功于一役，在短时间内强力解决各种社会纠纷的方式，并不能达到长治久安的效果。应当认真调查和研究各类纠纷发生的原因、特点，采取各种有效措施，改善社会管理方式，理顺各种利益关系，消除各种社会不公现象，从根本上防止和避免针对社会管理层面的各种冲突的发生，才能从总体上缓解社会压力，也才能使政府在介入纠纷处理的过程中，处于一个相对中立的地位，增强政府处理纠纷的权威性和说服力。

第三节　和谐社会与纠纷解决机制

一、和谐社会能够为各种社会矛盾与纠纷提供相应的解决机制

和谐社会是伴随着各种社会矛盾与纠纷存在的社会，和谐社会应当是与社会矛盾纠纷和谐相处的社会。与不和谐社会相比，和谐社会的矛盾与纠纷具有以下特点：

（一）和谐社会的矛盾与纠纷较少发生在制度性不合理方面，对这种矛盾与纠纷的解决机制不包括制度改造与重构

社会生活中的各种矛盾与纠纷，有些是制度性因素造成的，有的则是非制度性因素造成的。针对不同原因引发的矛盾与纠纷，相应的解决机制也应当有所不同。如果属于制度性缺陷造成的社会矛盾与纠纷，则需要对制度进行改良或者重构，普通的纠纷解决机制无法处理和解决由制度性缺陷引发的纠纷；如果属于在现有制度内引发的对制度安排的权利义务发生的争议，则通过一般纠纷解决机制即可解决。

和谐社会与不和谐社会都会有矛盾与纠纷发生和存在，但是，与不和谐社会中的矛盾与纠纷发生的原因相比，和谐社会中的矛盾与纠纷较少发生在制度不合理方面。因为，"社会公平正义是社会和谐的基本条件，制度是社会公平正义的根本保证"，[①] 和谐社会首先应当是制度的和谐，矛盾与纠纷的发生是

①　中共十六届六中全会《中共中央关于构建社会主义和谐社会若干重大问题的决定》。

在合理和谐的制度基础上发生的，各种社会矛盾与纠纷在现有制度范围内即可解决，不需要改造或者重构现有制度，即可解决所发生的各种社会矛盾与纠纷。

由于我国正在建设社会主义和谐社会的过程中，因此，我国社会中的各种矛盾与纠纷不可避免的既存在制度性原因造成的社会矛盾与纠纷，也存在非制度性原因引发的社会矛盾与纠纷。限于本研究的内容设计，笔者只对非制度性原因造成的各种社会矛盾与纠纷的解决机制问题进行研究。

（二）和谐社会的矛盾与纠纷较少具有不可调和性，其纠纷处理与解决机制也主要采用修复性方式

此处所讲的调和性，不是根据当事人对纠纷解决的态度而言的，而是根据矛盾与纠纷的性质而言的。社会生活中的各种矛盾与纠纷，一般来讲，都属于纠纷当事人之间权利义务关系的争议，都可以进行一定的调和。作为纠纷处理的机关和个人，也能够为纠纷的处理提出一个协调解决的方案。应该说，和谐社会的纠纷解决机制能够妥善处理和解决各种纠纷与矛盾。和谐社会虽不能杜绝各种社会矛盾和纠纷的不断产生，但是，和谐社会一定是一个能够对各种纠纷和矛盾予以妥善处理和解决的社会。和谐社会对各种社会矛盾与纠纷造成的消极影响，具有较强的自愈能力，表现在和谐社会能够给予各种社会矛盾与纠纷以必要的救济途径，能够将已出现问题的各种社会关系，通过有效的纠纷解决和处理，使之回归到常态。

通常来讲，一个和谐的社会，应当是不可调和的矛盾与纠纷相对较少的社会，但是，和谐社会并不能避免不可调和的矛盾与纠纷的发生。当出现不可调和的矛盾和冲突时，必须依法予以处理，如严重的刑事犯罪，不论受害人态度如何，基于犯罪对社会秩序的严重危害，国家将依法予以刑事处罚，法律不允许当事人之间就严重刑事犯罪问题通过协商和解的方式自行解决。事实上，在和谐社会环境下，即使发生不可调和的矛盾与冲突，其解决的方式和方法也主要不是适用结果处罚的方法，而是更多采用修补和社会关系恢复的方法。如对于严重的刑事犯罪，不仅依法予以必要的处罚，更注重对犯罪行为的矫正与犯罪行为人的改造，使之能够重新回归社会。

（三）纠纷解决机制在构建和谐社会过程中的有限性

完善的纠纷解决机制终究只是解决社会纠纷的机制，它不能延伸到社会的所有方面，也无法回溯到纠纷发生的纵深层面，去清除发生纠纷的社会原因。所以，纠纷解决机制并不能从根本上解决社会公平公正的问题。正因为如此，

在构建和谐社会的过程中，我们不能将全部注意力或者主要注意力，集中到纠纷解决机制的建设上，或者对纠纷解决机制附加过多不能承受之重。

二、和谐社会中纠纷的多样性决定了纠纷解决机制的多元性

社会矛盾与纠纷是基于各种原因而产生的，其表现形式也是多种多样的，相应地解决这些矛盾与纠纷的机制也必然不可能是单一模式或者单一途径的，或者说，不同的矛盾与纠纷需要有与之相适应的不同的解决机制。在一个法治的社会，任何问题最终都有可能演变成一个法律问题，而一个法律问题最终都需要通过法律的途径加以解决，但是，通过法律途径解决纠纷未必一定是通过诉讼的方式进行。这主要由于以下几方面原因：一是受法院受案范围的限制，有些法律性质的纠纷并不能进入诉讼程序；二是法律规定了与诉讼并行的两种或者两种以上的纠纷解决机制，在发生纠纷时，当事人只能选择其中之一进行救济，如果当事人选择了非诉讼的纠纷解决机制，则该纠纷就不再进入诉讼程序。例如，当事人如果协议选择了仲裁方式解决相互间的争议，则不能再行申请启动诉讼程序解决该项纠纷。即使属于依法能够通过诉讼途径解决的纠纷，也可能因为诉前的各种纠纷解决程序的作用，使得纠纷被终结在诉讼之外。例如，人民调解组织对纠纷的成功调解。

事实上，由法律直接调整的社会关系只是社会关系中很小的一部分，其他大量的社会关系都不是由法律直接调整的。因此，只是基于法律的规范领域与特点建立起来的、解决法律关系问题的纠纷解决机制存在一定的局限性，难以覆盖所有的社会冲突与矛盾。

由于法律调整的社会关系的性质不同，其调整的手段与方法也有所不同。法律关系从总体上简单区分的话，可以分为纵向的法律关系与横向的法律关系两大类。

纵向的法律关系也即行政管理法律关系，是一种主体间地位不平等的法律关系。行使国家行政管理权的行政机关有权单方决定并做出行政行为。虽然在做出行政行为之前，行政机关也会进行必要的调查或者听证，认真听取相关主体的意见，考虑相关主体的利益和诉求，但是，行政机关的最终决定并不是行政机关与行政管理相对人共同意志的结果。对于此类法律关系的调整，法律通过强化行政机关的职责与要求，严格规范行政机关做出行政行为的管理，达到对于该类法律关系的第一级调整，与此同时，考虑到该类法律关系主体不平等的特点，为了防止和避免第一级调整的错误，致使行使国家公权的一方主体滥用其权力，侵害相对一方主体的合法权益，法律又设置了第二道调整，即通过

赋予行政管理相对人申请国家行使审判权撤销错误的行政处理决定的方式，保障法律对行政管理关系的正常调整。

横向的法律关系，通常是指平等主体之间的法律关系。当事人根据自愿协商、诚实信用的原则，处理相互间的权利义务关系，任何一方不可有超越另一方的特权，任何一方也不能把自己的意志强加于对方，各方当事人都有权自主决定与自己有关的事务。如果发生纠纷，当事人之间既可以协商解决，或者求助于其他组织和个人帮助解决，也可以诉诸有权解决的机关处理。对于横向的法律关系纠纷的处理方式，国家通常不作限制性规定，当事人可以根据纠纷的性质和特点，自由选择纠纷处理的方式。

横向法律关系的纠纷中，有的是涉及身份权的纠纷，有的是涉及财产权的纠纷；有的纠纷当事人之间具有非常密切的生活上的往来，或者当事人之间本身就是亲属关系，而有的纠纷当事人则只是普通的消费与服务的关系；有的当事人与对方保持有重要的商事关系，而有的当事人与对方只是普通的合同关系；有的当事人与对方交往的所有的信息和资料都可以向外界披露，而有的当事人与对方交往的信息和资料则不能或者不愿意向社会披露；有的当事人不必担心纠纷处理过程可能造成当事人之间关系的恶化，而有的当事人则很在意纠纷的处理过程可能给相互间关系造成的消极影响，等等。对于各种形态的纠纷，如果坚持用同一种方式处理和解决，不仅不能妥善解决当事人之间的纠纷，还可能引发其他的麻烦和争议。因此，纠纷解决机制应当是多元化、多样态、多形式的，能够满足各种类型的当事人纠纷解决的需要，适应各种不同的社会矛盾与纠纷的处理和解决。

第四节　纠纷解决机制构建的基本原则

一、覆盖所有纠纷原则

覆盖所有纠纷原则，是指通过各种纠纷解决机制的共同作用，使所有的纠纷都能够有相应的解决方法和解决途径，以保证纠纷的解决都能纳入到多元纠纷解决机制中去。其内容主要包括：

（一）所有的纠纷都能被多元纠纷解决机制所覆盖

多元化纠纷解决机制构建的首要目标，就是使所有的纠纷都能有一定的解决途径，能将所有的纠纷都纳入到预设的解决途径，每一种纠纷都有对应的纠纷解决机制，不会因为解决机制供给的匮乏，而出现当事人求告无门、告状难的现象，或者出现当事人请求解决纠纷而被"踢皮球"的困境。

（二）所有的纠纷都有多种纠纷解决的方式供选择

多元化纠纷解决机制的构建不仅要使所有的纠纷都有相应的纠纷解决机制与之对应，而且还能够给每一种纠纷提供尽可能多的纠纷解决机制，供纠纷当事人选择适用，为各种不同类型的纠纷提供尽可能方便适宜的纠纷解决方法，尽可能满足当事人解决其纠纷的各种需要。

给所有的纠纷都提供多种类型的纠纷解决方法，不仅能够方便当事人，有利于纠纷的有效解决，也能够防止和避免当事人因为纠纷解决机制的贫乏，转而寻求其他非理性甚或非法的方法解决其纠纷。

二、当事人自由选择原则

当事人自由选择原则，是指除法律有特别规定的外①，对于同一类纠纷如果有若干种纠纷解决机制的，当事人可以自由选择其纠纷解决的方式。从纠纷解决机制的角度来说，该原则是指为当事人提供的任何一种救济机制都不具有特别优先的地位，或可称为救济机制平行原则。其基本含义是：

（一）多元救济机制与纠纷的距离均等

除法律特别规定的外，对同一类纠纷，两种或者两种以上的纠纷解决机制，都可以被选择作为纠纷处理的机制，任何一种纠纷解决机制都不具有特别优先的地位，也不是其他纠纷解决机制的前置程序。

（二）各机制间的关系互不隶属

多元的纠纷解决机制之间不存在隶属关系，在选择适用时，也不存在如第一审审判程序与第二审审判程序那样的前后连接关系。除法律有特别限制的外，即使当事人首先选择其中一种纠纷解决机制未能有效解决其纠纷，转而寻求其他的纠纷解决机制的，也完全是当事人自己自由选择的结果，而非纠纷解决机制的属性使然。

（三）当事人可自由选择

对于多元的纠纷解决机制，当事人可以根据纠纷的特点和自己主观需要、

---

① 根据现行法律规定，发生劳动争议，当事人不愿协商、协商不成或者达成和解协议后不履行的，可以向调解组织申请调解；不愿调解、调解不成或者达成调解协议后不履行的，可以向劳动争议仲裁委员会申请仲裁；对仲裁裁决不服的，除《劳动争议调解仲裁法》另有规定的外，可以向人民法院提起诉讼。

客观条件等，依法自由选择。任何一种纠纷解决机制，都不应该限制当事人选择其他解决方式的自由，也不得为当事人的选择施加某种不利影响。其中，当事人的选择既包括双方当事人的共同选择，如调解方式、仲裁方式的选择，也包括一方当事人的单方选择，如诉讼方式的选择。

三、诉讼救济保留原则

诉讼救济保留原则，是指除法律有特别规定的外，[①] 当事人在选择诉讼外的纠纷解决机制后，仍可以在其他纠纷解决机制处理的过程中，转而寻求诉讼救济的方式，或者在其他的纠纷解决机制处理完毕后，仍可以再行请求诉讼救济，其他的纠纷解决机制不能排除或者限制当事人寻求诉讼救济。

如前所述，现实社会的各种纠纷中，既包括法律规定可诉讼救济的纠纷，也包括法律规定不可诉讼救济的纠纷。对于法律规定可诉讼救济的纠纷来说，诉讼救济权是法律赋予当事人保护其合法权益的一项最重要权利，也是保证社会公平与公正的最后一道防线，其他的纠纷解决机制如果不能解决当事人之间的纠纷，当事人有权将纠纷提交诉讼解决。

四、司法最终解决原则

司法最终解决原则，是指任何社会纠纷经司法裁决后，即产生最终的法律效力，其他任何组织和机构均不得再行受理和处理，并不得改变司法解决的结果。诉讼救济是国家提供给社会的一种具有强制力的纠纷解决机制，诉讼机制对纠纷的处理和解决具有的最高法律效力。经过诉讼机制处理和解决的纠纷，其结果依法具有强制执行的效力，其他的纠纷解决机制不能对诉讼机制的处理结果再行审查和变更；当事人一方请求诉讼救济的，其他的纠纷解决机制就不能再行受理另一方当事人对同一纠纷进行处理和解决的申请。

司法最终解决原则与诉讼救济保留原则相比，其区别主要是：前者强调司法解决的法律效力，而后者则强调当事人依法享有接近司法与接受司法保护的权利；前者重在说明排除其他组织和机构对于纠纷的处理和对司法处理结果的不可改变，后者重在说明当事人享有司法保护的权利不可剥夺。

---

① 如法律、法规未规定行政复议为提起行政诉讼的必经程序，公民、法人或者其他组织已经申请行政复议，在法定复议期间内又向法院提起诉讼的，法院不予受理；法律规定由行政机关最终裁决的行政行为，不得再行起诉。再如，当事人对合同纠纷自愿达成书面仲裁协议向仲裁机构申请仲裁的，不得向法院起诉。

五、结果相近原则

结果相近原则，是指一个纠纷不论采用哪种纠纷解决机制进行处理，其最终结果应当保持基本相近。虽然不同的纠纷处理机制对同一纠纷的处理结果可能不完全相同，但人们选择不同的纠纷解决机制，主要是出于处理程序和方式上的考虑，而不是为了追求不同的处理结果。各种的纠纷解决机制也不是专门为保护哪一方当事人而设计的，它对于任何当事人都应当是一视同仁的；不同的纠纷解决机制之间虽然在纠纷的处理方式方法上、甚至在处理的结果上都会有所差别，但它的利弊对于当事人各方来讲都应当是一样的。即使以保护劳动者权益为立法宗旨的《劳动合同法》以及《劳动争议调解仲裁法》，其设计的关于劳动争议的调解、仲裁以及诉讼机制，也仅仅是争议解决的方式而已，并非为偏袒劳动者而设计。否则，除非法律规定必须通过该纠纷解决机制处理的事件外，当事人在选择纠纷解决机制时，就会因无法达成协议而始终不选择该纠纷解决机制。

各种纠纷解决机制在解决纠纷的过程中，因为不会产生新的利益，而只是在当事人争议的现行利益中就各方应该享有的权利和义务进行分割，所以，各种不同的纠纷解决机制如果在处理的结果上出现较大的差异，就会显失公正，严重损害其中一方当事人的合法权益。

六、可平等接近原则

可平行接近原则，是指所有的纠纷解决机制都可供适合的当事人平等选择，对于同类型纠纷，不同的当事人在选择同一纠纷解决机制时不存在制度上的障碍。

各种的纠纷解决机制，应当都能够成为当事人选择的对象，即使有些纠纷解决机制与其他纠纷解决机制相比，具有较强的专业性，有的依法还需要支付必要的费用，如提起诉讼时须支付诉讼费，但法律同时又规定了支持起诉原则，并规定了诉讼费用的免、减、缓等制度，以保障所有人都能够平等接近司法。

除法律对特定纠纷的处理机制有限制性规定（包括地域限制、处理机构限制等）外，多元的纠纷解决机制应当能够供全体民众平等自由地选择；各种纠纷处理机制的运行成本也应当能够为普通民众所负担，如果个别民众确因自身原因难以接近其意图选择的纠纷处理机制时，社会应当为其提供必要的帮助和支援，而不应迫使其选择他所能负担的其他的纠纷解决机制；多元纠纷解决机制的构建目的，是为了适应多元化的纠纷解决，达到对不同的纠纷采用最合适的方法，得到最妥善处理的目的，绝不是根据不同人群对不同纠纷解决机制的购买能力而划分和构建，这些多元的纠纷解决机制之间也不存在"精装版"和"简装版"之分，对具体纠纷而言只有适合与不适合之别。

七、合法原则

合法原则，是指各种纠纷解决机制在处理纠纷的程序和对纠纷的处理结果上，以不违反法律为原则。其基本内容包括：

（一）各种纠纷解决机制的活动应当依法进行

多元的纠纷解决机制中可能既包括官方的，也包括民间的。其中，官方正规的纠纷解决机制通常都有相应的程序规范和具体的运行规则，而非官方的纠纷解决机制中，有的有具体的程序规则，有的只有基本的法律原则。但是，所有的纠纷解决机制都应当严格按照法律规定的程序和规范，或者遵循法定的原则进行，即使法律对某种纠纷解决机制没有作出具体的规则和规定，但其运行也不得违反法律的基本精神，不得以单纯追求解决纠纷为目的而罔顾手段的合法性，不能只为达到消除纠纷的目的而超越法律的规定，或者压制纠纷的正常发生，阻止纠纷的正常解决，更不能借助非法力量处理和解决纠纷。同时，还要严防黑恶势力的借机渗透和介入。例如在某些地方，房地产开发商为了解决拆迁纠纷，指使、雇用黑社会组织强拆民房，有些黑社会组织不仅是黑道的仲裁者，也已逐渐成了白道的帮凶。[1] 据报道，2003 年以来，长沙县星沙镇等地由于基本建设规模大、市场经济活跃而导致各类矛盾纠纷增多，民间产生了"通过非法途径处理民间纠纷"的做法，俗称"了难"。以杜可、孙树国、史新刚等人为首的团伙迅速发展起来，经常受一些基建老板之邀，采取寻衅滋事、敲诈勒索、非法侵入他人住宅等手段为这些老板"了难"，从中获得一定报酬。[2] 更加应当警惕的是，有些地方的政府组织也开始选择动用黑社会组织解决社会纠纷，如河北省定州市政府因在项目建设上与被征地农民产生矛盾，竟然动用警力和黑社会对农民乱打乱抓，酿成重大违法恶性事件。[3]

---

① 陈敏："警惕城市开发中的黑社会潜流"，《南方周末》2007 年 4 月 12 日。社论："某些地产商为何选择暴力解决争端"，《南方都市报》2007 年 5 月 7 日。顾则徐："警惕房产开发中的黑社会蔓延倾向"，《南方都市报》2007 年 5 月 20 日。

② 赵文明："专门到处替人'解纠纷'获报酬——长沙县一恶势力团伙 47 人获刑"，《法制日报》2007 年 5 月 23 日。

③ 李立："依法行政再加速　市县政府任重道远"，《法制日报》2007 年 7 月 25 日。

（二）各种纠纷解决机制对纠纷的处理应当体现法律的基本价值

由于纠纷解决主体的多元化，部分解决主体的非官方法、程序的非法定化，以及处理和解决的纠纷的多样性，决定了纠纷处理过程中的所依据的规范也呈多样化情况。① 其中，有些纠纷由于涉及的社会关系并不为法律所调整，而属于一般的社会关系，因此，不能严格按照法律的具体规定，要求所有的纠纷解决机制对纠纷的处理完全符合相关法律的规定。但是，所有的纠纷解决机制对于纠纷的处理和解决的结果，应当符合法律的基本价值追求，并为社会所公认。②

第五节　多元纠纷解决机制的基本类型

对纠纷解决机制进行分类，不仅有利于正确认识和把握不同纠纷解决机制的性质和特点，也能帮助我们选择适用正确的纠纷解决机制妥善解决不同类型的社会纠纷，而且，也有助于对各种纠纷解决机制的相应规范和完善。

一、根据当事人主张与要求的不同分类

根据当事人主张与要求的不同，纠纷解决机制可以分为裁判型纠纷解决机制、复查型纠纷解决机制、启动型纠纷解决机制、评议型纠纷解决机制等。

（一）裁判型纠纷解决机制

所谓裁判型的纠纷解决机制，是指当事人启动纠纷解决机制的目的是为了获得某种权威的判断和裁量，接受该纠纷解决请求的主体，在对该纠纷的解决过程中需要对当事人之间的具体争议做出明确具体的裁断，以结束当事人之间的争端。该类型纠纷解决机制的主要特点是：

1. 该类纠纷解决机制的实施主体具有作出权威性判断所应具有的社会强

---

① 日本学者千叶正士提出法律多元的概念，将法律分为官方法、非官方法和法律原理，并指出，正如国家法被认为由正义、公平、自然法、人权、法治和其他一些法律原理所支持，同样地，各种各样的非官方法也被假设由它们自己的一些法律原理所支持。这些非官方法律原理是：家庭观念，它使人们为家庭整体而不是单个成员而行动；部落精神，它激发人们进行集体行为，最初是为了地方共同体，后来是为了其他一些虚拟的社会集体；同族原则，它强调有主干家庭和分主干家庭构成的等级结构及其虚拟形式；地位秩序，它要求根据人们的社会地位来对待他们，就像情义关系中一样；天皇崇拜，这构成对天皇和他的家室的特殊尊崇的基础；神的观念，这体现在神社及其仪式、节庆上。参见千叶正士著《法律多元——从日本法律文化迈向一般理论》，强世功等译，中国政法大学出版社1997年版，第101页。

② 制度的维持离不开国民意识的呼应，"许霆恶意取款案"的改判就是一个明证。

制力

这种社会强制效果或者来自法律的规定，如法院对纠纷的判断；或者基于包括双方当事人在内的社会成员的共同认同和共同遵守的内在意识，如在我国四川大凉山彝族聚居地区，存在着一种叫做"德古"的民间纠纷处理者，他们是一些获得公众认可的在学问和知识等方面学识出众、品格端正、具有处理纠纷能力的人。"德古"在处理民间纠纷时，没有国家机器的强权作为保证，而仅仅依赖于舆论的力量和当事人双方的信用。通过"德古"的工作，促成双方按照彝族的习惯和先例达成的协议，一旦被双方"家支"（以父子联名系谱作为纽带联结起来的父系血缘社会集团）接受，就意味着整个"家支"的承诺。如果哪一方不执行这一处理结果就意味着"家支"的信誉受到损伤，从而会被别的"家支"看不起。而在一个彝族的社会里，"家支"的信誉即意味着"家支"是否可以在彝族社会中生存下米，所以作为众多人的集合体——"家支"是不会轻易冒着失去信用的风险。当纠纷发生时"家支"还会积极寻求和平解决纠纷的方式，而不会轻易动用武力，以免卷入没完没了的复仇之中。① 事实上，正是这种法律赋予的强制执行效力，或者是社会中存在着的某种制约束缚作用，能够使当事人心甘情愿地认同并遵守和执行纠纷处理者的裁断，也能够迫使当事人对于某种并不满意的纠纷处理结果予以妥协和忍让，以保全其更为重要的利益。

2. 该类纠纷解决机制须能够对当事人之间的具体争议作出明确具体的裁断

该类型纠纷解决机制必须直接能够面对当事人之间的具体争议，并在当事人不能就争议事实和最终处理结果达成一致协议的情况下，既不能拒绝作出裁判结论，也不能把纠纷移交给其他的纠纷解决机制处理。②

（二）复查性纠纷解决机制

所谓复查型纠纷解决机制，是指为了促进和保障前一纠纷解决机制的依法

---

① 阮金阳，张波，李亮："彝族'民间法官'——德古"，《法制日报》2006 年 12 月 24 日。

② 与之相对的如公安机关交通管理部门对于道路交通事故损害赔偿问题的调处，根据《道路交通安全法》第 74 条、《道路交通安全法实施条例》第 95、96 条的规定，公安机关交通管理部门在调处道路交通事故损害赔偿问题的过程中，不能直接就当事人之间争议的损害赔偿问题予以直接回应，作出具体判断和分析，而只能期待当事人自愿达成协议，当事人甚至可以拒绝通过这种方式处理和解决他们之间的争议，即使在该种纠纷处理机制正在进行的过程中，当事人也可以中途退出该纠纷处理程序。

运行而专门设立的,用以审查和监督前一机制是否正确合法的一种纠纷解决机制。该机制设立的目的不在于直接调查和处理相关的纠纷,而在于审查前一机制在行使职权处理相关纠纷的过程中是否符合规范性文件的规定,从而作出维持、撤销或者变更前一机制所作决定的裁决。如行政复议制和行政诉讼制即属于典型的复查性纠纷解决机制。该类型纠纷解决机制的主要特点是:

1. 前后两个机制具有相对独立性

有别于一个纠纷解决机制中的前后两个不同阶段,如审判程序中的第一审程序和第二审程序,该类型的纠纷解决机制中的前一机制并不是后一机制的附属,前后两个机制具有相对的独立性。

2. 后一机制对于纠纷的解决具有间接性

该类型纠纷解决机制中的后一机制设立的直接目的在于保障和监督前一机制的运作按照法律的规定进行,而不直接涉及纠纷的解决;但是,后一机制对前一机制的处理过程和结果的审查,却能够间接地影响和作用于纠纷本身。

(三) 启动型纠纷解决机制

所谓启动型纠纷解决机制,是指该机制本身不具体处理当事人之间的纠纷与争议,当事人提出的请求也只是要求通过该机制的运作与推动,启动一个能够或者应该对其纠纷与争议具有解决权或有解决责任的机制,受理和解决其纠纷与争议。例如我国的信访制度。

启动型纠纷解决机制主要在以下几种情况中发生作用:

1. 纠纷应当由哪个机构处理和解决,相关的规定不明确,接受诉请的机构对于当事人的请求均予以拒绝,致使该问题不能得到受理和解决。

2. 有相关规范明确规定纠纷应当由某个具体的机构或者组织处理,但该机构或者组织出于某种主客观原因不能受理和解决。例如,在宁夏近三分之二的县(区)政府的行政复议机构多是县政府办公室的挂牌机构,没有编制,没有专门的行政复议办公室,没有专职行政复议工作人员,且大多数由一人兼职,缺乏法律专业知识,尤其是在西海固贫困地区,多年来就没有受理一起行政复议案件,使得许多行政争议未能通过行政复议加以解决,导致涉及行政机关侵权的信访案件逐年上升,行政违法和不当行政行为难以及时纠正,有的还演变成上访和群体性事件。①

---

① 周崇华:"没有专门机构 没有专项编制 没有专职人员:宁夏近半行政诉讼诉前未经复议",《法制日报》2007 年 2 月 16 日。

3. 纠纷依法应当由两个或两个以上机关受理和解决，但该两个或两个以上机构相互推诿、拒绝受理和解决。

4. 纠纷已被相关机构受理，但该机构却对纠纷的解决久拖不决。

由于该类型纠纷解决机制本身不是为了解决具体的纠纷而设计的，从本质上讲，不符合完全的纠纷解决机制的形态，可以视为是一种准纠纷解决机制。但是，我们却不能因此而低估了这种机制在整个多元化纠纷解决机制体系中的地位和作用。许多纠纷从轻微演变为严重恶化，往往与相关的纠纷解决机制不通畅有很大的关系。

（四）评议型纠纷解决机制

所谓评议型纠纷解决机制，是指双方当事人对其中一方行为的正当性发生争议，请求纠纷解决机制加以评价确认的一种纠纷解决机制。最常见的就是基层人民调解组织对婚姻家庭纠纷的调解处理。该类型纠纷解决机制的主要特点是：

一方当事人对他方当事人已经做出，或者计划做出的某一行为的正当性存有异议，相互发生争执。为此，当事人要求纠纷解决主体就争议行为的正当性作出评判，以获取必要的道义庇护和舆论的支持。

与裁判型纠纷解决机制不同的是，评议型纠纷解决机制不是针对一个权利义务的争议，而是对当事人的某种行为的正当性给出评价。也就是说，在裁判型纠纷解决机制中，当事人通常主张或要求对方当事人履行义务，而在评议型纠纷解决机制中，当事人只是要求纠纷解决主体对被争议的行为作出是非曲直的评价。在裁判型纠纷解决机制中，申请一方当事人通常要求纠纷解决主体责令对方当事人承担一定义务，而在评议型纠纷解决机制中，当事人只要求纠纷解决主体"给一个说法"，以求得道义上的庇护和舆论上的支持。我国基层人民调解组织，经常会遇到当事人要求给双方评理，给对方当事人以劝导、说服等方面的争议。例如，丈夫不明事理，不孝敬老人，不照顾家庭和孩子，还经常外出赌博，其妻子屡次阻止不成，双方发生争执，妻子请求人民调解组织给对方的行为进行评价，并请求人民调解组织对其进行说服劝导，避免上当受骗。

二、根据纠纷解决主体的性质分类

根据纠纷解决主体的性质，纠纷解决机制可以分为官方的纠纷解决机制与非官方的纠纷解决机制。

（一）官方的纠纷解决机制

官方的纠纷解决机制，是指由国家机关依照法律规定主持进行纠纷处理活动的解决机制。如法院审判、行政复议、行政裁决、行政调解等。其主要特点是：

1. 国家机关主持纠纷的解决。

2. 权力来源及其运行规则由法律规定。

3. 经费来自国家财政拨款。

（二）非官方的纠纷解决机制

非官方的纠纷解决机制，是指由国家机关之外的其他组织和机构依法主持进行纠纷处理活动的解决机制。其主要特点是：

1. 主持纠纷解决的主体是国家机关之外的其他组织和机构。如仲裁机构、人民调解委员会等。

2. 基本制度与规则或者由法律规定，如仲裁和人民调解，或者法律授权其自行规定。

3. 经费或者来自国家财政拨款，或者来自民间自筹。

三、根据能否被当事人自由选择分类

根据能否被当事人自由选择，纠纷解决机制可以分为限定的纠纷解决机制与可自由选择的纠纷解决机制。

（一）限定的纠纷解决机制

限定的纠纷解决机制，是指对于某些社会纠纷来说，如果当事人需要借助纠纷解决机制申请处理和解决时，只能选择某一特定的纠纷解决机制，而不能自由选择其它的纠纷解决机制。如《中外合资经营企业所得税法》第15条规定："合营企业同税务机关在纳税问题上发生争议时，必须先按规定纳税，然后再向上一级税务机关申请复议，如果不服复议后的决定，可以向当地人民法院起诉。"或者法律明确规定排除某一纠纷解决机制处理某些社会纠纷的资格，如《仲裁法》第3条规定："下列纠纷不能仲裁：（一）婚姻、收养、监护、扶养、继承纠纷；（二）依法应当由行政机关处理的行政争议。"

（二）可自由选择的纠纷解决机制

可自由选择的纠纷解决机制，是指对于大多数社会纠纷来说，存在两种或者两种以上的纠纷解决机制，当事人有权自由决定选择其中一种作为解决自己纠纷的方式。能够被当事人自由选择有时是相对的而不是绝对的，在一定情况

下或许是可以选择的情况，在另一种情况下则可能就不能选择。如诉讼和仲裁这两种纠纷解决机制，在纠纷发生前或者纠纷发生后当事人之间可以自由约定选择是否仲裁，一旦达成仲裁协议，他们就只能选择仲裁解决的方式而不能选择诉讼的解决方式。

四、根据处理的结果是否直接具有强制执行的效力分类

根据处理的结果是否直接具有强制执行的效力分类，纠纷解决机制可以分为依法可强制执行的纠纷解决机制与依法不具有强制执行效力的纠纷解决机制。

（一）依法可强制执行的纠纷解决机制

依法可强制执行的纠纷解决机制，是指某些机构的某些纠纷处理活动，其产生的结果依法具有直接申请法院强制执行的效力。

根据《民事诉讼法》第201条和最高人民法院《关于人民法院执行工作若干问题的规定（试行）》第1条第2项的规定，通过下列纠纷解决机构依法作出的决定，直接具有强制执行的效力：

1. 人民法院民事、行政判决、裁定、调解书，民事制裁决定、支付令，以及刑事附带民事判决、裁定、调解书；

2. 依法应由人民法院执行的行政处罚决定、行政处理决定；

3. 我国仲裁机构作出的仲裁裁决和调解书；人民法院依据《中华人民共和国仲裁法》有关规定作出的财产保全和证据保全裁定；

4. 公证机关依法赋予强制执行效力的关于追偿债款、物品的债权文书；

5. 经人民法院裁定承认其效力的外国法院作出的判决、裁定，以及国外仲裁机构作出的仲裁裁决；

6. 法律规定由人民法院执行的其他法律文书。

（二）依法不具有强制执行效力的纠纷解决机制

依法不具有强制执行效力的纠纷解决机制，是指某些机构的某些纠纷处理活动，其产生的结果依法不能直接申请法院强制执行。

例如，根据最高人民法院1993年9月3日《关于如何处理经乡（镇）人民政府调处的民间纠纷的通知》的规定，民间纠纷经司法助理员调解达成的协议或者经乡（镇）人民政府所作的调处决定，当事人向人民法院申请强制执行的，人民法院不予执行。

五、根据当事人是否必须缴纳费用分类

根据当事人是否必须缴纳一定的费用才可申请启动，纠纷解决机制可以分

为付费的纠纷解决机制与免费的纠纷解决机制。

在各种纠纷解决机制中，有的纠纷解决机制须经当事人缴纳一定费用后，其申请才能被受理，纠纷解决机制才可能启动，如诉讼、仲裁；有的纠纷解决机制则不需交纳任何费用，申请就可被受理，纠纷解决机制即可启动，如人民调解委员会。根据司法部 1989 年 10 月 25 日《关于人民调解委员会调解民间纠纷不收费等问题的批复》的精神，人民调解委员会调解民间纠纷不收费，这也是《人民调解委员会组织条例》明确规定的一项制度。因此，人民调解委员会不能以任何理由或借口向纠纷当事人收费，也不得因当地经济困难，解决不了调解委员补贴而向当事人收取误工费等。

在收取一定费用才可启动的纠纷解决机制中，向当事人所收费用的数额及其类别，必须要有法律的明确规定，并严格按照规定计收。

此外，根据纠纷处理的不同过程，纠纷解决机制可分为有严格程序规定的纠纷解决机制与无严格程序规定的纠纷解决机制。有的纠纷解决机制法律规定有严格的程序，如诉讼，而有的纠纷解决机制法律则没有作具体严格的程序规定，如人民调解委员会调处纠纷。

第二章

和解与协商机制的公正保障

　　和解与协商解决，是当事人自己解决其纠纷的一种常见方式，具体来讲，协商通常是其基本手段，和解则包括两层含义，既包括当事人解决纠纷的努力，同时也是协商解决的结果之一。从严格意义上讲，纠纷在当事人之间的和解与协商解决，并不能与诉讼、仲裁、调解等纠纷解决机制相提并论。这不仅在于当事人自行和解与协商解决与其他的诉讼或非诉讼纠纷解决机制相比，更加缺乏正式性，难以称之为一种机制，而且在于这种纠纷解决方式主要由纠纷当事人自己控制，他人难以了解和掌握，社会也难以对其运行过程进行全面规制。

　　但是，不可否认的是，当事人之间的和解与协商解决也是解决纠纷的非常普遍的方式。虽然由于当事人和解与协商解决形式的私密性，我们可能无法全面统计到底有多少纠纷是通过当事人之间的和解与协商方式解决的，但是，窥一斑而见全豹，从美国法院的情况看，通过诉讼和解解决纠纷的比例高达70%，案件能够达到事实审的不过6%（其他案件在事实审之前已经因被法院驳回诉讼请求、缺席判决或当事人撤诉等而终结），[①] 有大量的纠纷进入诉讼后转而通过当事人自行协商解决而退出了诉讼，据此推断，大量的纠纷通过当事人自行和解与协商解决的判断是有一定根据的。因此，把和解与协商作为纠纷解决的一种重要形式加以研究是必要的，尤其是大量的和解与协商发生与国家公权的行使有着直接或者间接的关系，其公正性不仅取决于当事人的自由意志和当事人对于和解与协商结果的可接受性，也影响到国家对于社会公平与正

---

　　① ［美］罗伯特·本：《美国民事诉讼中的和解》，载《NBL》2003 年 4 月 15 日。关于和解比例由不同的说法，也有的调查报告则认为应当高达 92%，而通过事实审裁决解决的案件不过 2.9% 这一数据是根据美国一位教授和全美洲法院中心对全国联邦法院和所有州法院提起的所有民事诉讼案件进行调查所得的结果。See Samuel R, Gross & Kent D. Syverud, Do Try: Civil Jury Verdicts System Geared to Settlement, 44 UCLAL. REV. 1, 2n. 2 (1996). 转引自张卫平著：《转换的逻辑——民事诉讼体制转型分析》，法律出版社 2004 年版，第 313 页。

义的追求，在可控的范围内对和解与协商进行必要的规范也应是法治国家的应有之义。

第一节　和解与协商解决的基本类型

根据和解与协商解决是否发生在诉讼过程中，可以分为诉讼和解、非诉和解和诉讼外的和解。诉讼中的和解，根据当事人在诉讼中和解的阶段的不同，又可分为诉前和解、庭前和解、庭审过程中和解；而根据和解案件性质的不同，诉讼和解还可分为民事诉讼和解、行政诉讼和解以及刑事诉讼和解等。

一、民事诉讼和解

民事诉讼和解，是指在民事诉讼过程中，在法院的参与下，当事人自愿协商达成和解的过程，以及通过和解结束诉讼纷争的协议。我国《民事诉讼法》第51条规定："双方当事人可以自行和解。"

民事诉讼和解虽然是当事人之间相互协商达成纠纷解决的一种形式，但与一般的民事和解行为不同。民事诉讼和解发生在诉讼程序之中，当事人的行为除了要符合民事实体法的有关规定外，还要求符合诉讼法的相关规定，方能产生诉讼和解的法律效力。不仅如此，诉讼和解的过程往往是在法院的参与下进行的，或者和解协议就是在法院的促成下达成的。而且，当和解达成协议后，还要获得法院的审查确认，说明和解过程始终渗透着法院的司法行为。

关于诉讼和解的性质，一直以来存在以下几种不同的认识和理解。[1] 一是私法行为说。认为诉讼和解是就诉讼标的达成的私法上的和解契约，之所以发生终结诉讼的效果，是因为关于诉讼标的的争执业已终止，而法院将其登记于笔录不过是对和解加以公证。二是诉讼行为说（纯诉讼行为说）。认为诉讼和解是与私法和解完全不同的诉讼行为，私法上和解之内容仅系诉讼法上和解之缘由。因此诉讼和解的效力也完全应从诉讼法来考察。三是两行为并存说。认为私法上和解契约与终结诉讼之合意的诉讼行为在诉讼和解中是同时并存的。在实体法与程序法分立的制度下，依实体法所为之法律行为并不发生诉讼法上的效果；而程序法上的诉讼行为也不发生实体法上的效果。故为了体系上的要求，自然应认为诉讼和解为两种行为之并存。四是一行为两性质说（二行为

---

① 江伟主编：《民事诉讼法（第二版）》，高等教育出版社2004年版，第208~209页。

合体说、竞合说、两面说）。认为诉讼和解虽然是一个行为，但同时具有私法上行为与诉讼上行为两个方面的性质。诉讼和解在发生诉讼法上效果的同时，也直接产生实体法上的效果。在德国学说、判例及日本学说上，一行为两性质说为通说。我国台湾地区学者也大都认为，诉讼上和解，一方面发生实体法上效力，另方面也发生诉讼法上效力，其性质乃私法上之和解行为与诉讼法上终结诉讼之合意并存。①

（一）民事诉讼和解的特点

我国的诉讼和解具有以下几方面特点：

1. 诉讼和解是当事人的一项诉讼权利

我国《民事诉讼法》关于和解问题的规定，在该法第5章"诉讼参加人"的第一节"当事人"中，是作为当事人的一项具体诉讼权利加以规定的。因此，法院不能以职权主动要求或强制当事人进行和解，不能对当事人不愿意和解或者不能达成和解协议而附加任何惩罚性条件；也不能以案情复杂难以下判为由，而要求当事人进行和解。但是法院可以向当事人提出和解的建议。

2. 诉讼和解可以在诉讼的任何一个阶段中进行

在起诉立案阶段直至最终判决前，当事人都可以通过协商达成和解协议，司法实务界甚至把和解提前到起诉阶段进行。如北京市朝阳区人民法院立案法官在立案接待过程中，对有诉前化解可能的纠纷，提出诉前化解的建议，指导起诉人选在诉前调解，并自行化解纠纷；对于有和解空间但由法官主持调解不理想或一时不能自行和解的纠纷，由立案庭启动诉前调解联动工作机制，根据纠纷的类型、当事人的选择以及纠纷发生地等原因，选择有调解可能的特邀调解员、人民调解委员会、司法所、律师等进行委托调解，积极创造条件，通过各种方式促使当事人达成和解协议。② 但是，立案后协商达成的和解协议必须得到法院的确认。

3. 和解既是一种解决纠纷的手段，也是一种终结案件的形式

和解是法院处理和解决民事诉讼争议的手段和方法，在诉讼过程中法官可以根据案情适时提出和解的建议，让当事人自行协商解决相互间的纠纷。经过协商达成和解协议后，或者原告因此撤诉，案件审理终结；或者由法院将和解内容记入笔录或制作调解书，案件以调解方式结案。此外，和解行为既可以由

① 郑正忠：《两岸司法制度之比较与评析》，五南图书出版公司1999年版，第373页。
② "北京市朝阳区人民法院用和解创造和谐"，《法制日报》2007年10月10日。

当事人自己进行，也可以由其诉讼代理人代为进行。但是，根据我国《民事诉讼法》第 59 条第 2 款的规定，诉讼代理人代为进行和解，必须要由委托人的特别授权，离婚案件的当事人关于离或不离的意见，必须自己作出，不能由诉讼代理人代为作出。

（二）民事诉讼和解与民事诉讼调解的关系

为了正确适用民事诉讼和解制度，必须厘清民事诉讼和解与民事诉讼调解的关系，特别是要明确二者之间的区别。

1. 二者的关联性表现在：

（1）诉讼和解与诉讼调解都是在诉讼过程中，当事人自行结束诉讼纷争的形式。

（2）诉讼和解与诉讼调解互为手段，通过调解可以使当事人达成和解协议，通过和解协议法院也可以调解方式结案。

2. 二者的区别表现在：

（1）诉讼调解是在法院主持下进行的；而诉讼和解则仅说明在纠纷已经纳入诉讼程序的情况下，双方当事人自行协商进行的，不要求一定要有法院或其他第三方的参与。即使有第三方介入，诉讼调解一定是在法院的主持下进行的，而诉讼和解则可以由法院以外的其他主体介入，协助当事人协商并达成和解协议。

（2）诉讼调解成立后，直接产生终结诉讼的效力，一方当事人不履行调解协议的，另一方当事人可以申请强制执行。而诉讼和解则不具有直接终结诉讼的效力，经法院确认的和解协议，如果以调解方式结案，则产生终结诉讼的效力；因达成和解协议而原告撤诉的，仅产生撤诉的法律效力，一方当事人不履行和解协议的，另一方当事人可以再行提起诉讼。

二、行政诉讼和解

以往人们对和解的认识是，和解方式仅限于解决私主体之间的权益的纠纷，而行政机关的行政行为是依据国家权力作出的，因国家权力具有法定性、单方性、不可处分性等属性，所以，对于因行政权力引起的纠纷的处理，不可适用和解制度。尤其是在行政诉讼中，基于对具体行政行为合法性审查原则的传统认识，以往的教科书也都回避和解问题。但是，随着社会的发展，人们已经逐渐认识到行政和解的必要性与合理性。

（一）行政诉讼和解的法理依据

1. 行政合理性原则为行政诉讼和解提供了适用空间

行政合理性原则是现代行政法的一大发展，它要求行政机关的行政行为不仅要合法，而且要合理。违反合法性原则将导致行政行为违法，违反合理性原则将导致行政行为不当。随着社会的不断发展，社会也对政府管理提出了更高的要求，行政权取得了充分的扩张空间，政府职能涉足的领域极其广泛，从摇篮到坟墓，人们的一切生活几乎都与政府的行政活动密不可分。与此同时，社会政治、经济结构日益复杂，利益主体日益多元，社会价值日趋多元，社会关系更加复杂。行政管理事务专业性、技术性的不断增强，为行政裁量权在广度和深度上的扩张提供了合理的理由，也使得行政管理更趋专业化与技术化。传统的依法行政理念只是强调行政机关的活动必须严格执行既定的法律，强调了形式上的合法行政效果。但人们已经逐渐认识到，仅依靠依法行政，尚不能完全约束政府的行政行为，尤其是在没有法律规定而行政机关享有更多裁量权的情况下，法治行政不仅要有形式上的依法行政，还要有实质上的合理行政。为此，法治国家要求行政行为不仅要求符合合法性原则，更要求符合合理性原则。

然而，从我国现行《行政诉讼法》的规定看，法院对被诉具体行政行为的审查，以合法性进行审查为原则，以合理性审查为例外，而且对于合理性审查的范围仅限于行政处罚显失公正的情况，可用的裁判方式也仅限于变更原具体行政行为。这种违法或合法的单一审查标准及裁决模式，与行政活动的高度复杂性，与行政行为合法性与合理性并存的客观现实相比，明显存在着局限性，不仅无法准确判断行政行为，而且也不利于妥善处理行政争议。

合法性是一个相对刚性的标准，而合理性则是一个相对柔性的规范。在合理性范围内，行政机关依据的主要是自由裁量权，这不仅给行政机关行使行政权提供了可斟酌的空间，为法院处理和解决行政争议提供了基础，更为行政管理相对人与行政机关就行政争议达成和解提供了依据。虽然行政权具有法定性、不可处分性等属性，但行政权也具有自由裁量性的特征，自由裁量权不仅可在行政机关做出具体行政行为时行使，也可在其纠正具体行政行为错误时行使。因为，不仅做出具体行政行为的过程是行政权行使的过程，而且纠正错误的具体行政行为，使行政权的行使符合法律规定和立法目的，也是行政权的有机组成部分。因此，在行政诉讼以及其他行政争议处理过程中，行政机关发现自己已经做出的具体行政行为违法或者不当，完全可以主动纠正，如果能够获得行政管理相对人的认同，并达成和解，是符合行政法理的。

2. 行政行为的单方性与行政诉讼和解并不矛盾

行政行为的单方性是指行政行为由行政机关单方作出，不以行政相对人的意志为转移。而和解是一种双方的行为，是双方意思表示一致的结果。虽然从表面上看，行政行为的单方性似乎不符合双方意思行为的特征，其性质似乎也排除了双方意思的结合。但是，行政行为的单方性与行政和解并不矛盾。因为，与一般民事和解不同的是，行政和解虽然也需要行政机关与行政管理相对人就具体行政行为的内容达成一定的共识，但在行政和解过程中，对具体行政行为的改变，仍然是行政机关单方面行使行政权的结果。行政和解的达成只是行政管理相对人对于具体行政行为的一种认同，而不是行政机关与行政管理相对人共同意志的结合。

3. 行政争议解决目的的双重性为行政诉讼和解提供了基础

由于具体行政行为既涉及国家行政权依法行使的问题，又涉及公民、法人或其他组织的合法权益，与此相适应，行政争议的解决也是既具有维护和监督行政权依法行使的目的，又具有保护行政管理相对人合法权益的目的。我国《行政复议法》第 1 条规定："为了防止和纠正违法的或不当的具体行政行为，保护公民、法人和其他组织的合法权益，保障和监督行政机关依法行使职权，根据宪法，制定本法。"我国《行政诉讼法》第 1 条也规定："为保证人民法院正确、及时审理行政案件，保护公民、法人和其他组织的合法权益，维护和监督行政机关依法行使行政职权，根据宪法制定本法。"因此，在行政争议解决的过程中，在确保行政职权依法行使的基础上，为了保护行政管理相对人的合法权益，可以就行政管理相对人在具体行政行为中可能享有的各种合法权益，进行必要的协调。因为，行政管理相对人在行政法上所享有的各项权益，除了法律对行政行为作了明确羁束性规定的以外，法律通常授权行政机关可以根据具体情况，在法定职权范围内，对于具体行政行为涉及的行政管理相对人的权益，作适当的安排和合理的调整。这不仅符合行政权行使的法定要求，也易于为行政管理相对人接受，达到与行政管理相对人就已产生争议的具体行政行为形成和解的处理效果。

4. 行政权行使的判断性为行政诉讼和解提供了可能性

行政行为虽然是一种国家行为，但它也要通过具体的行政公务人员[①]以其

---

① 有学者称之为"行政人"，如胡建淼著：《行政法学（第二版）》，法律出版社 2003 年版；也有学者称之为"行政公务员人员"，如王连昌主编：《行政法学》，中国政法大学出版社 1999 年版；也有学者称之为"行政职权人"，如于绍元，何乃忠：《行政行为概论》，群众出版社 1993 年版；也有学者称之为"行政管理人"，如张殿相，赵金国：《也论行政强制措施的可诉性》，《法制日报》1992 年 5 月 14 日。笔者仅为行文上的方便，采用行政公务人员的名称。

个人的行为作出，而具体行政公务人员在做出该具体的行政行为时，同样也有一个对具体行政事务的分析判断和逐步形成正确认识的过程。其中既包括对具体行政事实的认识，也包括对法律规则的认识，更包括对公平正义等价值的认识。在这个认识过程中，行政公务人员的认识活动要受到多方面的限制与约束：

（1）行政公务人员的认识能力与水平。人的认识能力是有限的，不可能对所有的事物都能作出正确的分析和判断，同时人的认识能力又是有差别的，不可能要求每个人都具有很高的业务水平与高超的认识能力。行政公务人在做出具体行政行为时，不仅要运用逻辑推理，还往往需要依据知识、经验规则，并结合一定的生活阅历等。不可能所有的行政公务人员全都具有这些能力和水平，也不可能所有的公务人员全都具有同样的能力和水平。因此，任何一个具体行政行为，虽然自作出之时法律即赋予其·定的法律效力，但并不排除其可能存在的违法与不当。

（2）所能查明的行政事务事实。行政权的行使要求以事实为根据，以法律为准绳，而法律事实又只能是符合法律要求的，并能够通过客观证据证明的事实。法律上认可的事实仅仅是通过证据能够查明的事实。受客观条件的限制，行政公务人员所能获得的证据的数量与质量都是有限的，他们无法做到将每个案件的全部事实都查得水落石出，也不可能将案件涉及的所有证据都收集齐全，更不能保证所有的证据都一定确凿无疑，而利害关系人基丁趋利避害的考虑，对有关事实进行隐瞒、歪曲、捏造、夸大时，更加剧了这一状况。这些因素都会影响到行政公务人员对有关行政事务事实调查确认的准确程度。

（3）案件的复杂程度。不同的案件其性质不同，相应的复杂程度也有所不同。某些特殊的行政事务，人们往往一时难以作出客观正确的认识；有些行政事务受到外界的影响，又会在一定程度上干扰行政公务人员的认识和判断；有些行政事务可能同时涉及本行政部门以外其他方面的问题，对该事务负有直接处理权的单独某个行政部门的行政公务人员而言，超出了本行政专业领域能力之所及，难以准确从全局把握等等。这些因素都会对行政公务人的认识与判断造成不同程度的偏差与错误。

（4）时间上对行政公务人员认识的限定性。认识是一个逐步深入并逐渐接近真理的过程，一般情况下，可供认识的时间越长，认识的结果的准确性也相应会越高；反之，则会制约和影响人们认识的正确性和精细程度。但是，行政权行使的要求之一就是其效率性，为了提高行政管理的效率，各种规范性文件对每一具体行政行为通常都规定有具体的完成时间要求，如我国《行政许可法》第42条规定："除可以当场作出行政许可的外，行政机关应当自受理行政许可申请之日起20日内作出行政许可决定。"任何一件行政事务都不可能给行政公务人员无限的时间，以供其不断地深入调查和反复地分析研究，直至找寻到最佳的处理方式和达到最好的行政效果。

根据以上分析，我们可以清楚地发现，完全认识行政事务事实的客观真实情况是不可能的，行政公务人员对具体行政事务事实的认识只能达到一种近似正确的反应，任何一个具体的行政行为都只是一个相对正确的认识结果。这是符合辩证唯物主义认识论的。因此，在具体行政行为引发纠纷时，纠纷的双方对该具体行政行为如果有更为正确的认识，并且双方能够在此基础上达成一定的共识，形成和解，又未尝不可呢。

（二）行政诉讼和解的现实状况

新中国的行政诉讼制度始于1982年《民事诉讼法（试行）》，基本完善于1990年生效的《行政诉讼法》。行政诉讼制度虽然承载着国人非常厚重的法治理想，但毕竟时间较短，加之其他方面的配套建设也还没有能够完全跟上，许多基本的问题在实践中仍然是探索阶段。然而，现实已经对行政诉讼制度与功能提出了挑战：

1. 撤诉"管涌"已经危及行政诉讼大堤

行政诉讼中一个突出的问题是，行政机关的强势与法院的独立审判形成较大反差。行政机关不愿被诉，认为行政诉讼会影响行政机关的权威和威信，法院受理行政诉讼是对行政机关的工作不支持，是"捅篓子"、"添乱子"；法院基于自身利益的考虑，为了与行政机关搞好关系，对行政诉讼也是不敢受理、不敢判决，即使不得不受理的行政诉讼，法院也多采取"协调"的办法，通过原告撤诉的方式解决。① 当行政行为明显违法而行政机关又权大气粗时，或者当案件在当地具有一定影响而引起上级领导的关注时，情况尤其如此。

据统计，全国法院1990年以撤诉方式对行政诉讼案件结案的有4346件，占结案总数的36.1%；1991年9317件，占36.97%；1993年11550件，占41.31%；1994年15317件，占43.65%；1995年2599件，占40.7%；1996年42915件，占54.68%。在某些地方，情况更为严重，黑龙江某市1995年行

---

① 莫于川："协调和解是行政法制革新的亮点"，《法制日报》2007年4月10日。

政诉讼的撤诉率甚至高达总结案数的 81.7%。① 2002 年至 2007 年 10 月的五年来，全国法院共撤销、变更、判令履行法定职责，确认行政行为违法或无效的案件计 7.2 万件；对合法的行政行为，依法判决维持，确认合法或者驳回原告诉讼请求的计 8.7 万件。在全国法院审结的行政案件中，行政机关完善或者改变行政行为后，行政相对人自愿撤诉的有 15.4 万件。② 山东省济宁市市中区人民法院 2003 至 2007 年共受理行政案件 512 件，审结 503 件；在所审结的案件中，有 269 件没有经过实体审理和判决，而是以原告撤诉、法院驳回起诉和不予受理方式结案。其中，原告撤诉的 218 件，占 42.6%；驳回起诉的 32 件，占 6.3%；不予受理的 19 件，占 3.7%。③ 据中国法院网讯，江苏省建湖县人民法院积极探索建立全方位、多元化的行政协调和解机制，2007 年审结行政诉讼案件 36 件，和解撤诉 23 件，和解撤诉率达 64%。④ 山东省滕州市人民法院行政庭近几年行政诉讼结案统计如下：2004 年共受理行政诉讼案件 323 件，其中原告撤诉的为 298 件，占收案总数的 92.26%；2005 年共受理行政诉讼案件 364 件，其中原告撤诉为 313 件，占收案总数的 85.99%；截至今年 7 月份共收案 156 件，其中原告撤诉的为 132 件，占收案总数的 84.62%。⑤

如此之高的撤诉率，使得"协调处理"在行政诉讼中相当盛行，撤诉已成为行政诉讼案件结案的主要方式。这种"异化"了的结案方式存在着不容忽视的负面效果：一是使得行政诉讼法关于行政案件不允许调解的规定被悄然规避，名存实亡，实定法与法律实践的脱节使得其处境尴尬；二是由于没有法律规范层面上的支撑和依据，致使诉讼和解的范围没有限制，手段过于随意，无原则地"和稀泥"式和压服式的非自愿撤诉难以避免。因此，亟须从制度上加以规范。

---

① 孙林生，邢淑艳："行政诉讼以撤诉方式结案为什么居高不下——对 365 件撤诉案件的调查分析"，《行政法学研究》1996 年第 3 期。转引自马怀德主编《行政诉讼原理》，法律出版社 2003 年版，第 85 页。

② 袁定波："全国法院完善行政审判和解机制促官民和谐——5 年行政相对人自愿撤诉 15.4 万件"，《法制日报》2007 年 10 月 8 日。

③ 马丽："行政诉讼案为何撤诉率高"，山东新闻网消息，查阅时间 2008 年 2 月 2 日。http://jining.sdnews.com.cn/2008/1/3/389247.html。

④ 丁扣萍，王淑："建湖法院行政诉讼案件和解撤诉率达六成"，中国法院网，发布时间：2008-01-15 14:36:23，查阅时间 2008 年 2 月 2 日。http://www.chinacourt.org/html/article/200801/15/283013.shtml。

⑤ "行政诉讼和解制度的调查报告"，滕州市人民法院网。查阅时间 2008 年 2 月 2 日。http://www.tzfy.net/Article/xxkb/200609/388.html。

从某种意义上说，撤诉在司法实践中已经背离了其本来的立法目的，异化成为法院规避政治风险、行政机关回避败诉风险的救生筏。如果行政诉讼制度大堤通过撤诉这一"管涌"现象面临决堤危险，通过行政诉讼监督和保障行政机关依法行使职权，保护公民、法人和其他组织合法权益的制度功能就将名存实亡。

2. 行政诉讼和解引领行政诉讼走出困境

面对如此局面，党中央、国务院对加强和改进行政审判工作极为重视，并对积极稳妥地推进行政诉讼改革，健全行政争议解决机制提出了明确要求。中共中央办公厅、国务院办公厅《关于预防和化解行政争议健全行政争议解决机制的意见》提出："积极探索和完善行政诉讼和解制度"，"最高人民法院要在深入调研和征求相关部门意见的基础上，对行政诉讼和解制度提出指导性意见"。最高人民法院院长肖扬在全国法院"加强行政审判工作妥善处理行政争议"的电视电话会议上强调："抓紧制定行政诉讼和解问题的司法解释，以规范和解行为、完善和解程序、确认和解效力，为妥善处理行政争议提供有效依据。"从 2007 年上半年开始，最高人民法院即着手进行司法解释的起草工作，经过反复调研，数易其稿，形成了《关于行政诉讼中当事人和解若干问题的规定》征求意见稿，经反复讨论，并最终形成了《关于行政诉讼撤诉若干问题的规定》。

最高法院颁布的《关于行政诉讼撤诉若干问题的规定》，为从制度上化解行政诉讼的僵局打开了一个缺口：

（1）将以往的司法实践经验归纳总结并吸收进司法解释中。上述司法解释总结和反映了法院与双方当事人为了解决不适用调解制度与现实需要之间存在的巨大反差所作的努力，吸纳了以往通过协调解决行政纠纷，在一定程度上可以直接、彻底地平息纠纷，实现"案结事了"，促进"官民"和谐的积极因素。同时，又把各地方法院各行其是、五花八门的各种协调做法，统一规定为"人民法院经审查认为被诉具体行政行为违法或者不当，可以在宣告判决或者裁定前，建议被告改变其所作的具体行政行为。"原告撤诉的一个重要前提是行政机关改变被诉具体行政行为，但行政机关改变被诉具体行政行为，在过去却完全是行政机关单方面的行为，法院难以作为。司法解释给法院明确规定了改变违法或者不当具体行政行为的建议权，避免了法院在行政诉讼过程中，无权要求行政机关改变其已经确认违法或者不当的行政行为的状况，防止了行政机关和法院在制度上只能单向地向原告施压，以求达到撤诉目的的困境。

（2）完善了行政诉讼案件撤诉的规定。上述司法解释不仅对撤诉的条件作了具体明确的规定，在一定程度上起到了遏制无原则滥用撤诉制度引起的弊端，同时为从制度上保证原告提出撤诉后的合法权益，防止出现行政机关以承诺改变被诉具体行政行为诱使原告撤诉后又拒不履行承诺的情形，又规定："被告改变被诉具体行政行为，原告申请撤诉，有履行内容且履行完毕的，人民法院可以裁定准许撤诉；不能即时或者一次性履行的，人民法院可以裁定准许撤诉，也可以裁定中止审理。"

（3）制度创新式地提出了和解。最高人民法院的上述司法解释，在不超越现行法律规定的条件下，提出了行政诉讼和解这一技术性的制度创新，具有一定的实践意义。在现行行政诉讼制度的作用下，撤诉事实上已经成为保全法院与行政机关之间协调关系的最主要途径，为了保护行政管理相对人的合法权益，避免无原则地牺牲行政管理相对人合法权益，和解无疑是一个有效的制度选择。在大多数情况下，和解是撤诉的原因，撤诉是和解的结果。撤诉虽然最终取决于原告的意志，但在和解的基础上再行撤诉，使得撤诉不再只是涉及原告的问题，也对行政机关提出了具体要求。同时，强调通过和解达成的撤诉，也在一定程度上能够争取对原告利益的保护。

但是，我们也必须清醒地认识到，撤诉不是行政诉讼的最主要结案方式，行政诉讼和解也只是对目前行政诉讼僵局的一种权宜之计，盲目夸大和解与撤诉的效果，都是与我国行政诉讼的立法宗旨与制度功能不相称的，是司法在监督与制约行政机关依法行使其职权方面无能、无力的表现，因为它毕竟不能从根本上解决法院对行政诉讼案件不敢依法判决的窘境。与此同时，我们还需警惕，随着最高人民法院上述司法解释的颁布，必然会有部分地方法院为了获取一定的司法政绩，达到某种政治影响，违背司法规律，机械理解与错误解读上述司法解释，为了追求较高的和解率，硬性下达各种指标，盲目跟风制造新一轮的司法运动，把行政诉讼制度引向歧途。[①]

[①] 据报道，山东省高院在 2007 年工作要点中提出，全省将广泛推行行政诉讼和解制度，通过加大行政案件诉讼和解力度，在 2006 年和解撤诉率已达 47% 的基础上，还将加大行政案件和解力度，在原被告间多做建议、动员、协商工作，促使更多的案件原被告双方作出让步，达成和解。力争一审行政案件和解撤诉率达到 50% 以上。吴允波，张志华："山东推广行政诉讼和解制度"，大众网 2007 年 3 月 7 日。查阅时间 2008 年 2 月 2 日。http://www.dzwww.com/xinwen/shandongdongtai/sdzw/200703/t20070308_2036544.htm。

三、刑事诉讼和解

刑事诉讼和解，是指在刑事诉讼过程中，对刑事自诉案件和轻微刑事案件，在检察院和法院的促成下，通过行为人认罪悔过、赔礼道歉、积极赔偿损害并得到被害人谅解，达成和解协议的，可以依法予以从宽处理的一种刑事案件处理方法。

（一）刑事诉讼和解的必要性

2006 年 12 月 28 日最高人民检察院《关于在检察工作中贯彻宽严相济刑事司法政策的若干意见》规定："对因人民内部矛盾引发的轻微刑事案件依法从宽处理。对因亲友、邻里及同学同事之间纠纷引发的轻微刑事案件，要本着'冤家宜解不宜结'的精神，着重从化解矛盾、解决纠纷的角度正确处理。对轻微刑事案件中犯罪嫌疑人认罪悔过、赔礼道歉、积极赔偿损失并得到被害人谅解或者双方达成和解并切实履行，社会危害性不大的，可以依法不予逮捕或者不起诉。确需提起公诉的，可以依法向人民法院提出从宽处理的意见。对属于被害人可以提起自诉的轻微刑事案件，由公安机关立案侦查并提请批捕、移送起诉的，人民检察院可以促使双方当事人在民事赔偿和精神抚慰方面和解，及时化解矛盾，依法从宽处理。"2007 年 3 月 6 日最高人民法院《关于进一步发挥诉讼调解在构建社会主义和谐社会中积极作用的若干意见》规定："对刑事附带民事诉讼案件，人民法院应当按照民事调解的有关规定加大调解力度。对行政诉讼案件、刑事自诉案件及其他轻微刑事案件，人民法院可以根据案件实际情况，参照民事调解的原则和程序，尝试推动当事人和解。"

通常来讲，刑事犯罪不仅是侵害社会成员个体利益的行为，同时也是甚至最主要的是对社会整体的危害，因为它破坏了社会的安定状态和社会成员的安全感，危害了国家经济、政治等制度赖以存在和发展所需要的秩序及一般社会成员赖以生存的条件。[①] 但是，在现实生活中，由于过分强调犯罪是对社会公共秩序的破坏，强调对犯罪的打击，不仅忽视了被害人在刑事诉讼中的地位和作用，也不利于对可挽救的犯罪行为人的复归社会，有些时候甚至使被害人连必要的赔偿都不能得到。因此，对于那些犯罪情节比较轻微，社会危害性相对较弱的刑事自诉及轻微刑事案件，如果加害人确实能够认识到其罪错并真心悔改，求得受害人的谅解，并能对给受害人造成的损失给予相应的赔偿，无论对

---

① 宋英辉主编：《刑事诉讼原理》，法律出版社 2003 年版，第 87 页。

社会及被害人还是对挽救教育行为人都是有益的。受害人愿意与之达成和解的，受害人与加害人之间可以自行和解。因此，根据宽严相济的刑事政策，刑事和解不仅有可能，而且也有必要。

（二）刑事诉讼和解与相关问题的区别

1. 刑事诉讼和解不同于辩诉交易

辩诉交易，以美国为例，是指在刑事案件中，被指控者通过他的律师与公诉人进行协商达成双方均可接受的协议的程序。辩诉交易通常集中于刑事程序中若干个关键变数之一：控告，若干独立罪行和刑罚。被告可能同意进行辩诉交易以换取控告的减轻，也可以达成判刑本身的协议。[①]

辩诉交易与刑事诉讼和解都可能产生减轻对犯罪人刑事处罚的效果，但作为不同的刑事诉讼制度，辩诉交易与刑事诉讼和解相比有以下几方面不同：

（1）辩诉交易发生在刑事被指控者与公诉人之间；而刑事诉讼和解则发生在犯罪嫌疑人、被告人与被害人之间。

（2）辩诉交易针对的是对被指控者所指控的罪名和可能给予的处罚；而刑事诉讼和解则针对的是犯罪嫌疑人、被告人对犯罪的悔过，对被害人的赔偿以及获得被害人的谅解。

（3）辩诉交易通常不限制犯罪的类型和严重程度；而刑事诉讼和解则仅限于刑事自诉案件和轻微刑事案件。

（3）辩诉交易的结果既可能是对指控罪名的改变，也可能是对刑事处罚的减轻；而刑事诉讼和解则只能发生刑事处罚的从轻处理。

2. 刑事诉讼和解不同于对刑事犯罪的私了

私了是当事人不通过国家机关，自己处理和解决争议与纠纷的方式。发生在刑事犯罪领域的私了通常是加害人对受害人给予一定的经济赔偿，受害人放弃追究加害人的刑事责任，从而使加害人免予受到刑事指控和处罚。对于刑事诉讼而言，基于国家对犯罪的认识和国家追诉犯罪的制度，通常不支持加害人与被害人通过私了的方式处理和解决刑事案件问题。但在现实生活中，由于利益的驱动或者其他非法因素的介入，不可避免地会发生当事人之间对刑事案件尤其是轻微刑事案件协商私了的情形。

刑事诉讼和解与刑事犯罪的私了的相似点在于，两者都可能产生使受害人

---

① ［美］彼得.G. 伦斯特罗姆编：《美国法律辞典》，贺卫方、樊翠华、刘茂林、谢鹏程译，中国政法大学出版社1998 年8 月版，第189～190 页。

得到经济赔偿、从而减轻或免除犯罪人刑事处罚的效果，但刑事诉讼和解与刑事犯罪的私了的最大区别就在于：

（1）刑事诉讼和解是在国家机关的促成下，在刑事诉讼程序内所进行的一项活动；而刑事犯罪的私了则是仅在加害人与被害人之间私下进行。

（2）刑事诉讼和解是一项法律制度，受法律的规范和保护，能够产生相应的法律后果；而对刑事犯罪的私了则只是当事人之间的一种协议，且不受法律保护。

四、民事非诉讼和解

民事非诉讼和解，是指在法院的进行的各种非诉讼程序中，依照法律规定所进行的各种协商和解的活动。它包括破产和解、执行和解、督促程序中的和解。

（一）破产和解

破产和解，是指在破产程序开始前或破产程序进行中，具备破产原因的债务人为避免破产清算，与债权人会议达成以让步方法了结债务的协议，经法院认可后终结破产程序的法律制度。在破产法律制度中，预防破产清算的发生、挽救债务人企业的和解制度占有重要的地位。[①] 由于商品经济社会中债权债务关系较为复杂，许多企业由于自身经营或者市场因素导致其资产额不足以偿还其债务，企业无法继续运转下去，在这种情况下，破产制度是解决债务纠纷的有效方法。破产能够使得长期被拖延的债务纠纷得到最终解决，但与此同时，这种解决方式又往往以损害债权人的利益为代价。破产企业经清算变卖折抵的资金大部分用来支付启动破产程序花费的费用，经清产还债的法定顺序后，用来清偿一般债权人的资产已所剩无几。为了弥补这一缺陷，人们试图以和解方式，来减少清偿过程中资产的耗损，最大限度地偿还债权人的债务，和解制度由此产生。

根据我国《破产法》的规定，破产和解包括债务人申请和解与当事人自行和解两类。债务人申请和解是指在法院受理破产申请后，在破产程序终结前，债务人向法院提出和解申请，法院经审查确认后裁定进入和解程序，并召集债权人会议讨论和解协议草案，债权人会议通过和解协议的，经法院裁定认可，终止和解程序，终结破产程序。当事人自行和解是指在法院受理破产申请

[①] 吴高盛主编：《〈中华人民共和国企业破产法〉条文释义与适用》，人民法院出版社2006年版，第200页。

后，债务人与全体债权人一致同意就债权债务的处理自行达成协议，从而结束破产程序。当事人自行和解与债务人申请和解虽然都是通过和解方式结束破产程序的程序制度，都可以减少破产程序进行过程中费用的支出，减少债权人利益的流失，但二者也有一定的区别。债务人申请和解是一种强制和解，只要经出席会议的有表决权的债权人过半数同意，并且其所代表的债权额占无财产担保债权总额的三分之二以上，其所作出的和解协议决议经法院认可后，对全体债权人均有约束力，强制其它债权人接受和解；而当事人自行达成的和解协议，必须经全体债权人一致同意，不可仅由占债权额多数的债权人作出决定。

法院在破产案件审理的过程中，可以根据债权人与债务人的具体情况，向双方提出和解建议。

（二）执行和解

执行和解，是指在执行过程中，对于依法应由法院强制执行的生效法律文书，经权利义务人平等协商后协议作出一定变更，从而终结执行程序的一种法律制度。

关于执行和解，我国《民事诉讼法》第211条规定："在执行中，双方当事人自行和解达成协议的，执行员应当将协议内容记入笔录，由双方当事人签名或者盖章。一方当事人不履行和解协议的，人民法院可以根据对方当事人的申请，恢复对原生效法律文书的执行。"最高人民法院《关于适用〈中华人民共和国民事诉讼法〉若干问题的意见》第266条、267条规定："当事人一方不履行或者不完全履行在执行中双方自愿达成的和解协议，对方当事人申请执行原生效法律文书的，人民法院应当恢复执行，但和解协议已履行的部分应当扣除。和解协议已经履行完毕的，人民法院不予恢复执行。""恢复执行原法律文书，适用民事诉讼法第219条申请执行期限的规定。申请执行期限因达成执行和解协议而中止，其期限自和解协议所定履行期限的最后一日起连续计算。"最高人民法院《关于人民法院执行工作若干问题的规定（试行）》第86条、87条规定："在执行中，双方当事人可自愿达成和解协议，变更生效法律文书确定的履行义务主体、标的物及其数额、履行期限和履行方式。和解协议一般应当采用书面形式。执行人员应当将和解协议副本附卷。无书面协议的，执行人员应当将和解协议的内容记入笔录，并由双方当事人签名或盖章""当事人之间达成的和解协议合法有效并已履行完毕的，人民法院作执行结案处理。"

从上述规定可见，我国法律和司法解释关于执行和解的规定主要包括：第一，执行当事人自愿达成和解协议；第二，和解协议可以协商变更生效法律文书确定的履行义务主体、标的物及其数额、履行期限和履行方式；第三，和解协议原则上为书面形式，也可口头进行，并由执行员记入笔录；第四，当事人之间达成的和解协议合法有效并已履行完毕的，可终结执行程序；第五，一方当事人不履行或不完全履行和解协议的，另一方当事人可申请法院恢复执行原生效法律文书。

从严格意义上讲，发生法律效力的法律文书，具有强制实现的法律效力，这既是由法律自身性质决定的，也是法律严肃性的体现。但是，从生效法律文书作出到实际执行要经过一段时间，在这段时间里当事人的各方面情况可能会发生一定的变化，强制要求一定要按照原生效法律文书执行，可能会造成执行的困难，也是不太现实的。执行和解制度具有一定的合理性和可行性。而且，根据《民事诉讼法》第211条第2款的规定："一方当事人不履行和解协议的，人民法院可以根据对方当事人的申请，恢复对原生效法律文书的执行。"执行过程中达成的和解协议，并没有从法律上改变原生效法律文书的效力，执行和解制度的设计也是基于当事人处分原则的理念安排的，具有一定的理论基础，并能促使生效法律文书得到顺利执行。

然而，我们应该正确理解和认识执行和解制度的性质，对执行和解作必要的规范。执行程序中虽然存在三种不同的法律关系①（即执行当事人之间的私权关系，执行法院与执行债权人之间的关系，以及执行法院与执行债务人之间的关系），但最具代表性与最基本的法律关系乃是执行机关与执行相对人之间的关系。从法理上讲，执行根据是经法定程序作出的依法发生法律效力的法律文书，不同于一般的民事权利义务关系，虽然基于处分原则，当事人可以通过协商改变生效法律文书的内容，但执行权是国家公权，是我国司法制度的有机组成部分，其运行过程由法律严格规范。在执行程序中，申请人的申请只是启

---

① 关于执行法律关系，有三种不同的学说，即一面关系说、两面关系说和三面关系说。一面关系说认为，民事执行乃执行当事人之间关于私权之实行，债权人依法行使对债务人的请求权，执行关系就是执行当事人之间的私法关系。二面关系说认为，执行关系乃公法关系，是以执行法院为中心，分别与执行债权人、执行债务人之间发生的法律关系。三面关系说认为，民事执行系执行债权人、执行债务人与执行法院之间，以及它们相互之间发生的法律关系。其中，债权人与法院之间的关系为"申请关系"，法院与被申请人之间的关系为"干预关系"，而债权人与债务人之间的关系，则为债权人实现其已确定的债权而设，曰"执行关系"。申请关系、干预关系为公法关系，执行关系为私法关系。笔者赞同三面关系说。参见杨与龄编著：《强制执行法论》，中国政法大学出版社2002年版，第11~12页。

动执行权的条件，一个合法有效的执行申请，发生被申请执行的权利义务关系被纳入国家公权活动领域的效力。执行开始后，执行的依据却不是申请人的申请，而是国家公权机关依照法定程序作出的依法发生法律效力的法律文书，执行过程也因此演变成为国家执行权发生作用并对生效国家公文书加以实现的过程。执行过程不仅体现了当事人对其实体权利的处分，更体现了国家执行权的运行状况。因此，对当事人的处分行为进行审查，不仅是国家执行权行使的必需，也是处分原则的应有之意。这一属性决定了执行根据原则上是不能擅自改变的，即使基于便宜和实用主义的考虑，在执行过程中允许当事人协商改变执行标的的内容，也应有必要的规范。

据统计，执行实践中，债权人与债务人达成执行和解协议的方式多种多样：其中部分免除债务人债务的占和解协议的20%，延长债务履行期限的占和解协议的35%，变更履行方式（如以物抵债、劳务抵债、债权转股等）的占和解协议的30%，变更执行主体、第三人承担义务或提供担保的占和解协议的15%。[①] 从上述统计可以看出，执行和解中有55%的比例为免除债务人的债务和延长债务人履行期限，和解协议是以债权人放弃一定权利或利益为代价而达成的。一个更加令人担忧的现状是，当执行和解与建设和谐社会、维护社会稳定等政治性任务和政策性口号结合起来后，其功能有被泛化和不适当扩大化的迹象。据悉，"和为贵"目前已经成为很多法院在案件执行中的新思路，在执行工作中推进执行和解工作，将执行和解作为解决执行难、化解矛盾纠纷、促进社会和谐稳定的最好方法。[②]

从我国的现实情况看，告状难、维权难、打不起官司、审判拖延、司法腐败等问题一直是我国司法制度长期存在的痼疾，迫不得已走上诉讼之途的受害人，在历经了一系列艰难过程后，即使有幸获得胜诉判决，其最终获得法律强制保护的权利还得经受执行难的考验。执行机构为了解除执行难的压力，达到完成执行工作任务的目的，完全有可能放任当事人达成和解协议，从而结束执行程序，甚至不排除有执行机构与债务人一起联手对权利人施加一定的压力，迫使债权人接受和解的可能。义务人也可能把执行和解作为对抗权利人实现其法律权利的再一次机会，尤其是那些处于强势地位的主体，还可能通过对权利人实施不正当干扰、非法施压等，迫使权利人就范。权利人也可能因不堪忍受

---

① 江伟主编：《民事诉讼法专论》，中国人民大学出版社2005年版，第515页。

② 王斗斗："和解：让诉讼走出不能承受之重"，《法制日报》2007年12月12日。

长期的等待与煎熬，避免因小失大，得罪执行机构和债务人而使执行根据变成法律白条，违心地接受债务人提出的有损其利益的和解方案。因此，如果我们过于强调权利人与义务人的和解，不去规范执行机构对执行和解的法律控制，获得的可能是较高比例的执行结案率，但很可能因此而牺牲了法律的严肃性和司法程序的公信力。

笔者认为，执行是对已生效法律文书所规定的内容的强制实现，已生效法律文书不仅对当事人具有约束力，也对实施执行的主体具有羁束力。执行和解作为一项在国家公权控制之下活动，必须予以严格控制和规范，避免依法生效的法律文书被非法利用而大打折扣，影响生效法律文书的严肃性和司法程序的公信力。尤其是我国将执行工作交由人民法院进行，而法院审理民事案件又把调解原则作为一项基本原则，更容易导致将调解原则延续到执行阶段。为此，执行和解应当作如下进一步的规范：第一，法院不得主动启动程序主持当事人进行和解，防止法院把执行和解作为规避执行难、完成执行工作的手段；第二，执行和解仅限于执行履行义务主体、标的物及其履行期限和履行方式的变更，不允许对实体权利义务内容作改变；第三，和解协议必须经法院审查确认后方可生效，而不能仅由执行人员记入笔录后即生效；第四，执行过程中双方当事人就实体内容的改变而达成和解协议的，应视为当事人之间对生效法律文书已确定的权利义务通过行使处分权而达成的新的权利义务的协议，应由申请人撤回执行申请，执行程序就此宣告终结。

五、诉讼外的当事人和解

诉讼外的当事人和解，是指当事人之间就尚未进入到诉讼过程中的民事关系争议，自行协商和解，或者在第三方介入的情况下协商和解，解决其纠纷的方法。

（一）无第三方介入的和解

关于纠纷的解决，人们总是对法制充满了希望和想象，将目光转向法定的正式解决机制，甚至把诉讼解决作为法制化的象征之一。对于当事人自行协商解决纠纷，在一定程度上被认为是一种没有法治或者法治不健全时代的社会现象。当然，这种认识也与当事人和解解决纠纷模式存在的明显劣势有关：第一，非规范性。自行和解的整个过程表现出相当大的随意性，过于依赖当事人的道德自觉。和解的启动即依赖于冲突双方的基本信任；和解的推动乃至最终解决，更需要当事人付出相当的善意和诚意。第二，矛盾易被激化。当事人的情绪对抗可能导致非理性行为。利益对立的冲突双方直接对垒，缺乏任何中间人协调或缓冲，容易使纯粹的利益之争演变为情绪对抗。甚至情绪的介入还可能使纠纷不断升级，超出当事人双方的控制范围，导致两败俱伤的后果。第三，缺乏可预期的公正的纠纷解决结果。自行和解的整个过程几乎总是由强者控制，容易导致"弱肉强食"的结果。冲突双方的力量对比决定了最终方案的利益归属，强者可以借助力量优势，迫使弱者接受不公正的解决方案，甚至在极端的情况下，弱者还可能遭受暴力威胁或人身伤害。[1]

但是，当事人自行和解的优势同样不容忽视。有学者从理论上对当事人选择合作，用和解方式解决纠纷作了系统阐释：第一，现行法律是一种不利于债权人而相对更利于债务人的机制。债务人拒不履行债务，法律对其无刚性约束，无类似英美法的惩罚性赔偿制度，更不会构成犯罪，债务人违约的预期成本低。同时，有关债务及其追索的实体和程序规则比较清晰，债务人对违约成本能够作出相对确定的预测。第二，债务人还可能利用法律漏洞和司法过程的不确定性争取胜诉，可能通过隐匿财产等手段令债权人的胜诉判决无法执行。第三，一旦进入诉讼程序后，双方将更缺乏合作的动机，不仅因为首先选择合作的当事人在博弈中更可能处于劣势，而且双方已投入成本开始战斗。战斗的号角已经吹响，勇往直前便成为最优的选择。[2] 因此，是否可以这样说，当事人通过协商和解解决相互间的纠纷，是最直接、最简单、成本最低、有时负作用也相对较小的一种纠纷解决方式，同时，也是一种符合集体理性的社会选择。

（二）第三方介入的和解

有关组织或者个人介入纠纷当事人之间进行协调斡旋，帮助和促成当事人达成和解，在我国有着比较深远的历史传统，如家族中的尊长出面为族人解决纠纷。即使在当今社会，单位组织、邻里乡亲、亲朋好友等，对于发生在他们周围的纠纷都可能主动或者经邀请参与协调和斡旋，我国建立的独具特色的人民调解制度，更是将这种自发的民间活动上升到了一种社会救济制度的层面。

第三方介入当事人之间纠纷的处理，通常有这样几方面原因：该纠纷就发生在纠纷双方共同的某个组织体内，或者该纠纷虽然没有发生在双方共同的组织体内，但纠纷的双方当事人都是这个组织体的成员；该纠纷发生在大家共同

---

① 左卫明等著：《变革时代的纠纷解决》，北京大学出版社 2007 年版，第 24 ~ 25 页。
② 徐昕：《论私力救济》，中国政法大学出版社 2005 年版，第 205 ~ 208 页。

生活的一个相对熟悉与稳定的社会生活环境内，或者发生在一个与纠纷双方联系比较密切的某个亲缘体系中，纠纷虽然直接发生在当事人之间，但不可能不波及到周围的其他人。除了纠纷的当事人以外，基于组织体希望内部和谐的某种团体功能要求，或者基于某种道义和情感上的关心，其他人对正在发生的纠纷必须加以一定程度的关注。但是，这些组织或者个人想要把这种关注变成一种能够影响当事人之间纠纷解决的作用力，还需要一些其他的条件和要求。一般来说，无论是组织还是个人作为第三方介入当事人之间的纠纷进行协调与斡旋，都应当符合以下几方面要求：

1. 中立性

凡是介入到纠纷当事人中间进行协调和斡旋的第三方，一般都要求具有一定的中立性，这是获得双方信任和接受其协调与斡旋的基础。虽然作为任何一个旁观者，对于当事人之间的纠纷都会有一定的倾向性认识，对双方当事人行为的正误也都有自己的判断，但第三方介入协调时，并不能带着帮助自己认为有理的一方而说服另一方的态度，或者说不应带着倾向性参与协调和斡旋。否则，只会增加纠纷的激烈程序。但这并不是说，第三方介入到当事人的纠纷中，不能发表任何意见，也不能作任何说服与批评的工作。第三方介入的目的应当是帮助双方当事人为纠纷的解决寻找到一个最佳的处理方式，而第三方的这种主观动机也能为双方当事人所感受到。因此，在生活中，如果第三方与其中一方当事人保持有较好的关系，或者与其中一方有着不同于另一方的密切关系，则他参与进行的协调与斡旋就可能有一定的风险。事实上，除了某些特定的组织外，任何个人都不可能与纠纷的双方当事人保持一个完全等距离的关系，他们或多或少都存在一定的倾向性，这就要求第三方能够充分展示其对双方当事人共同的关心，对当事人之间纠纷的客观态度，树立中立公平的外观形象。

2. 权威性

权威性是第三方获得当事人信任，并接纳其介入协调斡旋纠纷的另一个必要条件。这种权威性的来源可能是多种多样的：或者第三方在该纠纷涉及的领域具有高于双方当事人的的专门知识与技能，能够更为正确地判断与分析纠纷所涉及的问题；或者第三方具有显著的品质、道德尊严与人格魅力，值得双方信赖；或者第三方曾经有过类似于纠纷双方的丰富的人生经历与阅历，能够为纠纷的双方提供可供借鉴的参考；或者第三方对于纠纷的双方均有一定的纠纷外影响力，纠纷的双方都有所顾忌，不得不考虑其提出的意见和建议；或者第三方有着良好的处理此类纠纷的经历和记录等等。

3. 自愿性

即第三方有介入协调与斡旋的意愿，且当事人对其介入均可接受。即使某个第三方具有协调处理当事人之间纠纷的某种其他人无与伦比的天然优势，但该第三方也没有因此的法定义务和理由，一定要介入到当事人纠纷中去做协调和斡旋的工作。一般来说，对于已经发生的纠纷，第三方应该具有是否介入协调斡旋的自由选择权。但是，在我国有的民间组织如人民调解委员会，担负着调解民间纠纷的法定任务，它们的介入应该是主动的，是直接基于法律的规定而开始的，无论纠纷当事人是否主动申请，人民调解委员会都可以主动介入协调和斡旋。同时，不论第三方具有哪些协调与斡旋的优势与本领，如果当事人一方或者双方均不愿意接受该第三方介入，都不能强行介入。

第二节　和解与协商解决的优势

与其他纠纷解决方式特别是与诉讼、仲裁等相对正式的纠纷解决机制相比，和解与协商解决方式主要具有以下几方面的优势：

一、和解与协商解决符合双方共同的利益

能否通过和解与协商的方式处理和解决当事人之间的纠纷，一个很重要的原因就是各方都能通过此种方式寻找到实现自己利益的路径，任何一方在和解与协商的过程中都不占有特别的优势，也没有明显的丧失某种利益的危险存在。否则，基于趋利避害的考虑，可能处于弱势一方的当事人，或者感觉到在和解与协商解决的过程中可能丧失较多利益的一方当事人，会回避采用和解与协商解决的方式解决纠纷，和解与协商也因为没有一方当事人的参与而无法进行。从利益角度考量，各方当事人选择采用和解与协商的方式，可能主要是出于以下几方面的考虑：

（一）和解与协商解决能兼顾纠纷各方的整体利益与要求

虽然纠纷直接涉及各方当事人一定的利益，但也间接涉及与该纠纷相关的当事人的其他利益，而且这些利益相对于这个具体纠纷所涉及的直接利益来讲，可能更具重要性，任何一方都不愿意仅仅为了解决眼前的具体纠纷而不顾一切。如那些有长期合作关系的商业伙伴因某一次合同的履行发生争议，他们会尽可能选择和解的方式解决纠纷。因为选择既能解决纠纷又能最大程度保全各方利

益的方案，是各方共同的追求和目标，而对簿公堂显然是最不明智的选择。诉讼的对抗性与公开性很容易对各方关系造成较大的伤害，而和解不仅只在纠纷各方之间进行，影响的范围相对较小，协商的氛围能够避免纠纷扩大化，尽量减少伤及相互之间的和气，更为重要的是，通过协商谈判不仅能使已经发生的纠纷得以顺利解决，而且也为各方今后的合作与共处打下了一个良好的基础。尤其是对于那些相互之间存在一定依存关系的当事人来讲，和解与协商无疑是最佳的解决纠纷的手段。如家庭关系纠纷、经济合作伙伴之间的纠纷等。

（二）和解与协商解决能最大限度地降低纠纷解决成本

无论对当事人而言，还是对社会而言，纠纷本身就产生副效益。但是，相对于和解与协商解决而言，正式的纠纷解决机制由于属于一种稀缺公共产品，通常采取有偿使用的原则，当事人必须付出相应的代价才能获得接纳。而且，正式的纠纷解决过程的专业性也往往需要当事人购买必要的法律专业服务作为援助，其过程也往往相对比较漫长，因此所耗费的社会资源也多，给当事人造成的各种经济和非经济的成本更高。从经济学角度而言，虽然正式的纠纷处理机制在程序规范、结果强制实现等方面具有一定的目标拉力，但在纠纷处理成本与纠纷解决的效益之间并不一定是一个正态分布关系，即投入的成本越高并不能带来收益的相应增大。因为，当事人请求保护的权利并不能因为将它诉诸正式的纠纷解决机制处理而增大，无论当事人为解决这一纠纷投入多大的成本，法定的纠纷的解决机构只能依照法律的规定裁判。从投入产出比来看，在收益法定（恒定）的情况下，投入的成本越高，所获得收益反而因此减损更烈，权利与利益之间反而形成了剪刀差。反观和解与协商解决的方式，不仅不用支付因选择法定纠纷解决机制这一公共产品所必需的购买费用，而且，和解与协商的具体方式还可以自由选择，纠纷解决的成本也可自行控制，可以达到以最低的成本付出来解决纠纷的目的。

二、和解与协商的范围较少受限制

由于法律对诉讼、仲裁等正式的纠纷解决机制主管范围规定的限制，许多纠纷事实上不能通过诉讼、仲裁等正式的纠纷解决机制途径得到解决。① 但

---

① 在我国除了法律对于法院诉讼主管的范围有明确的规定限制外，事实上还存在法院自己对于可提起诉讼的范围的限制。如广西壮族自治区高级人民法院曾经规定由 13 类不予受理的案件的规定，见《法制日报》2007 年 12 月 9 日第 3 版：清华大学调研组"坟山纠纷的特点及其解决"；再如河南省高级人民法院（民事审判第一庭）《关于当前民事审判若干问题的指导意见》第 37 条第 3 款规定："突发性、群体性的医患纠纷，人民法院不应作为民事案件受理。"

是，和解与协商解决的事项却可以不受任何限制，所有的纠纷均可以通过和解与协商的方式尝试解决。社会生活中，社会成员之间要在各种层面上发生各种社会关系，其中只有很少部分是属于法律关系性质的纠纷，而法律关系纠纷中也只有符合法定起诉条件或者法定仲裁条件的，才能诉诸诉讼或者仲裁解决，诉讼、仲裁等正式纠纷解决机制不能完全回应社会成员处理和解决各种社会纠纷的要求，而和解与协商的方式却能够容纳几乎所有的社会纠纷，满足人们处理和解决各种社会纠纷的需要。而且，正式的纠纷解决机制只能关注权利，而谈判和协商则既能充分地关注权利，又能兼顾各方的利益，因为各方可以在谈判中，通过创设一种新的关系或者达成一项新的协议的方式，把一场解决纠纷的谈判转化为一桩新的交易的方式，而"与典型的以权利为导向的解决纠纷谈判相比，在达成交易的谈判中达成的任何协议更有可能满足各方的利益。"[1]

三、和解与协商解决比其他纠纷解决方式更为便捷

和解与谈判不需要专门的知识，也没有既定的成规，社会成员都能自己操作。而且，和解与协商解决通常只在当事人之间进行的，不一定需要申请其他组织出面处理和解决，也就不必缴纳各种费用。通常情况下，各方当事人也不必聘请和委托律师出面谈判，谈判的时间、地点、方式等也完全由当事人根据各自的方便共同选择，所以，和解的方式简便、灵活，成本较低。对于有些纠纷当事人来讲，它还有另外一个其他纠纷解决机制都无可比拟的优势，就是它能有效地控制纠纷波及的范围，让纠纷仅局限于在当事人之间进行，既可以避免因为纠纷殃及当事人其他方面的利益，如商业秘密、商业信誉、社会影响与声誉等，也可以有效地屏蔽外界对纠纷处理的不利影响和干扰。相对于正式的纠纷解决机制，和解与协商谈判解决纠纷，通常也会更加迅速。

四、和解与协商解决的依据可不受法律规定的限定

虽然我国民事诉讼法规定了法院调解，但《民事诉讼法》第88条明确规定："调解达成协议，必须双方自愿，不得强迫。调解协议的内容不得违反法律规定。"从另外一个角度说，在诉讼过程中，即使双方当事人能够达成调解协议，但因其内容不得违反法律的规定，在一定程度上限制了当事人更为灵活地选择其利益安排，所谓"法不容情"。而且，由法律直接调整的社会关系的

---

① [美] 斯蒂芬·B·戈尔德堡，弗兰克 E·A·桑德，南茜·H·罗杰斯，塞拉·伦道夫·科尔著，蔡彦敏，曾宇，刘晶晶译：《纠纷解决——谈判、调解和其他机制》，中国政法大学出版社2004年版，第69页。

范围毕竟有限，大量的社会活动及其纠纷发生在法律关系之外的领域，仍然需要依据法律之外的道德、风俗、习惯等其他社会规范来调整的。因此，与诉讼相比，和解与协商解决各种纠纷的范围更为广泛，所能依据的社会规范也更为丰富，甚至包括一些人情事理都可作为调处纠纷的依据。将各种社会规范都引入纠纷的解决，能够改变单纯法律规范刚性的不足，使各种社会纠纷的解决更加贴近生活，更容易达成协议，也更容易被当事人和社会所理解和接受，纠纷对社会生活可能产生的负面影响就会相对较小。

五、和解与协商解决可以吸收更广泛的主体参与纠纷处理

虽然和解与协商可以做到比诉讼更好的私密性，让纠纷仅在双方当事人之间进行，但它也并不排斥与纠纷有牵连的其他主体的参与，必要时它也可以吸收与该纠纷有关的所有主体一并参与纠纷的处理。如双方之间的纠纷与其他主体的行为有着一定的牵连关系，而参加到纠纷处理过程中去，或者其他主体对双方之间的纠纷处理有一定的影响作用，能够促成纠纷的和解，而参与纠纷的处理等。研究表明，"在小规模的共同体社会中，当事人之外的一般社会成员也会关注纠纷，并试图对纠纷解决过程施加一定的影响。如邻里纠纷中的其他住户、对人纠纷中的朋友和前辈、企业内部纠纷中上司等就是很好的例子。哪怕这个共同体的基础并不是很牢固，围绕着纠纷当事人的社会关系还是会向当事人提供调停人、仲裁人和建议人等，有些情况下还会提供纠纷解决过程和理性规制的可能性。"[①] 因为，个体纠纷毕竟是社会大环境中的一部分，甚至有些纠纷本身就是社会环境影响形成的，或者是社会环境直接作用的结果。更广泛主体的参与，不仅可以利用和调动一切积极因素，有利于纠纷的充分协商，排除影响纠纷处理的各种不利因素，促成各方达成和解，也有利于将与该纠纷有关的其他各种已经出现的以及潜在的纠纷，一并纳入到同一个纠纷处理过程中，达到对所有纠纷的全面解决。但在诉讼机制中，由于法律对诉讼主体的严格限定，不仅其他主体难以介入到纠纷中来，参与对纠纷的处理，而且随意增加诉讼当事人。例如虽然有第三人参加诉讼的制度，但法律对该第三人却规定了严格的条件限制，即其或者对于本诉当事人之间争执的诉讼标的有独立的请求权，通过向受理本诉的法院提起诉讼而参加到本诉纠纷中去，或者与本诉的处理结果有法律上的利害关系而主动申请或被本诉讼当事人申请而参加到本诉

---

① 小岛武司、伊藤真编，丁婕译，向宇校：《诉讼外纠纷解决法》，中国政法大学出版社 2005 年版，第 46 页。

中去。不具备这些条件的主体，即使与本诉当事人之间存在某种利害关系，也无法直接参与到本诉中去。

第三节　和解与协商解决的适用

一、和解与协商解决应该是各方当事人共同的意愿

和解与协商是一种非强制的纠纷解决途径，是否选择通过该途径处理和解决当事人之间的纠纷与争议，完全取决于当事人的自愿。而且，必须使各方当事人共同一致地接受这种纠纷处理方式，才可能通过这种方式解决纠纷。任何一方不愿意选择这种方式时，都将无法使这种纠纷解决机制发挥作用。

（一）和解与协商解决的适用原则

1. 纠纷是否选择用和解与协商的方式解决，由纠纷各方当事人共同决定；

2. 在和解与协商过程中能否达成协议，从而了结各方的争议，完全取决于各方当事人的同意；

3. 是否坚持继续运用和解与协商的方式，取决于各方当事人共同一致的意愿，任何一方不得阻止他人在和解与协商处理过程中，转而选择其他的纠纷解决方式；①

4. 用和解与协商方式解决纠纷，不是寻求其他法定或非法定纠纷解决方式的前置程序。

（二）限制起诉的约定的效力

正因为和解与协商是当事人完全自愿的一种纠纷解决方式，因此，任何组织和个人不得强迫或者变相强迫当事人必须接受这种纠纷解决方式。但是，如果当事人自愿约定必须先行通过协商方式解决相互间的纠纷，协商不成方可提交其他方式解决，该约定能否阻止当事人非经协商，将纠纷直接提交第三方处理和解决呢？或者某合同关系的当事人当初在签订合同时明确约定，本合同在履行过程中如果发生争议，只能通过和解与协商方式解决，任何一方不得将该合同纠纷提交到法院进行处理和解决。这种约定能够发生法律效力吗？假设上述合同中还约定"如果一方违反上述约定，将本合同纠纷通过诉讼来解决，

---

① 在和解与协商解决过程中，其中一方当事人因不愿继续通过这种方式处理和解决纠纷，转而寻求其他的纠纷解决方式时，如果选择的是仲裁，则必须各方当事人能够达成将纠纷提交仲裁解决的协议；如果选择的是诉讼，则只受法律关于起诉的有关条件规定的限制。

因此给另一方带来的各种费用与支出（如参加诉讼、聘请律师等费用），均由该当事人承担。"这种限制纠纷解决方式的约定能有法律效力吗？

关于当事人在合同中事先约定限制起诉的条款是否有效，存在不同的认识。反对的学者认为，起诉权是一项宪法权利，[①] 而且是当事人的一种基本权利，因此当事人不能通过契约来加以限制。也有学者认为，裁判请求权是公民的基本权利，而且是公民的程序基本权利。[②] 而赞成的学者认为，从一方当事人的角度来看，起诉的权利受到限制对权利人是极为不利的，但我们应当允许权利人自由地考虑和选择，权利人对不起诉的后果应当予以认识。如果不能认识到不利结果，也就不可能达成不起诉契约。另一方面，不起诉契约往往是双向的，限制一方不起诉的同时，也会限制另一方同样不能起诉。正是这种对等的特性，人们之间才能达成协议。经验法则也告诉人们：当事人不会签订一个明显对自己不利的契约。[③]

虽然，在民事法律关系范畴内，法律赋予当事人的权利，是为了保障当事人的合法权益的赋权性规定，授予当事人可以自由行使的权利。只要法律或者行政法规不作明确禁止性或者限制性规定的，当事人都可依照法律规定的形式条件和方式，自主决定是否行使以及如何行使。但是，寻求司法保护的权利无疑是公民所享有的一项宪法性权利，宪法性权利是国家赋予每个公民的不可让渡的权利，体现了公民与国家之间的关系。宪法性权利的获得，不是基于他方权利的让渡，而是直接来自宪法的规定；宪法性权利的处分，也只能通过权利人的实际行为加以体现，而不能用与他人协商或单方宣誓的方式来行使。一方当事人无权要求他方宣誓放弃其宪法性权利，双方当事人也无权就国家对公民给予的制度性保护关系进行约定。

从一般意义上讲，当事人可以事先约定关于纠纷处理的内容。因为，当事人之间的约定既可能包括实体法的内容，也可能包括纠纷的处理方式，而且当事人关于纠纷处理方式的约定还可以独立于实体法内容的约定。如果当事人的约定不违反法律和行政法规的强制性规定，这两方面内容均具有合法性，都应当受到保护。如我国《民事诉讼法》第 111 条第 2 项规定："依照法律规定，双方当事人对合同纠纷自愿达成书面仲裁协议向仲裁机构申请仲裁、不得向人

---

① 王锡三著：《民事诉讼法研究》，重庆大学出版社 1996 年版，第 141 页。

② 江伟主编：《中国民事诉讼法专论》，中国政法大学出版社 2005 年版，第 26 页。

③ 张卫平著：《转换的逻辑——民事诉讼体制转型分析》，法律出版社 2004 年版，第 305～306 页。

民法院起诉的，告知原告向仲裁机构申请仲裁。"根据此规定，当事人在纠纷处理方式的约定中，可以事先约定以仲裁方式解决纠纷，排除诉讼处理的方式，限制当事人起诉权的行使。甚至在当事人之间有关实体法内容的约定无效或被撤销的情况下，也不影响当事人关于纠纷处理方式的约定。我国《合同法》第57条就明确规定："合同无效、被撤销或者终止的，不影响合同中独立存在的有关解决争议方法的条款的效力。"因此，原则上当事人可以事先就纠纷解决的方式达成某种协议，并共同遵守。

但是，当事人选择纠纷处理方式的情形比较复杂，只从理论角度作一般的分析还不能完全说明这一问题所涉及的全部法律问题，应当具体情况具体分析。从当事人约定限制起诉的具体情况看，主要是以下两种情况：

一是附加不利条件的限制起诉的约定。关于这种约定的效力，笔者认为，起诉权行使的条件与要求直接由法律加以规定，其性质不符合附条件民事法律行为对所附条件的要求，不能套用附条件民事法律行为的规定来判断和分析附加不利起诉条件的情况。同样的道理，附加不利起诉条件的情况也不属于民法上设定负担的情形。① 因为，当事人所享有的起诉权并不是来自于另一方当事人的授予，也不影响另一方当事人起诉权的行使，另一方当事人无权就他方所享有的起诉权作任何限制或剥夺。因此，诸如"如果一方违反上述约定，将本合同纠纷通过诉讼来解决，因此给另一方带来的各种费用与支出（如参加诉讼、聘请律师等费用），均由该当事人承担"的约定显然应属无效约定。

二是排除诉讼解决的约定。排除诉讼解决的约定又包括下述两种形式。

其一，约定采用其他法定方式解决纠纷而排除诉讼方式解决纠纷。基于法律的规定，当事人在可选择的范围内，约定选择其中一种法定纠纷解决方式来解决当事人之间的纠纷，已被我国法律所确认，其可行性与合理性也已成为学界共识。如根据《民事诉讼法》和《仲裁法》的规定，当事人约定采用仲裁的方式解决纠纷后，就排除了诉讼解决的方式。但即使法律允许当事人协议选择诉讼外的其他法定纠纷处理方式，处理和解决自己的纠纷，其结果也要受到司法的审查。如我国《仲裁法》第58条规定："当事人提出证据证明仲裁裁决有下列情形之一的，可以向仲裁委员会所在地的中级人民法院申请撤销裁决：（一）没有仲裁协议的；（二）裁决的事项不属于仲裁协议的范围或者仲

---

① 民法上设定负担的行为与附条件民事行为的区别是，使受益人负有一定义务，仅阻止具体权利的取得或消灭，但不影响法律行为本身的效力。

裁委员会无权仲裁的；（三）仲裁庭的组成或者仲裁的程序违反法定程序的；（四）裁决所根据的证据是伪造的；（五）对方当事人隐瞒了足以影响公正裁决的证据的；（六）仲裁员在仲裁该案时有索贿受贿，徇私舞弊，枉法裁决行为的。人民法院经组成合议庭审查核实裁有前款规定情形之一的，应当裁定撤销。人民法院认定该裁决违背社会公共利益的，应当裁定撤销。"最高人民法院《关于适用〈中华人民共和国婚姻法〉若干问题的解（二）》第9条也规定："男女双方协议离婚后一年内就财产分割问题反悔，请求变更或者撤销财产分割协议的，人民法院应当受理。人民法院审理后，未发现订立财产分割协议时存在欺诈、胁迫等情形的，应当依法驳回当事人的诉讼请求。"最高人民法院的这项规定，实际上直接规定了法院对于已经其他国家机关处理的纠纷与争议有再一次的处理权。

其二，约定排除所有的法定纠纷处理方式，而采用双方同意的其他方式解决纠纷。当事人基于处分权利的行使，约定排除任何一种法定纠纷处理方式，而协议选择自行协商处理或者其他途径处理，这种完全排除包括诉讼在内的所有法定纠纷解决方式的约定是否有效呢？笔者否认这种效力。因为：首先，起诉权是法定权，其权利直接来源于法律的规定，而不是来源于当事人之间的约定，当事人不能针对起诉权或法院的审判权进行约定，不能阻止一方当事人基于法律赋予的权利向法院起诉，也不能阻止法院依法行使管辖权；其次，法院对其法定主管范围内的纠纷，除非有法定排除的情形外，都应当予以受理并作出裁判。法院作为国家机关，行使的是国家审判公权，其权力行使的范围及其程序直接来自于宪法和法律的规定。虽然法院作为中立机关对民商事纠纷不主动行使审判权，但不得对任何符合起诉条件的案件拒绝受理和审判，在法定的主管范围内，法院必须依法行使其审判权力。此外，根据法律规定，某些纠纷处理方式当事人是无权自行约定的。依法应由国家公权机关处理的纠纷，其效力只能依据国家公权机关作出的有效决定产生的，当事人约定自行处理的协议不能产生相应的法律效力。如关于离婚纠纷的处理，当事人只能选择到婚姻登记机关协议离婚，或者选择到法院诉讼离婚。再如关于不动产的纠纷，由于我国实行不动产登记制，关于不动产的设立、变更、转让和消灭，未经登记，不发生效力。当事人之间关于不动产设立、变更、转让和消灭的纠纷处理约定，仅产生合同法上的效力，即使双方能够自行执行，也不能直接发生相应的物权上的法律效力。

根据上述分析，当事人事先约定选择仲裁或者诉讼方式解决相互间的纠纷，是当事人对其权利行使方式的自由选择，是当事人处分权的作用使然，法律必须对其予以确认和保护。但是，这种约定不能从根本上限制或者剥夺当事人获得某种法定救济的权利。起诉权是当事人依法直接享有的法定权利，其权利义务主体发生在享有诉权的个人与国家之间，具体的内容由法律直接规定。也正因为如此，起诉权是一项法定公权，是国家保障公民各项实体权利得以实现的一项救济性权利，因其重要性而被认为是一项宪法性权利。《人权公约》第6条第1项规定，所有人均有权要求其案件在一个独立而无偏私的法院，以适当方式公开并在适当期间内获得处理。"在现代宪法秩序下，人民原始之自力救济权遭到剥夺与限制，而国家为此一剥夺之正当性，乃建立在国家能提供一有效司法服务给付为前提。因此，保障国民有接近使用法院以解决纷争，乃国家之基本义务。"[1]

二、和解与协商解决通常需要有较明确具体的参照系

虽然任何纠纷当事人均可以根据自己的意愿自由进行协商与谈判，只要能够相互达成和解协议即可，但这并不是说和解与协商解决的结果是完全盲目的。与任何纠纷中的当事人一样，选择和解与协商解决的当事人同样有自己的利益与诉求，而且这些利益与诉求之间也必定有某部分甚至全部是相互不能相容的。要想通过和解与协商使各方的要求与诉求达成一致，必须各自要做一定的让步和放弃。但是，哪些利益是可让步或可放弃的要求，哪些利益是必须坚持的原则，当事人除了考虑纠纷外的其他利益得失之外，还需要有具体依据作为参考，否则，漫天要价与就地还价之间肯定难以达成一致。如关于建设征用地的纠纷中，由于过去的规范性文件对补偿额的规定数额明显偏低，不足以补偿被征收的土地和房屋所有人的实际损失，得不到社会公众的认可，导致实践中缺乏切实可行的操作依据。各地往往根据具体情况给予不同的补偿额，有时甚至还会根据被征收土地或房屋的当事人的抗争程度来决定补偿额的高低，其结果往往千差万别。因此，建设征用地方面的纠纷也就容易发生，和解与协商解决的难度也相对更大。因为，作为被征收土地或者房屋的所有人不能从已经过时的规范性文件和以往处理的个案结果中，寻找到自己利益诉求的心理底线或可得利益的预期，无论征收一方提出的补偿条件如何，被征收方都心中无底而担心吃亏。出于趋利避害的考虑，被征收方只有从开始就提出很高的补偿要

---

[1] 姜世明著：《民事程序法制发展与宪法原则》，台湾元照出版有限公司2003年版，第184~185页。

求，并坚持不断地拒绝征收一方提出的各种补偿条件，直到穷途末路，以求利益的最大化。事实上这也是一个互动的过程，征收一方也总是采取不断提高补偿标准的方式，试探和吸引被征收方，企图尽可能用最小的代价使被征收方就范，达到目的。但是，双方如此试探的结果不仅有损公平，而且还向社会昭示了一个很坏的经验，那就是老实人吃亏，越闹则补偿越多。没有明确具体的操作标准和参考依据，导致纠纷不断发生，不仅难以调处，社会反响也很差。

通常作为指导当事人和解与协商解决的依据主要有两大类：

（一）法律或其他规范性文件的明确具体的规定

以人身损害赔偿纠纷为例。我国《民法通则》和最高人民法院《关于审理人身损害赔偿案件适用法律若干问题的解释》对人身损害赔偿案件中应赔偿的项目以及具体数额的计算有非常明确具体的规定。在发生人身损害赔偿纠纷后，如果当事人之间就责任承担不存在什么分歧，只是就赔偿数额发生争议的，由于规范性文件已经就该问题有明确具体的规定，各方可直接依据该规定讨论确定具体的赔偿内容和标准，和解与协商解决的可能性就很大。反之，如果规范性文件对纠纷的处理没有具体详细的规则，只作原则性的规定，而且对该原则性规定的认识各方也不尽一致，则纠纷的处理就很难以和解与协商的方式解决。如由于我国《消费者权益保护法》规定的内容过于原则和模糊，对于知假买假的行为和公民购买商品房、汽车等的行为是否应当受到《消费者权益保护法》的保护，社会上始终存在不同的认识，不同地方的法院也作出了截然不同的判决。这些不同的结果不仅造成某些致力于职业打假的人士屡遭碰壁，也使得那些销售假冒商品或提供虚假服务的商家始终心存侥幸，不仅不思悔改，即使发生了消费者依法要求赔偿的纠纷时，这些商家也往往不会轻易地与消费者达成和解。

（二）司法裁判的类型化效果

针对同一类型的案件，结果基本相同的反复多次的司法裁判在社会上会发生一种类似政策形成的实际效果，社会公众基于这种类型化的判决，对同类型案件的处理会产生一个清晰的共识。在发生此类纠纷后，当事人各自都能对司法的结果有一个基本的评估和预测，也就容易达成一致的认识，从而促成纠纷的和解。有一个极具说服力的例子，因交通事故请求损害赔偿的案件在上世纪60年代后期的日本急剧上升。受这种现象的影响，在东京、大阪这样的大城市中，法院通过设立"专业庭"来处理此类案件，同时还规定了有关过失犯罪的法律标准，并对损害赔偿额的估价进行了分类。这使得事故受害者和保险公司在交通事故损害赔偿的案件中，能够较容易地预测出法院的判决结果，其结果是，虽然交通事故并没有因此而减少，但提起诉讼的案件却锐减。这是因为，虽然通过法院直接处理的案件率下降了，但当事者通过运用法院建立的法律标准进行交涉以解决案件的比率却大幅度上升了。

第四节　对诉讼和解的规范

一、民事诉讼和解

（一）民事诉讼和解的范围

民事诉讼和解虽然是我国民事诉讼的一项法律制度，但是《民事诉讼法》却仅在第51条中，将和解作为当事人的一项诉讼权利作了一个原则性的授权规定，即对于已经进入到诉讼程序的诉讼纠纷，法律允许双方当事人自行进行和解。但仅凭这样一个原则性规定，无法完成对一个法律制度的完整表述，更无法提供可供操作的具体规范。

从我国《民事诉讼法》的规定来看，在诉讼案件中，哪些案件以及哪些诉讼事项当事人可以自行和解，法律似乎没有作任何限制，而是给当事人以完全的自治权。但是，这种理解显然失之过宽，有必要作更具体的分析。

1. 和解的事项既包括实体性问题也包括程序性问题

诉讼法律关系的客体包括两大部分：案件事实与诉讼请求。整个诉讼活动围绕这两大内容展开。过去人们一直认为，和解是当事人双方对实体法律关系争议的协商和让步，但是，随着社会的发展和民事诉讼法学研究的不断深入，人们已经认识到在诉讼过程中所涉及的某些诉讼问题，也可以交由当事人自己协商确定，诉讼契约的概念也已经被学界提出并予以系统研究，[①] 法律和司法解释也对此作了必要的规范。因此，在诉讼过程中，当事人双方既可能就案件实体问题达成和解协议。也可能就案件程序性问题达成和解协议。

需要指出的是，诉讼中的有关实体性问题和解，是在双方当事人对实体问题实际存在争议的情况下，相互协商达成的协议；而诉讼中的程序性问题，既可能是在双方当事人对程序性问题已经产生分歧的情况下协商达成的协议，也可能是在双方当事人还没有对该程序性问题产生分歧的情况下，通过协商主动

---

① 关于诉讼契约的内容，参见张卫平著：《转换的逻辑——民事诉讼体制转型分析》法律出版社2004年版。第九章"民事诉讼体制转型与民事诉讼的契约化"。

达成的和解协议。例如，在具体案件中，当事人从起诉应诉时开始，即对实体权利义务关系存在争议，通过协商双方在诉讼过程中可能达成和解协议，对双方当事人没有争议的问题则既不需要提交司法审判，也不必要进行协商达成什么和解协议；但是，对于诉讼中涉及的可以协商确定的诉讼问题，当事人双方的认识可能从一开始就完全一致，不费任何周折就能形成共识，或者双方在开始时对某个具体诉讼问题虽有不同的想法，但通过协商达成了和解协议。

具体地讲，在诉讼过程中可能由当事人协商达成和解协议的诉讼性问题主要包括：

（1）诉讼程序的选择。如最高人民法院《关于适用简易程序审理民事案件的若干规定》第 2 条规定："基层人民法院使用普通程序审理的民事案件，当事人各方自愿选择适用简易程序，经人民法院审查同意的，可以适用简易程序。"

（2）诉讼管辖的约定。也即协议管辖，我国《民事诉讼法》第 25 条规定："合同的双方当事人可以在书面合同中协议选择被告住所地、合同履行地、合同签订地、原告住所地、标的物所在地的人民法院管辖。"

（3）举证时限的约定。最高人民法院《关于民事诉讼证据的若干规定》作了多处规定，如第 33 条规定："举证期限可以由当事人协商一致，并经人民法院认可。"第 34 条规定："对于当事人逾期提交的证据材料，人民法院审理时不组织质证。但对方当事人同意质证的除外。"

（4）证据交换时间的约定。最高人民法院《关于民事诉讼证据的若干规定》第 38 条规定："交换证据的时间可以由当事人协商一致并经人民法院认可，也可以由人民法院指定。"

（5）限制证据使用的约定。当事人可以协商限定证明某项事实的证据类型，如当事人可以约定必须以书面证据为据，或者要求必须提供某种特定格式的证据作为证明某项事实的惟一证据等等。该项约定通常发生在合同关系中，也往往发生在合同签订时，双方当事人为了便于处理合同可能发生的争议与纠纷，事先约定对于某种情况的争议，由某个特定的当事人提供某项特定的证据加以证明。如发生货物质量与数量纠纷的，当事人约定由收货一方提供相关机构的检验鉴定意见，作为主张货物短缺或者质量瑕疵的证明。在诉讼过程中，虽然当事人各自提供与争议案件事实有关的所有证据材料，由法官根据心证进行取舍，但从法理上似乎也难以排除双方当事人自愿约定的，某项案件事实必须使用某个特定的证据材料加以证明，否则不发生证明的效果。

2. 和解并不适用于所有的民事诉讼案件以及所有的法律问题

我国台湾地区法律规定，在实体法上不许当事人自由处分的权利或法律关系，及在诉讼法上应依职权调查的事件，如婚姻事件、收养事件、认领事件、亲权事件、撤销禁治产宣告事件、撤销死亡宣告等事件，因均与公益有关，不得为诉讼和解。① 日本学者也认为，人的身份是构成国家秩序的基础，不允许依据个人的意思来自有处分。因而人事诉讼事件一般不准实施裁判上的和解。但关于离婚事件，民法上准许协议离婚，所以离婚诉讼在裁判上的和解也应予以认同。②

我国《民事诉讼法》对于和解的适用范围没有作任何规定，但这并不意味着所有的民事诉讼案件和所有的法律问题都可以适用和解。最高人民法院《关于民事诉讼证据的若干规定》第 8 条的规定，"诉讼过程中，一方当事人对另一方当事人陈述的案件事实明确表示承认的，另一方当事人无需举证。但涉及身份关系的案件除外。"从该项规定可以看出，除了涉及身份关系的案件外，当事人对于发生诉讼争议的法律事实，可以通过认诺的方式达成和解协议，从而排除法院的审查认定。但该项规定也存在一定的缺陷。在涉及人身关系的案件中，不仅包括身份关系的问题，还包括与该人身关系有关的财产关系问题，一概排除当事人对案件争议事实达成协议，要求当事人必须均提供证据加以证明，这显然也是不符合现实情况的。

更重要的是，在民事诉讼的过程中，除了涉及身份关系的案件外，是否还有其他的问题也不能通过当事人达成和解协议的方式予以解决？对此，法律和司法解释均没有明确的规定。笔者认为，基于我国法律的原则规定和法理精神，下列问题应当排除诉讼和解：

（1）当事人无处分权的事务。和解以当事人行使处分权为基础，根据处分原则的要求，当事人在行使处分权时，应当符合两个条件：其一，当事人处分的权利是其依法享有的权利。因此，不是其依法享有的权利不能行使处分权，也不能对此进行和解。其二，当事人对其享有的权利具有完全的决定权。如果当事人对该项权利的处分需要取得有关组织或个人的批准，在获得同意或批准之前不能予以处分；或者当事人只是部分享有某项权利，该权利的处分必

---

① 郑正忠：《两岸司法制度之比较与评析》，五南图书出版公司1999年版，第373页。

② ［日］中村英郎著，陈刚，林剑峰，郭美松译，常怡审校：《新民事诉讼法讲义》，法律出版社2001年版，第248页。

须与他人合意后共同作出，在未取得其他共有人同意和授权之前，不能进行处分。因此，对当事人尚无完全处分权的事务，不能进行和解。

（2）法律对当事人的处分行为作了限制或者排除规定的。如我国《物权法》第211条明确规定："质权人在债务履行期届满前，不得与出质人约定债务人不履行到期债务时质押财产归债权人所有。"此所谓法律禁止流质之约定。因此，在诉讼和解协商的过程中，法院对于该流质的约定，依法应当予以制止和否决。

（3）涉及公共利益和公序良俗的事务。例如，2007年7月，在京打工的河南小伙郭玉良的妻子因产后大出血死在北医三院，并欠下了53万元医疗费。因无力偿还这笔费用，医院不同意他带走妻子的遗体。医院给郭玉良指了两条路：要么分期付款把医药费补上，要么将死者的遗体捐献给医院用作解剖研究。① 如果医院最终将郭玉良告上法庭要求其偿还医疗费，在诉讼中相互之间协商达成和解协议，郭玉良将其妻子的遗体用于抵偿医疗费，该和解协议显然不应获得法院的确认。

（4）基于公权审查确认的事务。包括应当由司法审查确认的事务与应当经由其他国家机关审查确认的事务。例如房屋所有权的变更、转让是否有效，根据《物权法》的规定，应当根据不动产登记机构的登记为准，当事人之间不能对该事务通过协商达成协议的方式和解解决。再如，根据最高人民法院《关于民事诉讼证据的若干规定》第8条的规定，涉及身份关系的事实，法院必须根据案件事实审查确认，不能交由当事人协商和解。

（二）民事诉讼和解的条件

要确定诉讼和解的条件，首先需要确定诉讼和解的性质。我国《民事诉讼法》仅从当事人民事诉讼权利的角度对诉讼和解作了规定，对民事诉讼和解的性质没有涉及。从理论上来说，本人赞同一行为两性质说。和解是诉讼当事人之间通过协商达成协议的方式，处理与解决相互间法律争议的一种活动，故它首先应是一种民事法律行为；其次，诉讼上的和解毕竟又不同于一般的民事法律活动，诉讼和解发生在诉讼过程之中，处于法院司法权笼罩之下，受诉讼法律的规范和调整，当然也应该是一种诉讼行为。这样一种兼具民事实体行为与诉讼行为性质的行为，相互之间又具有一定的依存关系，共存于一个诉讼

---

① 赵晓路："医院扣留死者遗体抵债续：家属欲分106年还债"，《京华时报》2008年1月25日。

程序之中，说明诉讼和解的法律效力具有实体法与诉讼法两方面效力，既有解决纠纷的功能，也有终结诉讼的功能。

民事诉讼和解的性质和特点决定了它不同于一般的民事和解，它是诉讼过程中的活动，受制于审判制度的约束。审判的目的不仅局限于解决当事人之间的纠纷，审判所运用的是公共资源，所雇用的不是当事人挑选的陌生人，而是由公众参与的过程所挑选的公共官员。和立法部门、行政部门的人员一样，这些官员拥有公法而非私人协议所确定和赋予的权力，他们的任务并不是要使私人当事人的目的最大化，也不只是要确保安宁，而是要说明并使权威性的法律文本如宪法和制定法所体现的诸多价值产生效力：解释这些并使现实与它们相符合。① 因此，虽然诉讼和解的结果主要取决于当事人的意志，但法院也不能就此完全放任由当事人自由决定。

由民事诉讼和解的性质和特点决定，当事人要达成合法有效的和解协议，必须具备相应的实体法条件和程序法条件。

1. 民事诉讼和解的实体法条件

从实体法角度分析，我们可以把当事人在民事诉讼过程中所进行的和解行为理解为是一种民事法律行为，根据我国《民法通则》和《合同法》的规定，在积极条件方面，只要具备行为人具有相应的民事行为能力、意思表示真实、不违反法律或者社会公共利益，即可判定该民事诉讼和解行为合法有效。而从消极条件来讲，当事人之间达成的如下和解协议应属无效协议：

（1）基于格式合同，双方当事人达成的免除提供格式合同一方责任，加重对方责任，排除对方主要权利的和解协议。

（2）一方以欺诈、胁迫的手段达成的损害国家利益的和解协议。

（3）双方当事人恶意串通，损害国家、集体或者第三人利益的和解协议。

（4）以合法形式掩盖非法目的的和解协议。

（5）损害社会公共利益的和解协议。

（6）违反法律、行政法规的强制性规定的和解协议。

（7）双方当事人达成的造成对方人身损害的免责和解协议。

（8）因故意或者重大过失造成对方财产损失的免责和解协议。

2. 民事诉讼和解的程序法条件

---

① ［美］斯蒂文·N·苏本，马莎·L·米卢，马克·N·布诺丁，托马斯·O·梅茵著，傅郁林等译：《民事诉讼法——原理、实务与运作环境》，中国政法大学出版社 2004 年版，第 518 页。

从程序法角度分析，民事诉讼和解应当符合下列条件：

（1）和解须发生在诉讼案件之中。依照特别程序审理的案件以及依照督促程序、公示催告程序等非诉讼程序审理的案件中，不存在和解的问题。

（2）行为人须具有相应的诉讼行为能力。而根据我国《民事诉讼法》第52条的规定，诉讼代理人代为进行和解时，必须要有被代理人的特别授权。

（3）和解必须向法院作出，并记入笔录。诉讼和解与一般民事和解的最大区别在于，诉讼和解是在诉讼过程中，当事人向法院所作出的协议结束相互间争执的表示，因此，必须能够具体体现和反映在诉讼文件中，否则无法发生诉讼上的效力。在庭审过程中达成的协议，可以直接记入笔录；庭外达成的和解协议，必须共同告知法庭，并补充记入笔录。需要制发法律文书的案件，法庭还要根据当事人和解协议的内容，制作并送达法律文书。

（三）民事诉讼和解的效力

如前所述，和解的法律效力由其实体法效力和程序法效力共同作用，欠缺任何一方面的效力，都无法产生诉讼和解的法律效力。从我国目前的法律规定看，民事诉讼和解的法律效力主要包括两大部分，一是程序效力，二是结果效力。

1. 和解的程序效力

和解的程序效力，是指和解过程对于诉讼程序所产生的法律上的影响力。主要包括如下效力：

（1）暂停正常审理程序的效力。和解开始后，案件的正常审理程序暂时停止，案件转入和解过程。法院应当为此指定一定的期间，让双方当事人在庭外进行协商和谈判。能够达成和解协议的，将和解协议的内容告知法院，诉讼程序宣告终结；在指定期间内当事人不能自行达成和解协议的，案件转入正常审理程序。法院也可以召集双方当事人共同到庭，与法院调解工作结合起来，促进当事人进行和解。

（2）和解过程中的自认证据排除在诉讼过程中适用。根据最高人民法院《关于民事诉讼证据的若干规定》第67条的规定，在和解过程中，当事人为了达成和解目的作出妥协所涉及的对案件事实的认可，不得在其后的诉讼中作为对其不利的证据。

2. 和解的结果效力

和解的结果效力，是指和解达成协议并被法院确认后，可以产生的法律上的作用力。当事人达成和解协议并被法院确认后，可能发生的法律效果主要包括：

（1）终结诉讼程序的效力。和解协议达成后，原告提出撤诉，已经开始的诉讼程序据此宣告终结。和解协议视同民事合同，一方当事人不履行该协议的，已经达成的和解协议不发生强制执行的效力；另一方当事人另行起诉的，法院对原法律关系重新开始审理。

（2）形成调解协议的效力。诉讼中达成的和解协议可以视为调解协议，案件以调解方式结案。不需要制发调解书的案件，法院应将和解协议记入笔录，由双方当事人、审判员、书记员签名或者盖章后，即具有法律效力；需要制发调解书的案件，调解书经双方当事人签收后，即具有法律效力。当事人对该调解协议不得提出上诉，任何一方当事人拒不履行该调解协议的，另一方当事人可申请法院强制执行。当事人认为已经达成的调解协议违反法律的，不能恢复原诉讼程序的继续审理，只能通过再审程序进行救济。

（四）民事诉讼和解的程序规范

与诉讼外的和解不同，起诉受理后当事人协商达成的和解，必须经过法院审查确认后方可成立。这说明民事诉讼和解的过程始终渗透着法院的司法行为，而法院作为一种国家公权组织，法治原则要求其行为必须符合实体法和程序法两方面要求。因此，无论是从当事人和解的诉讼行为角度而言，还是从法院的司法行为角度而言，都不能是一种任意而为的行为，必须要有具体的规则加以规范。参考其他国家和地区的民事诉讼立法，我们也能发现它们均对民事诉讼和解作了比较具体明确的程序规范，我国的民事诉讼立法也应当考虑在现有规定的基础上，进一步完善诉讼和解的相应立法。

目前，由于我国《民事诉讼法》对和解制度没有完整的规范，所以，对和解的具体运作程序，只能依据现行实体法和法理作初步的分析。

1. 关于和解意思表示的形式

从实体法角度而言，一项民事法律行为，既可以通过明示的方式作出，也可以用默示的方式作出。但是，沉默一般不视为意思表示的方式，除非在特定情形，有当事人约定或法律直接规定的前提下，才可以视为意思表示的形式。[①] 如最高人民法院《关于贯彻执行〈中华人民共和国民法通则〉若干问题的意见》第66条规定："一方当事人向对方当事人提出民事权利的要求，对方未用语言或者文字明确表示意见，但其行为表明已经接受的，可以认定为

[①] 龙卫球著：《民法总论（第二版）》，中国法制出版社2002年版，第452页。

默示。不作为的默示只有在法律有规定或者当事人双方有约定的情况下，才可以视为意思表示。"我国《民法通则》第66条第1款规定："本人知道他人以本人名义实施民事法律行为而不作否认表示的，视为同意。"

2. 和解协议的形式

和解协议的形式既可以口头进行，也可以书面进行。口头进行的，应当记入庭审笔录。同时，和解既可以当庭进行，也可以在庭外进行；既可以对席进行，也可以背靠背进行。

3. 和解的提起

我国暂无强制和解的规定，故诉讼和解通常由当事人提出，但法院也可以根据情况向当事人双方提出和解的建议。

4. 当事人亲为的和解与可代理的和解

通常情况下，当事人均可委托诉讼代理人代为进行诉讼上活动，诉讼代理人所作的意思表示，视为当事人自己的行为，对当事人发生法律效力。但是，诉讼代理人代理当事人为和解行为时，必须要有被代理人的特别授权。法律规定对特殊的和解行为，当事人即使有诉讼代理人的，和解的意思表示也必须由当事人本人亲自作出，如离婚案件的和解。

5. 对全部讼争事实与请求达成的和解及对部分讼争事实与请求达成的和解

对全部讼争事实与请求达成和解协议，这是和解通常所见的情形，但是，在诉讼中也不排除当事人仅对部分讼争事实与请求达成和解协议的情况。对部分讼争事实与请求，当事人能够自行协商达成和解协议，并被法院审查确认的，排除了法院对该事实与请求的裁判，可直接予以认定其法律效力。

6. 和解进行的时间

从理论上讲，诉讼和解应当在诉讼过程中进行。即在案件起诉时，受理法院取得对具体案件的审判权之后，直至法院作出裁判之前，只要当事人能够达成和解的，均可成立。近期，有法院尝试开展诉前和解活动，立案庭法官在立案接待的过程中，对有可能诉前化解的纠纷，提出诉前化解的建议，指导起诉人选择诉前调解，并自行化解纠纷。[①] 由于法院开展的和解工作事实上已经延伸到诉前，因此，诉讼和解开始的时间可以是从起诉受理之际。

---

① 李思："北京市朝阳区人民法院用和解创造和谐"——"诉前和解三种机制"，《法制日报》2007年10月10日。

诉讼和解应当在一审法院作出判决之前达成。如果法院已经作出一审判决，当事人不选择上诉，而是对法院已经作出裁判的事项又重新达成和解协议的，则是当事人对自己法律权益的一种处分，属于实体法上的和解；但是，如果当事人对于一审判决不服提起上诉，在二审法院审理过程中，又通过协商达成和解协议的，该和解协议的效力如何，我国法律没有明确规定。从法理上分析，诉讼和解作为一项法律制度，就应当有相应的法律效力，而且，诉讼和解不同于一般民事和解，它不仅发生在诉讼过程中，而且和解协议已被法院记入笔录，并被法院审查认可，自应有诉讼法上的效果。如果在二审诉讼过程中，当事人能够自行达成和解协议，并被法院审查确认的，应当具有终结诉讼程序的效力。从我国目前的实际做法看，在二审中当事人达成和解协议的，法院通过调解的方式结案。

（五）民事诉讼和解的救济

民事诉讼和解的救济，是指法律规定的对和解过程中当事人权利的保障与和解结果的法律救济。它包括两部分内容：

1. 对和解过程中当事人权利保障的救济

民事诉讼和解是诉讼过程中的活动，受制于审判制度的约束。虽然诉讼和解的结果主要取决于当事人的意志，但法院不能因此拒绝当事人提出的和解救济要求。根据我国《民事诉讼法》的规定，在诉讼和解的过程中，无论是在庭外交由当事人自行进行的和解，还是在法庭组织下进行的和解活动，如果一方当事人对他方当事人施加非法影响，或者案外人对当事人的自由和解活动进行非法干预的，根据当事人的申请，或者基于司法职权，法院可依照对妨害民事诉讼的强制措施对有关人员予以司法制裁，以确保当事人在完全自愿的基础上，协商和解决相互间的纠纷。

2. 对和解结果的上诉救济

从性质上讲，诉讼和解通常被认为是一种诉讼契约行为，或者被定性为诉讼合同，[①] 但这种契约或合同不同于一般的民事契约或合同。一般的民事契约与合同可以通过诉讼等途径获得救济，而诉讼契约与诉讼合同本身就是在诉讼过程中形成的，达成的和解协议实质上等于是一种协议判决，它意味着当事人已经放弃了诉权，自愿服从已达成的和解协议的内容，也意味着放弃了运用任

---

① ［德］奥特马·尧厄尼希著，周翠译：《民事诉讼法（第27版）》，法律出版社2007年版，第253页。

何上诉救济的途径。因为任何一方在达成和解协议后，如果还可以再行提起上诉救济，都将影响到已达成的协议的效力，从而在本质上动摇和解制度。

但是，我国《民事诉讼法》规定，对于已经达成和解协议的，当事人如果有异议，如果和解后案件是以撤诉形式结案的，当事人还可再行起诉；如果是以调解方式结案的，当事人只能申请再审。我国《民事诉讼法》的上述规定，并没有赋予和解协议相应的法律效力，使得和解不能成为一项完整的法律制度，不仅诉讼和解的过程欠缺必要的规范，而且混淆了民事诉讼和解与诉讼调解的区别，使得已经达成和解的协议只能通过调解方式结案。更为重要的是，上述规定将在诉讼中已经达成的和解协议混同于一般的民事合同，如果法院没有在和解的基础上通过调解结案，而原告又不申请撤诉的，就不能产生直接结案的法律效果。如此规定不仅不能使诉讼和解充分体现其应有的法律属性，而且对诉讼和解协议不能得到执行的，当事人既不能申请强制执行，也不能请求恢复原诉讼程序继续，只能另行起诉，既浪费了司法资源，又增加了当事人的讼累。

二、行政诉讼和解

一般来讲，和解与协商解决的事项不受严格限制，社会关系中的各种纠纷都可以通过和解与协商解决的方式加以处理，不仅包括法律直接调整的社会关系的纠纷，也包括由其他社会规范调整的社会关系的纠纷。但并不是说，所有的纠纷都可以通过和解与协商的方式，任由当事人自己协商解决。涉及合法性问题的行政争议，当事人不得通过和解与协商的方式解决。

关于具体行政行为的合法性问题能否允许和解，最高人民法院《关于进一步发挥诉讼调解在构建社会主义和谐社会中积极作用的若干意见》中提出，人民法院要通过行政诉讼案件的和解实践，不断探索有助于和谐社会建设的多种结案方式，不断创新诉讼和解的方法，及时总结经验，不断完善行政诉讼案件和解工作机制。为此，有人可能会片面地认为，当事人的和解可以化解行政争议，在行政诉讼过程中，即使是属于具体行政行为合法性的问题，在不违反法律的强制性规定的情况下，也应当允许行政机关和行者管理相对人通过和解的方式解决纠纷。从表面上看，这种认识似乎可以更好地达到解决纠纷的目的。但是，笔者认为，最高人民法院的这一规定，主要是针对行政诉讼无法直接审查被诉具体行政行为合理性问题而提出的，旨在扩大人民法院审理行政诉讼案件的权限，通过和解方式处理和解决大量存在于行政诉讼案件中的行政合理性问题，以妥善处理行政诉讼案件。合法性问题事关行政机关职权行使的基本要求，如果允许行政机关与行政管理相对人对合法性问题通过和解的方式来解决，不可避免地会放纵行政机关不履行其职权或者违法行使其职权的情况发生。因为：

1. 行政合法性原则是我国行政法的一项重要原则

这一原则①的重要意义首先体现在，行政合法性是宪法的要求，是社会主义法制的要求。我国《宪法》第 5 条明文规定："国家维护社会主义法制的统一和尊严，一切法律、行政法规和地方性法规都不得同宪法相抵触。一切国家机关和武装力量、各政党和各社会团体、各企业事业组织都必须遵守宪法和法律。一切违反宪法和法律的行为，必须予以追究。任何组织或者个人都不得有超越宪法和法律的特权。"行政合法性原则是社会主义法制原则基本内容的转化和体现。② 有法可依、有法必依、执法必严、违法必究是我国社会主义法制的基本要求，同时也是人民当家作主的要求。行政机关在国家行政管理活动中能否坚持和贯彻行政合法性原则，直接关系到人民政府能否对人民负责，政府行为是否符合人民意志的重大问题。

其次，行政合法性原则也是我国实现依法治国、建设社会主义法治国家目标的关键所在。据统计，改革开放 20 年来，全国人大及其常委会制定了 280 多部法律，国务院制定了 700 多部行政法规，地方政权机关制定了 4000 多部地方性法规，其中大约有 80% 的法律法规是要由行政机关去贯彻落实的。可以说，依法治国能否取得成效，主要取决于各级行政机关能否依法行政。因此，必须加强依法行政的法制建设，使各级行政公务人员在日常公共事务中严格做到依法办事，有令必行，有禁必止，执法如山，使依法治国的原则通过政府行为落实到社会生活的各个领域。正因如此，对于行政合法性问题的坚持，是我国行政法不可动摇的基础，也是法律对行政行为的最基本的要求。如果对

---

① 行政法学界对行政合法性原则作为行政法的基本原则有不同的认识，认为要求行政合法对行政法并不具有特殊意义，而是法制建设的基本要求。参见孙晓侠：《法律对行政的控制》，山东大学出版社 1999 年版，第 179 页。也有学者认为，将行政合法性原则作为行政法基本原则违反逻辑，如果把"合法性"作为行政法基本原则的表现，那就等于说"行政法要合法"。参见黄贤宏，吴建依："关于行政法基本原则的再思考"，《法学研究》1999 年第 6 期。还有学者认为，行政合法性原则缺乏行政法基本原则的普遍性和特殊性，因为，行政法基本原则必须是贯穿于行政法的各个环节和各个方面的基本准则，即具有普遍性（或贯穿性、涵盖性）。而合法性原则是在存在法律、法规的前提下讲的，在立法机关制定行政法之前，或者说在没有特定行政法规法存在的时候，也就谈不上什么"合法"的问题，合法性原则涵盖不了行政立法合法性的全部问题。参见周佑勇著：《行政法基本原则研究》，武汉大学出版社 2005 年版，第 118 页。拙作拟不进行专门研究行政法基本原则问题，故采行政合法性原则通说。

② 刘瀚："论依法行政"，《法学研究》1992 年第 5 期。

于这一原则也允许行政机关和行政管理相对人通过和解协商的方式进行处理，则必然产生行政合法性标准遭致改变的结果，行政法治的基础也就荡然无存。在一个法治的社会，行政合法性问题是一个原则性的问题，也是构成法制体系的最基础的问题。如果对于是否合法的问题，也可以由发生纠纷的当事人自己以协议的方式解决，则法律就可能被架空、甚至被抛弃，社会就可能在法治的体外循环。因为协商与谈判的过程必然是一个双方都需要妥协与让步的过程，和解的结果也必然是一个对双方利益和要求进行折中或调和的结果，但合法性本身是一个不容许调和与折中的问题。因此，在关于行政行为的合法性问题上，不应当容许当事人和解。

2. 合法性问题的判断标准由法律直接规定，行政机关和行政管理相对人无权就被诉行政行为是否合法达成和解

与一般民事行为相比，行政行为是一种国家公权行为，其是否合法的依据及标准由法律直接规定，而且行政行为关乎社会公共利益，具有必须实现的特征。根据我国《行政诉讼法》第 5 条的规定："人民法院审理行政案件，对具体行政行为是否合法进行审查。"该法第 54 条进一步规定："人民法院经过审理，根据不同情况，分别作出以下判决：（一）具体行政行为证据确凿，适用法律、法规正确，符合法定程序的，判决维持。（二）具体行政行为有下列情形之一的，判决撤销或者部分撤销，并可以判决被告重新做出具体行政行为：1. 主要证据不足的；2. 适用法律、法规错误的；3. 违反法定程序的；4. 超越职权的；5. 滥用职权的。（三）被告不履行或者拖延履行法定职责的，判决其在一定期限内履行。（四）行政处罚显失公正的，可以判决变更。"这些标准虽然是针对法院行使审判权审查判断被诉具体行政行为是否合法所作的规定，但它也从一个侧面反映了法律要求行政行为合法性标准的具体内容。根据上述规定，具体行政行为的合法性有了明确客观的标准，符合这些标准的才是合法的具体行政行为，法院将判决予以维持，否则将判决予以撤销。在此，法律显然并没有授权行政机关与行政管理相对人对上述问题可以通过达成和解协议解决，同时，《行政诉讼法》第 50 条明确规定："人民法院审理行政案件，不适用调解。"

3. 合法性问题与羁束性行政行为直接对应，行政机关无权自由裁量

为了保证行政行为依法正确行使，法律对行政行为的正确性通过两个标准加以约束和规范，一个是合法性标准，另一个是合理性标准（适当性标准）。在合理性范围内，法律赋予行政机关以自由裁量权，行政机关可以根据法律的

授权，在法律规定的范围内，根据具体情况选择做出或者不做出一定的具体行政行为，以及做出此行政行为或者彼行政行为。但在合法性问题上，法律对行政行为作出的是羁束性规定，行政机关只能根据法律的规定做出或者不做出一定的行政行为，以及做出什么样的具体行政行为，没有更多的自由裁量权。因此，行政机关和行政管理相对人不能像一般民事法律关系当事人那样，自由约定其行为的内容。事实上，即使在合理性范围内，行政机关在作出具体行政行为时，也必须遵守正当性（在主观上必须出于正当的动机，在客观上必须符合正当目的）、平衡性（必须注意权利与义务、个人所受损害与社会所获利益、个人利益与国家集体利益之间的平衡）、情理性（必须符合客观规律、合乎情理）等原则，① 其自由裁量权也不是无限的。

与上述问题相关的一个问题是，一个合法的具体行政行为是否可能存在两种或者两种以上的结果？假设一个合法的具体行政行为的结果不是惟一的，而是存在两种或者两种以上并行不悖的结果，则意味着行政机关与行政管理相对人应当可以就该两种或者两种以上均符合合法性要求的行政行为，通过协商选择其一作为具体行政行为的最终结果，达成和解。但是，事实上这种假设是不成立的，因为，行政行为的合法性问题是一项基本的法律原则，其直接相对的是不合法或者非法，合法与否是一个不可调和的对与错的大是大非的问题，其中不存在中间项。

三、刑事诉讼和解

（一）适用刑事诉讼和解的案件范围

根据最高人民法院和最高人民检察院有关规定的精神，刑事诉讼和解应当具备以下条件：1. 刑事诉讼和解既可以在刑事诉讼的审查起诉阶段进行，也可以在审判阶段进行；2. 刑事诉讼和解既可以由检察机关促成，也可以由法院促成；3. 刑事诉讼和解只能针对刑事自诉案件和轻微刑事案件进行。其他案件原则上不得通过刑事和解方式解决。

刑事诉讼的追诉，可以分为国家追诉与个人追诉两种。由国家机关代表国家追究犯罪而行使追诉权的，称为国家追诉主义；由被害人及其亲属或者其他个人或团体以个人或团体的名义向审判机关提起诉讼而行使追诉权的，称为私人追诉主义。现代世界各国对犯罪一般均以国家追诉为原则，即对于刑事案

---

① 胡建淼著：《行政法学（第二版）》，法律出版社 2003 年版，第 66～67 页。

件，以国家追诉为主，或者由国家垄断追诉权。这是因为，犯罪不仅仅是侵害社会成员个体利益的行为，同时也是甚至主要是对社会整体的危害。犯罪行为不仅破坏了社会的安定状态和社会成员的安全感，而且危害了国家政治经济制度赖以存在和发展的秩序及一般社会成员赖以生存的条件。犯罪直接侵害的是社会成员个体，最终的受害者则是整个社会。因此便产生了这样的观念：国家有责任维护社会法律秩序和保护社会成员的利益，对犯罪应当由国家进行追诉。国家追诉原则的确立，也是人类对刑事诉讼秩序、公正和效率诸项价值强烈期望的结果。刑事诉讼的历史表明，实行国家追诉在恢复被犯罪所破坏的社会秩序和实现社会正义方面的作用，是无国家权力介入的私人复仇式的私人追诉所无法比拟的。因为后者往往受到被害人的复仇情绪、恐惧心理以及追诉能力等因素的影响，难以对犯罪实施有效而公正的制裁。同时，实行国家追诉原则，也是查明刑事案件过程的特殊性决定的。刑事案件是已经发生的事实，对于绝大多数刑事案件来说，查明这种事实的真相并缉获犯罪人是一个相当复杂和专业的过程，尤其是随着社会的发展，涉及的科技领域的专业知识越来越广泛，犯罪日趋隐蔽，更加大了对犯罪追诉的难度。对被害人个人而言，不仅其难以承受调查、收集证据所需要的资源投入，而且也缺乏相应的手段和措施，只能也必须由国家设立专门机关来行使对犯罪的追诉权。

实行国家追诉原则，并不排斥或者妨害公民个人在追诉犯罪中作用的发挥。现代世界各国，许多国家也允许被害人及其近亲属对某些犯罪直接向法院提起自诉。[①] 同样，我国刑事诉讼法在坚持国家追诉原则的同时，也赋予了被害人对某些犯罪享有自诉权。根据我国《刑事诉讼法》及相关司法解释的规定，由受害人及其近亲属直接向法院提起自诉的案件类型包括：告诉才处理的案件；被害人有证据证明的轻微刑事案件；被害人有证据证明对被告人侵犯自己人身、财权权利的行为应当依法追刑事责任，而公安机关或者人民检察院不予追究被告人刑事责任的案件。我国《刑事诉讼法》第172条规定，除被害人有证据证明对被告人侵犯自己人身、财权权利的行为应当依法追刑事责任，而公安机关或者人民检察院不予追究被告人刑事责任的案件外，"人民法院对自诉案件，可以进行调解；自诉人在宣告判决前，可以同被告人自行和解或者撤回自诉。"2006年12月28日最高人民检察院《关于在检察工作中贯彻宽严相济刑事司法政策的若干意见》规定："对因人民内部矛盾引发的轻微刑事案

---

① 参见宋英辉主编：《刑事诉讼原理》，法律出版社2003年版，第87～88页。

件依法从宽处理。对因亲友、邻里及同学同事之间纠纷引发的轻微刑事案件，要本着'冤家宜解不宜结'的精神，着重从化解矛盾、解决纠纷的角度正确处理。对轻微刑事案件中犯罪嫌疑人认罪悔过、赔礼道歉、积极赔偿损失并得到被害人谅解或者双方达成和解并切实履行，……。对属于被害人可以提起自诉的轻微刑事案件，由公安机关立案侦查并提请批捕、移送起诉的，人民检察院可以促使双方当事人在民事赔偿和精神抚慰方面和解，及时化解矛盾，依法从宽处理。"由于此类案件通常都是犯罪情节比较轻微，社会危害性相对较弱，如果加害人确实能够认识到其罪错并真心悔改，求得受害人的谅解，并能对给受害人造成的损失给予相应的赔偿，受害人愿意与之达成和解的，国家可不追究其刑事责任，受害人与加害人之间可以自行和解。除此之外，对其他的刑事案件，受害人与加害人之间不得擅自采用和解的方式处理。

（二）刑事诉讼和解的原则

值得关注的一个问题是，据 2000 年的一项调查，在司法实践中，有些地方的法院在审理刑事自诉案件时，往往只注重调解和解结案，追究侵害人的民事赔偿责任，而忽视对其进行刑事制裁。① 造成这种现象的主要原因有：一是怕当事人上诉而片面追求调解结案。二是对刑事自诉案件的社会危害性认识不足，认为此类案件主要是当事人双方因生活中的琐事引起，对社会没有太多的危害，如果追究刑事责任，也不利于化解双方矛盾。三是顺应当事人的心理，希望责任侵害人承担民事责任，对案件简单化处理。被害人的诉讼目的大都是为了争口气，所以非常希望得到侵害方的经济赔偿。而侵害人自知理亏，情愿"破财免灾"。为此，有的法官抓住这种心态，甚至不顾法律规定，草率调解结案。事实上，这种在审理刑事自诉案件时只注重民事赔偿而忽视刑事制裁的现象，不仅违背刑法的罪刑相当原则，也不利于达到审理一起案件教育一片的社会效果。说明人们对于刑事犯罪及国家的刑事司法制度还存在一定的错误认识。

为此，我们必须严格掌握刑事诉讼和解的四项原则：

第一，全面把握原则。宽严相济刑事司法政策中的宽与严是一个有机统一的整体，二者相辅相成，必须全面理解，全面把握，全面落实。既要防止只讲严而忽视宽，又要防止只讲宽而忽视严，防止一个倾向掩盖另一个倾向。

第二，区别对待原则。宽严相济刑事司法政策的核心是区别对待。应当综

---

① 陈卫东主编《刑事诉讼法实施问题调研报告》，中国方正出版社 2001 年版，第 186 页。

合考虑犯罪的社会危害性（包括犯罪侵害的客体、情节、手段、后果等）、犯罪人的主观恶性（包括犯罪时的主观方面、犯罪后的态度、平时表现等）以及案件的社会影响，根据不同时期、不同地区犯罪与社会治安的形势，具体情况具体分析，依法予以从宽或者从严处理。

第三，严格依法原则。贯彻宽严相济的刑事司法政策，必须坚持罪刑法定、罪刑相适应、法律面前人人平等的刑法原则，实现政策指导与严格执法的有机统一，宽要有节，严要有度，宽和严都必须严格依照法律，在法律范围内进行，做到宽严合法，于法有据。

第四，注重效果原则。贯彻宽严相济的刑事司法政策，应当做到惩治犯罪与保障人权的有机统一，法律效果与社会效果的有机统一，保护犯罪嫌疑人、被告人的合法权利与保护被害人的合法权益的有机统一，特殊预防与一般预防的有机统一，执法办案与化解矛盾的有机统一，以有利于维护稳定，化解矛盾，减少对抗，促进和谐。

随着建设和谐社会口号的提出及人们对和谐社会的片面理解，今后在对待刑事自诉案件和轻微刑事的问题上，肯定还会出现某些片面追求调解和解率、放纵犯罪的现象，必须引起高度重视。在贯彻宽严相济的形势政策时，必须严格依法办事，做到宽严合法，于法有据。既要能确实降低和节约诉讼成本，减少社会对抗性，又不使法律的警示效应打折扣，避免个别执法者徇私枉法，歪曲政策善意，损害法律的严肃性和公信力，弱化司法权威。

第五节　诉讼外和解与协商解决的公平正义保障

"在多元主义社会中，合意往往受到'多元无知'的阻碍。因此，完全依赖于合意的法制设想很容易招致疑异。……过分强调作为结果的合意纯粹性的价值立场可能会带来两种危险：或者导致合意摸索的长期化、反复化，滑向法律虚无主义，或者造成合意结果的绝对化、形式化，与过程分析的方法自相矛盾。"① 因此，为了保障和解与协商解决的公平与正义，必须对和解与协商的过程和结果实施必要的法律控制。

---

① 季卫东："当事人在法院内外的地位和作用（代译序）"，参见见棚濑孝雄著，王亚新译：《纠纷的解决与审判制度》，中国政法大学出版社 2004 年版，第 6～7 页。

一、诉讼外和解与协商解决的过程控制

由于诉讼外的和解与协商是一种非正式的纠纷解决方式，是否进行以及如何进行，完全取决于当事人自己的自愿。即使是有第三方介入协助进行的，整个协商与和解的过程也完全由当事人自己掌握和决定，任何第三方（包括国家在内）都不能对当事人的协商与和解活动施加外部强制力，予以控制与影响。

诉讼外和解与协商的这种封闭式运行过程，虽然阻却了来自于外部的对当事人自由意志的干扰和影响，但并不能完全保障当事人在协商与和解过程中的地位和利益的完全平等。因为，这种局限于当事人之间的协商与和解，需要凭借当事人自己的能力与对方当事人进行博弈。而在大多数情况下，当事人之间在知识水平、经济实力、谈判技能等各方面均存在一定的差距，必然会影响到当事人在协商与和解过程中的自由意志与利益维护。"当事人的谈判能力并不是相同的，甚至可以说是反映了社会权力关系的不平等性，社会权力的分布不均等。如果当事人的谈判能力不平等，就会产生更有力量的一方当事人从另一方当事人和社会一般的牺牲中无限追求自己利益的危险。"① 虽然，社会关系具有一定的自愈能力，使得某个强势的集团或者主体在纠纷的和解与协商过程中，难以始终占据和保持这种绝对优势的地位，否则，长期处于弱势的一方主体会回避采用和解与协商处理的方式解决相互之间的纠纷，转而寻求更具法律强制力的方式（如诉讼的方式）解决纠纷。更为彻底的是，在可能的情况下，弱势一方还会选择拒绝与强势一方建立关系。如某些地方出现的"民工荒"现象，既与劳动报酬与待遇的明显偏低有关，也与劳资纠纷在企业内部不能得到妥善公平的处理有关。但是，从具体个案的公平正义来讲，纠纷双方之间的这种不平等，必然会影响到和解与协商处理的结果。

这似乎是一个两难的问题。一方面，和解与协商需要排除来自外界对当事人自由意志的强力影响，另一方面，完全由当事人自己控制与掌握下进行的和解与协商，又由于相互之间实力的差别可能影响到结果的公平。如何最大限度地缓解自主与公平之间的矛盾呢？笔者认为，就制度与法律保障方面而言，应该注意以下几个基本要素：

一是自由选择。为了保证协商与和解在公正的基础上进行，避免一方当事

---

① 小岛武司，伊藤真编，丁婕译，向宇校：《诉讼外纠纷解决法》，中国政法大学出版社 2005 年版，第 44 页。

人凭借其较强的实力，迫使另一方当事人屈服于强势和压力，首先应当强调当事人和解与协商的绝对自愿。协商与和解是一种交易，是当事人对自己权益的处分，法律保障当事人的自由意志，任何人都不能加以非法干预，逼迫当事人与对方进行和解与协商。因此，在和解与协商方式的问题上，当事人有自由选择的权利，是否愿意与对方进行和解，完全由当事人自己决定。即使当事人最终同意与对方当事人进行和解与协商，在和解与协商的过程中，任何一方当事人也有权在任何阶段选择退出，并因此不给自己带来任何不利的影响。任何外力包括对方当事人都不能强加干涉或强迫进行。只有这样，当事人才能在和解与协商的过程中审时度势，权衡利弊，从而作出最有利于自己的选择。

二是借助外援。协商与和解虽然是仅在当事人之间进行的一种纠纷解决方式，但它并不排除在当事人同意的情况下其他主体的介入，在一方当事人相对于他方当事人势单力薄的情况下，求助于外界的帮助无疑是一种正确的选择，它不仅可以弥补自身力量的不足，防止对方当事人将其意志强加于己，也可以起到平衡双方当事人力量博弈，维护纠纷解决过程公正性的作用。对于某些特殊的纠纷，当事人求助于专家或者律师的介入，还可以促成当事人之间纠纷的合理解决。事实上，在纠纷的和解与协商过程中，基于某种特殊关系的存在，不可避免地会出现其他主体主动或者被动介入的情况，这种情况有时虽然可能会造成纠纷的扩大化，但它也在一定程度上满足了和解与协商过程的形式公正的需要。如个别工人与厂方之间因为工资、奖金的发放问题发生的纠纷，工会如果给予该工人以声援与支持，不论纠纷最终的处理结果如何，单从形式上看，会使双方之间的力量对比关系显得更加平衡。

三是救济畅通。从具体纠纷的处理来讲，公平与公正的问题是一个价值判断的问题，难免带有主观性，虽主要取决于当事人自身的认知与感受，但也能从公众对处理结果的评价中体现出来。要使和解与协商能够公平进行公正结束，一个最有效的保障应当是还有其他更有力的纠纷解决机制作为救济渠道，并保持这些救济渠道的畅通，从而满足当事人的救济需求。当事人在选择和解与协商方式解决纠纷之前，如果知道有其他更有力的纠纷解决机制作为备选方案，那么他就不用担心他的这种选择如果发生错误将无法挽回，客观上也可以鼓励当事人作这种尝试。在和解与协商解决纠纷的过程中，如果当事人感到已经陷入困境，因为有其他救济途径存在，他可以转而寻求其他更加有效的纠纷解决机制。正是因为有了和解与协商之外的其他纠纷解决机制的存在，才能从制度上保障和解与协商真正能够在双方当事人自愿的基础上进行，避免与防止一方当事人凭借其强势，在和解与协商的过程中损害另一方当事人的合法权益。

二、诉讼外和解与协商解决的结果控制

原则上讲，和解与协商的内容主要基于当事人的自愿，体现和反映了当事人的意愿，而且诉讼外的和解与协商的过程主要局限在当事人之间进行，外界要对和解与协商的结果进行控制似乎是不可能的。和解与协商的本质也决定了任何来自于外界的介入与干预，都与和解与协商的本质相悖，将可能从根本上否定和解与协商这一纠纷解决方式。因为，诉讼外的和解与协商结果的效力只及于当事人，要靠当事人自觉履行，没有外力介入强制执行。如果一方反悔，所有进行过的谈判协商等过程都是徒劳无功的；如果当事人自觉自愿地履行了和解协议，说明和解的结果能够得到了当事人双方的认可，也可以证明和解的结果在一定程度上是公平公正的。

但是，在某些情况下，如果任由当事人自己决定和解的最终结果，不仅有损于其中一方当事人的合法权益，也可能违背当事人的自由意志。因为，从总体上看，和解与协商毕竟是在相对封闭的环境下进行的，其结果在相当程度上还是由双方的实力与谈判能力决定的，其中必然存在一定程度的不公。虽然，在和解与协商的过程中，我们可以通过一定的程序设计，达到最大限度地体现和反映当事人自由意志的效果，但由于和解与协商本质上的局限性，还是无法克服实力最终决定一切的结局。这样的结果难免让我们有些灰心，不过，如果和解与协商总是或者只能产出这样的结果，除非万不得已，人们还会寻求其他的纠纷解决机制，因为和解与协商机制本身毕竟不具有排除其他机制运用的强制性，无法把纠纷和当事人始终锁定在其中不可脱身。而且，如果一味容忍和解与协商在公平与正义的产出上的自然状态，也必将损害这一纠纷机制的生存与发展。

事实上，在一定条件下，对于不公的和解与协商的结果，我们也不是完全无能为力，而且有些时候基于某种考虑，社会也不应对可能不公的结果熟视无睹，也有可能通过以下途径介入到纠纷处理的结果干预中去。

（一）非政府组织

非政府组织①是当今在国际上通行的一个称谓，是相对政府而言的，一般

---

① 笔者认为，非政府组织与非营利组织、民间组织、社会团体等等概念所对应的主体大都是指政府与市场之外的那部分公共领域，概念本身并无楚汉界限之分，只不过因为表述的主体、背景、场合或侧重点的不同而略有差异。

指非政府的、非营利的、带有志愿性的致力于公益事业的社会中介组织。80年代以来，因非政府组织在世界各国的社会经济发展中发挥的作用越来越大，以致被当作是在市场体制企业和国家体制政府之外的第三部门。基于非政府组织具有的植根于民间的特性和非营利性，人们也常把非政府组织称作民间组织或非营利组织。从严格意义上讲，民间组织、非营利组织和非政府组织在概念和性质上还是有一定差别的。如民间组织一般是指非官方的按照一定的宗旨和系统建立起来的集体，具有民间性、组织性和自发性等特征。我国一般采用"民间组织"这一称谓，也有相应的民间组织管理局。目前，政府文件认可的民间组织的范畴主要包括社会团体、基金会和民办非企业单位。根据2005年民政部正式公布的2004年民间组织发展统计报告，截至2004年底，全国（不含港、澳、台）共在民政部登记注册的民间组织有28.9万个，其中社会团体15.3万个，民办非企业单位13.5万个，基金会900个；而在学术界，则经常使用非营利组织（Non-profit organization）简称NPO，是相对营利组织（企业）来说的。非营利组织强调其宗旨的非营利性，而不是不可以营利。各个国家对非营利的界定非常严格，如要求非营利组织的收入不得在会员或组织工作人员中分配，但不排除其工作人员或管理人员为机构工作而得到应得的合理报酬和适当补偿；要求非营利组织的机构在组织解散、终止和清算时，剩余资产不能像企业那样在其成员之间分配，而只能转交给其他公共部门或宗旨相近、性质相似的组织继续用于公益目的；非营利组织在运作过程中，并不排除其经营行为，但要求经营所得利润必须用于公益目的，并应按照税法缴纳所得税和营业税。根据非政府组织的宗旨特点，其代名词还有志愿组织、慈善组织、公益组织以及类似于免税组织、公民社会组织、社区组织等称谓。[①]

从经济学的角度来看，社会经济结构应该划分为三大部门，即：第一部门为政府组织，第二部门为企业组织，而第三部门为非政府非营利组织。这就是所谓的现代社会的"三元结构"。社会学理论认为，人类的社会活动大致包括三大领域，即政治活动领域、经济活动领域和社会活动领域；相应地，社会存在着三大部门，即政治活动领域的政府组织为第一部门，经济活动领域的营利（企业）组织为第二部门，社会活动领域的非政府非营利组织为第三部门。这与经济学的划分是一致的。政府组织作为第一部门提供社会运行所必须的制度

---

① 苗霞："对非政府组织的理性认识"，中国人口网，2006年4月14日。http://www.chinapop.gov.cn/rklt/zttl/t20060414_58501.htm

环境和各种公共政策；企业组织作为第二部门从事生产、运输、贸易等各种经济活动，以营利为目的；第三部门是非政府非营利组织的集合，在志愿的基础上进行社会公益活动，不以营利为目的。自从 20 世纪八九十年代以来，非营利组织发展迅速，影响深远，不仅维护了社会稳定，而且促进了社会经济发展。特别是在动员社会各力量，将大量民间资源用于发展文化、教育、体育、卫生等方面，收益颇为明显。

非政府组织可以成为和解与协商的结果干预主体。一方面，非政府组织的活动主要集中于社会生活领域，其活动范围可以涵盖各种社会纠纷。非政府组织在公共事务管理方面发挥的独特作用，同样可以通过对各种社会纠纷的处理结果的干预加以实现，尤其是在环境保护、劳工权益保护、消费者权益维护等领域。另一方面，计划经济下个人单位化的制度解体，个体直接裸露在各种社会关系中，政府无暇顾及单个主体相互之间的纠纷解决结果，而非政府组织的存在可以直接了解社会成员的具体需求和具体利益，最能代表民众的各种各样的制度需求，合法、有序地表达不同群体的意愿。由于非政府组织是基于价值认同的自愿加入，因此组织内部易于协调，很多原本需要政府解决的问题可能在组织内部就可以协调解决，这样有利于形成和扩大社会共识，使更多的社会成员认可并接受新的社会规则，帮助扩大有效的制度供给。所以，非政府组织可以很好地协调其内部成员之间的利益，是沟通政府与企业、政府与社会、政府与民众之间关系的桥梁、纽带和中介。同时，在面对来自非政府组织外对于其成员在纠纷处理过程中合法权益的侵害，非政府组织也可以通过其超越个人的组织性优势，施加一定的监督和影响。

例如在劳动领域，在目前劳动力严重过剩、劳动者工资待遇普遍偏低的现实状况下，劳动者出于可能失去劳动岗位顾虑，对劳动工资、工伤、社会保障等方面发生的争议和纠纷，大多选择采取激烈程度较低的和解与协商谈判的方式与资方进行交涉。而且即使知道有更强力的纠纷解决机制存在，但不到鱼死网破的时候，他们大多不敢与资方撕破脸皮，还是要通过协商谈判等方式，解决劳资纠纷。但是，劳动者个体显然难以与强势的资方形成和解协商的理想局面。为了防止和避免资方利用其优势地位，在协商与谈判过程中与劳动者一方达成可能损害劳动者利益的和解协议，工会组织就可以介入其中，发挥应有的作用。我国《劳动法》第 30 条规定："用人单位解除劳动合同，工会认为不适当的，有权提出意见。如果用人单位违反法律、法规或者劳动合同，工会有权要求重新处理；劳动者申请仲裁或者提起诉讼的，工会应当依法给予支持和帮助。"再如在消费领域，如果消费者在购买、使用商品或者接受服务时其权益受到侵犯，消费者协会和其他消费者组织就可以根据我国《消费者权益保护法》的相关规定，应消费者的请求，介入弱势消费者一方与强势经营者一方之间进行的协商与谈判，并参与有关行政部门对商品和服务的监督、检查；就有关消费者合法权益的问题，向有关行政部门反映、查询，提出建议；受理消费者的投诉，并对投诉事项进行调查、调解；投诉事项涉及商品和服务质量问题的，可以提请鉴定部门鉴定，鉴定部门应当告知鉴定结论；就损害消费者合法权益的行为，支持受损害的消费者提起诉讼；对损害消费者合法权益的行为，通过大价传播媒介予以揭露、批评。

总体来说，非政府组织在对和解与协商解决纠纷的结果的监督与影响方面，主要可以发挥以下几方面作用：

1. 支持作用

非政府组织虽然不能直接进入到纠纷主体之间，进行面对面的和解与协商，更无法直接干预纠纷主体之间达成的和解与协商协议，但它可以通过向弱势主体提供一定的物质与精神支持，给弱势主体一方坚持不懈的鼓励，使纠纷的和解与协商过程始终笼罩在非政府组织的影响下，迫使强势主体不敢轻视弱势主体的存在，使纠纷的处理结果尽可能接近公平与正义。如在保护消费者权益委员会的介入和支持下，一些纠纷虽然是在消费者与厂商之间以达成和解协议的方式得以解决的，但其处理结果往往比较公平合理。

2. 监督作用

非政府组织所具有的对公共事务的参与功能，使得它能够对危害社会成员的不公正纠纷处理结果具有一定的监督效果。同时，由于非政府组织的相对独立性与自主性，也使其能够不受政府的直接控制，从而对包括政府在内的主体对社会纠纷处理的结果的公平正义发表监督意见。更为重要的是，非政府组织可以参与社会事务的决策，开展与政府的协商与对话，对社会纠纷处理过程中的不公平现象，能够通过影响政府决策和政策制定等方式，间接消除可能影响纠纷公正处理的不利因素。

3. 纠正作用

对于在和解与协商过程中恃强凌弱形成的不公结果，非政府组织虽然不能逼迫强势的主体一方就范，但它可以利用其组织性优势，揭露强势主体的不公平做法，有组织地抵制强势主体在相关领域的活动，迫使其改弦更张，弃恶向善，以保全其在社会政治与经济生活中的整体利益与地位。

当然，以目前的现状观察，中国的非政府组织尚处于发展阶段，社会对其地位、功能和作用的认知程度还比较低，一些有利于非政府组织发展的法律法规和政策等，如培养非政府组织的自主性、提高其资金管理和工作运行的透明度与信用度制度，尚未形成完善的系统的体系；非政府组织的自主意识以及自我生存与发展的能力还相当薄弱，从业人员的总体素质还不高，管理和服务理念相对滞后，服务的技巧和能力有待提高；政府组织之间、非政府组织与政府之间尚未形成有效的沟通渠道和交流机制，限制了它们对社会事务的参与和对政府决策的影响力；非政府组织普遍面临经费匮乏的问题，筹资能力弱，筹资渠道少，严重影响他们的生存和发展。此外，由于各种条件所限，目前非政府组织的活动主要还局限在城市，在广大农村和贫困落后地区，非政府组织的声音还比较微弱。因此，在对各种社会纠纷的参与和监督问题上，我国非政府组织无论是在数量上，还是在其职能、活动的领域等方面，都无法满足社会的需求。但是，非政府组织的性质及其社会功能，对于关于和影响各种社会纠纷结果的公平正义的作用都是具有重要意义的。

（二）行政机关

与其他国家权力相比，行政权具有主动性特征，且在各种社会矛盾面前，其态度具有鲜明的倾向性，同时，某些纠纷的处理还可能直接涉及该领域的行政管理的效能。行政权的这种属性使得行政机关可以主动介入到纠纷处理中去发挥一定的作用。对于行政权可能涉足的各种社会纠纷，行政机关既可以通过发布规范性文件的方式予以主动调整，从面上加以规范；也可以在纠纷发生后，通过具体的行政行为，如行政调查、行政处罚等，对具体的纠纷处理进行间接调处。如医疗纠纷问题既涉及社会公众的生命与健康权利，也关乎国家医疗卫生事业的发展，卫生行政管理机关对发生在患者与医疗机构之间的纠纷可以介入调查处理，而不能听任医疗机构利用其专业技术和经济优势，侵害患者的合法权益，或者通过高额赔偿掩盖其非法医疗行为。

此外，信访机构作为政府专设的处理纠纷与争议的部门，在对纠纷的事后监控方面有着天然的优势。根据我国《信访条例》的规定，公民、法人或者其他组织可以采用书信、电子邮件、传真、电话、走访等形式，向各级人民政府、县级以上人民政府工作部门反映情况，提出建议、意见或者投诉请求，依法由有关行政机关处理的活动。信访人对下列组织、人员的职务行为反映情况，提出建议、意见，或者不服下列组织、人员的职务行为，可以向有关行政机关提出信访事项：1. 行政机关及其工作人员；2. 法律、法规授权的具有管理公共事务职能的组织及其工作人员；3. 提供公共服务的企业、事业单位及其工作人员；4. 社会团体或者其他企业、事业单位中由国家行政机关任命、派出的人员；5. 村民委员会、居民委员会及其成员。对依法应当通过诉讼、仲裁、行政复议等法定途径解决的投诉请求，信访人应当依照有关法律、行政法规规定的程序向有关机关提出。从《信访条例》的规定看，信访机构不属于常规的行政管理部门，不行使某一特定的行政管理职权，其基本职责在于对行政机关和特定单位与个人所实施的行为进行事后的监督，这其中应当包括对上述机构及其人员对于某些社会纠纷的处理结果的事后监督。

与非政府组织干预纠纷的和解与协商结果的情况相比，行政机关对和解与协商处理纠纷的结果干预主要可以通过以下几种行政权进行：

1. 政策规定

行政机关可以通过制定相关具体政策的方式，规定某些协商与和解的结果的效力范围，如行政机关出台关于最低工资标准的规定，限定资方和劳动者之间就劳动工资争议和解与协商解决的最低限度。如果和解与协商的结果低于当地政府规定的最低工资标准，该结果不具有相应的效力，从而使得资方不能利用其经济优势与劳动者任意达成此类和解协议。

2. 检查监督

行政机关还可以通过开展日常的检查监督活动，主动发现某些地方和单位在处理和解决各种社会纠纷过程中的违法违规行为，并提出相应的整改意见，从而干预纠纷的和解与协商处理结果。

3. 责令纠正

对于某些地方和单位在和解与协商处理社会纠纷过程中存在的不公现象，行政机关还可以责令有关单位限期纠正，直接干预已经发生的和解与协商处理的不公结果。

4. 行政处罚

对于严重危害一方当事人合法权益的和解与协商处理的结果，行政机关除有权对纠纷处理本身存在的不公问题加以纠正外，还可以根据相关法律的规定，对有关单位和个人予以行政处罚。

第三章

行政复议机制的强化

第一节　行政复议在我国行政救济制度中的特殊作用

行政复议，是行政机关利用其层级关系功能，处理和解决行改争议，并给予行政管理相对人以法律救济的一项法律制度。在我国的法律体系中，法定的行政救济程序包括行政复议与行政诉讼。与行政诉讼相比，行政复议具有以下几方面特点与优势。

一、处理与解决纠纷更具实效性

通常情况下，人们认为司法解决各种社会争议具有最高法律效力，而且根据司法最终解决原则，司法的解决是最终的结果，任何其他各类纠纷外理机制都不能对司法的裁决再行审议。然而，由于我国司法的独立性和权威性都没有达到理论上的高度，就行政纠纷而言，立案难、审理难、执行难就成为了我国行政诉讼的痼疾。有些时候就连县级政府也能要求当地法院接到行政案件起诉时，须通知当事人先到当地政府处理，政府同意后，法院才能立案；甚至有的县政府干脆下发文件规定几类行政案件法院不能受理。① 事实上，即使法院受理和审理了行政案件，情况又能怎样呢？

相信这样的事情决不是偶然发生的：2001 年 6 月 19 日晚，山东省荣成市玻璃钢车船厂职工郭某，从市内某烟贩处花了 2800 多元钱，买了 40 条红塔山和一条红梅香烟。当郭某带着香烟行至荣成市北大街时，被荣成市烟草专卖局的执法人员查获。执法人员将郭某带回专卖局后，给他做了笔录，扣押了郭某的手机和摩托车，并搜去其身上 800 元钱，随后又到郭某的住处进行了搜查，

---

① 阉捷："土政策拖住民告官的腿"，《中国青年报》2002 年 7 月 31 日。

将郭某自用的十几条香烟搜走，此时，荣成市烟草专卖局没有给郭某办理扣押手续。此后，郭某先后两次按专卖局规定的时间前去等候处理结果，但工作人员均以领导不在家，或以郭某不承认贩卖香烟无法做笔录为由拖延。直至6月29日，郭某才将摩托车和手机取回。2001年9月6日，当郭某再一次来到荣成市烟草专卖局索要被扣香烟及钱款时，工作人员给了他一份处理决定书，认定郭某的行为是"无证运输及经销走私烟"，决定没收卷烟52条，并罚款800元。而郭某称，买这些烟是为了打理人情，办自家事所用。不是经销走私烟，双方遂产生争议。无奈之下，郭某于2001年9月20日向荣成市人民法院提起行政诉讼，请求法院撤销荣成市烟草专卖局的处罚决定，返还扣押款物，认定扣押摩托车、手机是违法行为。2001年10月26日，荣成市法院公开审理了此案，法院支持了郭某提出的诉讼请求。随后，荣成市烟草专卖局向威海市中级法院提出了上诉。二审期间，荣成市烟草专卖局又主动撤诉。2002年1月23日，威海市中级人民法院作出终审裁决："准许荣成市烟草专卖局撤回上诉，双方当事人均按原审判执行。"然而，今年1月30日，荣成市烟草专卖局又下达了第二份处罚决定书，把郭某的行为重新确认为"无证运输卷烟"，处罚改为"收购卷烟41条，罚款1508元"。于是郭某又第二次提起诉讼，3月27日，荣成市法院作出裁定，再一次撤销了烟草专卖局的处罚决定。让人不可思议的是，4月12日，荣成市烟草专卖局又发出了第三份处罚决定。此决定与第二份内容相同。[①]

我国是一个行政权呈较强态势的国家，行政权是国家最主要的权力。长期以来，行政机关与立法机关、司法机关相比，具有更高的权威，更大的影响力，更由于新中国是通过武装夺取政权的方式建立的，长期战争环境的影响，使得立法、司法等国家权力难以得到很好的孕育。新中国成立后，长期的计划经济与极左思想的影响，也使得立法、司法等国家权力没有适宜的发展环境。但对于行政权来讲，多年的军事斗争经验和长期的计划经济体制的大环境等却是它孕育发展的天然温床。在我国的政治体制改革尚未完全成型的客观条件下，指望司法权对行政权形成有效制约无疑是不现实的。但是，上级行政权对下级行政权行使制约却是可能的。因为，我国还是一个官本位的社会，不仅"万般皆下品，唯有做官高"，而且官大一级确实能压死人，所以，由上级行

---

① 马玉峰、冉多文："法院判决不敌行政处罚——被蔑视的法律判决"，《法制日报》2002年6月17日。

政机关审议其下级行政机关作出的行政行为具有天然的优势。更为司法所不能比拟的是，上级行政机关不仅能管事，而且能管人，对下级官员的乌纱还可能握有予夺的大权，使得作出被复议的行政行为的下级行政机关不敢不服、不得不服。

二、解决纠纷快速、成本低廉、处理专业

我国《行政复议法》第22条、第31条规定，除申请人提出要求或者行政复议机关负责法制工作的机构认为有必要的，可以向有关组织和人员调查情况，听取申请人、被申请人和第三人的意见的外，行政复议原则上采取书面审查的办法。行政复议机关应当自受理申请之日起60日内作出行政复议决定；但是法律规定的行政复议期限少于60日的除外。情况复杂，不能在规定期限内作出行政复议决定的，经行政复议机关的负责人批准，可以适当延长，并告知申请人和被申请人，但是延长到的期限最多不超过30日。由于行政复议原则上采取书面审查的方式，实行一级复议制度，不需要上诉审，审查的时间也远少于行政诉讼的时间，而且，行政复议是免费的，行政机关不收取任何费用。因此，其程序比较简单，所用时间比较短，行政管理相对人的各种负担也相对较轻。

同时，现代社会的行政管理具有专业性、技术性强的特点，而行政机关尤其是上级行政机关集中了更多的优秀的专业管理人才，拥有更好的专业技术设备，掌握更为全面和准确的行政管理资料，能在更广泛的范围内调动尽可能多的各种技术和社会资源，对行政复议中所涉及的具体行政事务作出更加准确的判断。

事实也证明，行政复议是解决行政争议、维护民众合法权益的重要途径。据2006年国务院法制办召开的全国行政复议工作会议提供的信息，全国平均每年通过行政复议解决8万多起行政争议，经过行政复议的案件中83.7%的申请人不再提起行政诉讼。

三、能够处理与解决的纠纷范围更广

与行政诉讼不同，行政复议机构与作出行政行为的机构都属于行政机关，甚至都属于行使同种类行政权力的行政机关，不存在行政诉讼中要注意审判权与行政权的界限问题。因此，行政复议的范围比行政诉讼的范围更大。如根据我国《行政复议法》的规定，可行政复议的具体行政行为既包括人身权、财产权，也包括受教育权等；而行政诉讼不能针对受教育权进行。所以，可行政

复议的具体行政行为的范围更大，有些具体行政行为只能复议不能诉讼。

不仅如此，行政复议还可以既审查具体行政行为的合法性，又审查具体行政行为的适当性。由于行政复议不必担心行政诉讼中审判权僭越行政权的问题，因此，行政复议可以对被复议的具体行政行为进行全面审查，既审查其合法性问题，又审查其适当性问题。行政行为的适当性属于行政行为自由裁量权的范畴，是法律赋予行政机关在法定范围内，根据具体情形自主决定具体行政行为内容的一项权力。据不完全统计，我国现行法律、行政法规1200多部，现行有效的地方性法规、地方规章及部门规章约21000件左右。在这个庞大体系中，涉及行政罚款的条款约占95%以上，授予行政机关处罚裁量的条款有90%以上，而且行政处罚裁量条款的用词非常庞杂：在给予处罚或不给予处罚方面，有"应当"或者"可以"的选择权；在处理力度上，有"从轻"、"减轻"、"加重"处罚的选择权；在处理种类与方式方面，有警告、罚款、没收违法所得与非法财物、责令停产停业、暂扣或者吊销许可证及执照、行政拘留等各种单处或并处的选择权；在行为性质认定方面，有"情节轻微"、"情节严重"、"没有造成严重后果"、"造成严重后果"等的选择权；在处罚幅度方面，有下不保底上不封顶的罚款额度、倍数、比例的选择权；此外，还有处罚时限、是否执行的选择权等。① 如此等等，不仅影响了行政执法的权威性和严肃性，也给权力寻租提供了广阔的空间。因此，行政复议中大量的问题都是行政自由裁量权引起的行政行为的适当性问题。行政诉讼由于受合法性审查原则的限制，虽然对显失公正的行政处罚可以依法变更，但毕竟涉及行政自由裁量权而难以把握。但是，行政复议则可以在这方面积极开展工作，行政管理相对人的合法权益也因此能够得到全面的维护。

此外，行政复议还可附带审查部分抽象的行政行为。虽然我国《行政复议法》没有把抽象的行政行为作为单独审查的对象，但行政管理相对人可以在对具体行政行为提请复议的同时，提请复议机关对具体行政行为所依据的国务院部门的规定（不包括国务院部、委员会规章）、县级以上地方各级人民政府及其工作部门的规定（不包括地方人民政府规章）、乡（镇）人民政府的规

---

① 于是，在行政自由裁量权行使的实践中，偷一辆自行车，既可以治安拘留15天，也可以罚款100元了事；涉及虚假宣传的工商行政处罚，按规定罚款额可以在"1万元以上20万元以下"，执法人员先告知当事人要按上限罚款，然后随着当事人找各种关系说情，执法者不断地"给面子买账"，最终罚1万元了事。参见李立："中国行政执法'同案不同罚'能否终结"，《法制日报》2007年12月18日。

定一并进行审查。在我国，行政机关制定颁发的非行政法规、规章类的红头文件，是我国最主要的行政执法依据。例如，据统计，作为行政收费依据的法律法规和规章规定等全国有 7600 多件。其中，严格意义上的法律不过 30 余件，有 400 件左右的是行政法规和规章，其余 7100 多件的行政收费依据都是部门和地方的规范性文件；而 2005 年全国行政事业性收费总额达 4000 多亿元，加上各种基金征收总额 2000 多亿元，人头均摊约为 500 元。① 而且这些规定和红头文件等经常存在违法和相互矛盾的情况，已成为一种壮观的制度性违法现象。如根据吉林省法制办 2005 年对 194 件规章、规范性文件的审查，发现其中的 23 件存在问题，内容违法的现象比较突出，主要表现在越权问题突出、违反上位法规定、规定不适当等问题；② 黑龙江省政府法制办对 2004 年共受理备案各地市政府、省直部门制定的规范性文件 400 件，发现 11 各地市和 18 个省直部门发布的 68 件规范性文件不同程度地存在违法设定行政处罚、违法设定和实施行政许可、违法设定行政强制措施、违法减免税费等情况。③ 还有的部门力图通过制定红头文件为本部门划定垄断性的"势力范围"，为本部门利益争取更多的"合法"根据，尤其是涉及收费权、罚款权、许可权、审批权等方面，往往出现部门之间争论不休的情况。如郑州市法制局在界定行政执法主体时就发现，对血液制品的管理，卫生部门和食品药品监督部门都有权，国家药品管理法和国务院血液制品监督管理行政法规分别都作了规定，他们没办法明确其中到底谁应该是执法主体。据湖南省法制办规范性文件备案审查处负责人讲，根据他们多年审查红头文件的经验，建设部门和交通部门各自制定的红头文件最容易发生冲突，例如在城市公共客运管理问题上，尤其是出租车问题上，两部门争权最厉害。交通部门认为应当搞大交通，包括城市交通和道路交通，都应该由交通部门管理；建设部门则认为，城市交通是按照城市规划布局的，理当由建设部门管理城市交通。④ 2007 年 3 月 13 日，福建省漳州市平和县政府出台的《平和县人民政府办公室关于落实政府行为加大执法力度严格控制初中辍学的通知（摘要）》规定，乡镇、村和教育、劳动、工商、公安、民政、土地等部门对未取得初中毕业证书的青少年不得开具劳务证明，并不得给予办理劳务证、结婚证、驾驶证等。更为荒唐的是，郑州市人民政府

---

① 贺方："收费之乱始于行政依据之乱"，《法制日报》2007 年 11 月 15 日。
② 李立："文件本身违法成为执行障碍"，《法制日报》2006 年 5 月 16 日。
③ 李立："部分'红头文件'存在霸王条款"，《法制日报》2005 年 6 月 27 日。
④ 李立："文件打架让行政管理相对人听谁的"，《法制日报》2006 年 5 月 17 日。

2005 年 4 月 30 日第 142 号令《郑州市再生资源回收管理办法》第 23 条规定："挂有统一编号的再生资源流动收购车和标有统一标识的再生资源专用运输车可以在本市市区通行。"因此，6000 余人加入郑州市再生资源回收利用行业协会，买下统一标志的绿色三轮车和市内通行证。2006 年 8 月 26 日，郑州市政府又发布了《关于禁止人力车、畜力车、人力三轮车、电动三轮车、机械驱动三轮车在市区道路上行驶的通告》，全民禁止三轮车在市区内通行。更为严重的是，2004 年 4 月 6 日，因 30 元高速公路收费问题，哈尔滨市机场路高速公路收费站与 120 急救车双方工作人员发生分歧，一名危重患者被延误一小时救治时间而身亡。急救车到达收费站后，司机出示了 120 急救中心出车命令单和黑龙江省政府三厅局联合下发的《关于 120 急救车辆免征车辆通行费的通知》，要求免费通过，而收费站工作人员则坚持要求其交纳 30 元通行费，依据是黑龙江交通厅和财政厅下发的文件，该文件明确规定了征收范围："除执行任务的军警车辆外一律征收通行费。"[1] 作为政府行政管理重要手段，红头文件是行政活动的依据，具有行政约束力。一些部门乱收费、乱摊派、乱处罚等违法行为之所以屡禁不止，一些地方之所以肆无忌惮地违法行政，往往以这些红头文件为后盾。一些影响较大的新闻事件，如湖南"嘉禾事件"、银川"出租车罢运事件"等，其背后几乎都有一个违法的红头文件。这些问题在目前的行政诉讼制度下都无可奈何，但在行政复议过程中却多少能够起到一定的纠正作用。

四、处理与解决纠纷更彻底

首先，行政复议不仅可以纠正违法的行政行为，而且可以解决导致违法行政行为的原因。例如，某些地方的交通警察违法实施行政处罚，其中一个主要原因是因为当地以罚款多少考核交警。[2] 再如，浙江省三门县工商局 2004 年 1 月制定《2004 年度财务管理若干规定》，将罚没指标由过去的 14 万元提高到 100 万元，并将罚没收入任务与个人奖金挂钩，该局局长还认为"我们的观点是坐位子挣票子，挣不到票子换位子"。[3] 我们如果只是就事论事地单纯处理被复议的具体行政行为，就不能从根本上遏制类似违法行政行为的不断产生，

---

① 周斌，李亮："红头文件何去何从"，《法制日报》2007 年 4 月 1 日。

② 例如，福建省有的地方将罚款作为考核交警第一项指标，导致交警为罚款而罚款。郭宏鹏："福建省人大常委会委员提出建议：不得以罚款多少考核交警"，《法制日报》2007 年 9 月 24 日。

③ 薛子进："罚没下指标 七年涨七倍"，《法制日报》2004 年 4 月 6 日。

也不能从根本上纠正违法行政行为产生的根源。上级行政机关则可以通过对具体行政行为的复议，发现导引违法行政行为发生的政策性源头，并责令予以纠正。

其次，行政复议不仅可以管事，也可以管人。行政复议程序虽然不直接受理行政管理相对人对违法的行政机关工作人员请求处理的申请，但是，在行政复议的过程中，复议机构可以将复议中发现的行政机关工作人员严重违法的情况直接移送给有关部门处理。例如，"据内部资深人士揭露，在安徽省宿州市灵璧县存在着一条严重腐败的'食物链'，首先是交警'吃'司机，'见车就拦，找毛病，罚钱'，'车牌照挂歪、牌照脏的也不放过，鸡蛋也要找出骨头'；然后是交警内部逐级'吃'，大队'吃'中队、正式民警'吃'合同制民警，大队领导为此命令，'必须把钱给我弄来，哪怕你去偷、去抢、去借……'；最后市公安局长王某某'吃'交警队，王某某或其司机'直接找交警财务拿、报'，'把一个交警中队划归县局直管，每月几十万元任务直接往县局交'，故意放风说有转正指标，引诱'大家纷纷托关系找路子给他送东西'。"①

严重违法乱纪的问题，虽然可以通过其他途径得到惩处，但任何基于行政行为的违法行为，都必然要向社会推行，通过一个个违法的具体行政行为加以实现，最先感知这些违法的行政行为的是行政管理相对人，并通过行政救济传递到相关的组织和机构，而救济的组织和机构也比其他行政机关最先获悉这些情况，从而将这些情况直接传递到相应的处理机构，防止这些违法行为蔓延和发展，也可以使这些违法行为及行为人得到及时和彻底的处置。可喜的是，近几年，北京、广东、浙江、江西、国家工商总局、海关总署、司法部、公安部等地方和部门都建立了行政复议意见书、建议书制度。如海关系统近几年发出了368份意见书，反思执法问题，避免重蹈覆辙；江西省建立了行政复议信息和专报制度，将办案中发现的带有倾向性问题或涉及社会稳定等重大事件苗头，及时向本级党委、政府报告，为领导机关提供预警或前瞻性信息，提出改进建议，纠正行政管理偏差。

---

① "世象图解"，《法制日报》2006 年 2 月 20 日。

第二节　行政复议的现状

虽然行政复议制度在我国得到了较大的发展，也取得了明显的成绩，但其中存在的问题仍然阻碍了这一制度的进一步发展和完善。

一、社会认知度差

由于我国行政复议制度仍不完善，社会对行政复议的宣传力度不够，群众对行政复议制度不甚了解，对通过行政复议解决行政争议的信心不强。因此，从总体来看，目前提起行政诉讼的数量仍然不高，包括法律、法规规定行政复议前置的情况在内，也只有 30% 的行政争议申请人选择了行政复议，其余 70% 的行政争议均未经行政复议而直接提起行政诉讼。不仅如此，在行政机关方面对行政复议也抱有消极态度。不少行政机关仍陷在疲于应付信访、忙于应对行政诉讼的被动局面，甚至有的地方和部门不积极受理、审查符合法定条件的行政复议案件，相互推诿、敷衍搪塞。①

二、程序正当性弱

根据《行政复议法》的规定，行政复议通常由其上一级行政机关、作出被申请复议的行政行为的行政主体所属的人民政府以及作出被申请行政行为的行政主体进行，而负责行政复议的机构又是行政机关的所属机构，行政复议的独立性、中立性不强。其次，行政复议主要是通过书面审查方式进行，程序的透明度不高，也容易引发各种误解。行政复议本身就是行政机关自我监督的一种机制，存在自己监督自己的问题，容易造成外界对其程序公正性的怀疑，加上我国行政复议制度的不完善，更使得这方面的问题在实践中被放大。如某地方甚至出现了行政机关的副局长批准行政决定，同一行政机关的正局长负责进行复议的现象。② 而实践中更多的是下级行政机关在作出行政决定前，事先请示上级行政机关协调、审查、把关的情况。如此已被事先"复议"过的行政行为即使日后被行政管理相对人质疑，又怎能在上级行政机关的行政复议中被纠正呢？这无疑会使正常的复议渠道流于形式。

---

① 本报评论员："决不能把合法的行政复议申请拒之门外"，《法制日报》2006 年 12 月 5 日。

② 李立，谢远东："副局长批准　正局长复议：上海一行政诉讼案件集中行政复议软肋"，《法制日报》2004 年 4 月 11 日。

三、行政复议机构不健全

据行政复议方面的统计，87%的行政复议案件中被申请人是地级市以下的行政机关，70%的行政复议案件被申请人是市、县两级政府部门。但是，市、县两级政府的行政复议能力却十分薄弱，机构不健全，编制不到位，队伍不稳定，素质不够高。许多县级政府根本就没有行政复议机构，即使有机构也是一两个兼职人员。① 据了解，宁夏回族自治区近三分之二的县（区）政府的行政复议机构是县政府的挂牌机构，没有编制，没有专门的行政复议办公室，没有专职行政复议工作人员，且大多数由一人兼职，缺乏法律专业知识。尤其是西海固贫困地区，多年来就没有受理过一件行政复议案件，使得许多行政争议未能通过行政复议加以解决，导致涉及行政机关侵权的信访案件逐年上升，行政违法和不当行政行为难以及时纠正。② 因为有的行政争议得不到及时有效地解决，进而引发群众集体上访和群体性事件，影响了社会正常秩序和稳定。一般来说，行政复议机构建设越往下越弱，青海、福建、江西、山东的369个县级政府中，有90个根本没有办理过一起行政复议案件，主要原因不是无案可办，而是无人办案。③

四、行政复议办案质量不高

据国务院法制办统计，2001年，全国经行政复议后当事人起诉到法院的行政诉讼案件共有12113件，法院经审理维持复议决定的有5550件，不到总数的一半。其主要原因有：一是相当一部分行政复议决定在作出决定的时候，过多考虑的是行政机关上下级之间的关系与面子，"官官相护"的问题仍然存在。二是应当给予申请人以行政赔偿的，在作出行政复议决定时，不作行政赔偿的决定。据了解，相当一部分省区市专门用于行政赔偿的财政拨款，其中大部分都没有动用，而是再划转为次年的行政赔偿财政拨款。三是行政复议文书简单粗糙，相当一部分行政复议决定书，对申请人的申请理由，被申请人的答复理由，行政复议机关认定的事实和作出行政复议的理由等不作全面地叙述。④ 如河南省对2006年度的492份行政执法案卷和行政复议案卷进行评查，被评查的案卷分别从18个省辖市政府和省直54个执法部门抽取，问题主要集

---

① 刘莘："让行政复议真正成为有效的纠纷解决机制"，《法制日报》2006年12月7日。
② 周崇华："宁夏近半行政诉讼诉前未经复议"，《法制日报》2007年2月16日。
③ 李立："引领社会通向公平正义和谐"，《法制日报》2006年12月5日。
④ 万学忠："行政复议案件质量不高"，《法制日报》2002年7月26日。

中在：主体不合法，越权审批；实施不清，证据不足；适用法律错误，程序违法；没有遵守处罚分离规定，未注明案件执行情况；案卷不规范或者有弄虚作假的嫌疑；程序和形式上存在瑕疵。[①] 在全国范围内，经过行政复议后又向法院提起诉讼的案件中，法院平均维持率为 58%。一家房地产公司到陕西省咸阳市征地 100 亩，缴纳了各种征地税费。可当地政府不仅多收了 97 万元，还作出决定要求房地产公司再补交其他的名目费用 627 万元。这家外地房地产公司为此要求行政复议，而市政府立案后碍于部门面子，竟采取只对处理决定进行变更，未作撤销决定的方式。结果该房地产公司气愤至极，告到法院，处理决定终被法院依法撤销。[②]

第三节　行政复议与行政诉讼关系的反思

根据我国《行政诉讼法》的相关规定，我国行政复议与行政诉讼之间的关系主要有以下三种主要类型：

第一类，复议与诉讼自由选择型。

这种类型是指根据法律、法规的规定，发生行政争议后，行政管理相对人既可以选择申请行政复议，对行政复议决定不服可以再提起行政诉讼，也可以不经过行政复议直接选择行政诉讼。我国大部分行政法律法规都作了这样的规定。但是，根据我国《行政诉讼法》第 37 条的精神，我国鼓励行政管理相对人优先选择通过行政复议的方式，处理解决其行政争议。2000 年最高人民法院"关于执行《中华人民共和国行政诉讼法》若干问题的解释"规定，如果公民、法人或者其他组织既提起诉讼又申请行政复议的，由先行受理的机关管辖；同时受理的，由公民、法人或者其他组织选择。如果当事人已经选择申请行政复议的，在行政复议程序正常进行过程中，当事人不得向法院提起行政诉讼；但是，如果当事人向复议机关申请行政复议后，经复议机关同意又撤回复议申请，在法定起诉期限内对原具体行政行为不服提起诉讼的，法院应当依法受理。

第二类，复议前置型。

所谓复议前置是指根据法律、法规的规定，发生行政争议后，法律、法规

---

① 李立："逾 70% 行政执法及复议卷面不及格"，《法制日报》2007 年 6 月 14 日。
② 张亚，李立："走向法治政府的清晰足音"，《法制日报》2007 年 10 月 18 日。

规定行政管理相对人应当先申请行政复议，对行政复议结果不服，才可向法院提起行政诉讼，即行政复议是提起行政诉讼的必经程序。如我国《行政复议法》第30条规定："公民、法人或者其他组织认为行政机关的具体行政行为侵犯其已经依法取得的土地、矿藏、水流、森林、山岭、草原、荒地、滩涂、海域等自然资源的所有权或者使用权的，应当先申请行政复议；对行政复议决定不服的，可以依法向人民法院提起行政诉讼。"在规定行政复议前置的同时，为了防止行政机关通过拒绝受理行政复议的手段达到阻碍当事人提起行政诉讼的目的，或者通过将纠纷长期拖延滞留在行政复议阶段的方式，限制当事人提起行政诉讼，2000年行政诉讼司法解释第33条第2款规定："复议机关不受理复议申请或者在法定期限内不作出复议决定、公民、法人或者其他组织不服，依法向人民法院提起诉讼的，人民法院应当依法受理。"

此外，还必须明确的是，只有法律、法规可以规定行政复议前置，其他的规范性文件不得规定行政复议前置，更不得规定必须经过行政机关的批准或者同意才能提起行政诉讼（或者法院才能受理行政诉讼）。

第三类，复议或诉讼择一型。

复议或诉讼择一型是指根据法律、法规的规定，当事人对行政机关作出的具体行政行为如果不服，或者申请行政复议解决纠纷，或者提起行政诉讼解决纠纷；如果选择申请行政复议，则复议机关作出的决定属于终局裁决，当事人不得再行提起行政诉讼。如我国《行政复议法》第14条规定："对国务院部门或者省、自治区、直辖市人民政府的具体行政行为不服的，向作出该具体行政行为的国务院部门或者省、自治区、直辖市人民政府申请行政复议。对行政复议决定不服的，可以向人民法院提起行政诉讼；也可以向国务院申请裁决，国务院依照本法的规定作出最终裁决。"

行政复议与行政诉讼是两大类公力行政救济机制，也是我国处理行政争议最基本的两种制度。根据我国现行法律、法规的规定，虽然行政复议与行政诉讼在处理和解决行政争议过程中，存在上述三种不同的分工形式，但是，除了法律规定由行政机关最终裁决的行政行为外，在其他所有的情况下，行政复议与行政诉讼都可能发生一定的联系。在复议、诉讼自由选择的情况下，当事人可以先申请行政复议，对于行政复议不服的，再行提起行政诉讼；在复议前置的情况下，当事人对于行政复议不服，可以提起行政诉讼。而且，在我国，法律规定由行政机关最终裁决属于一种特殊例外的情况，仅限于很少几部法律的规定，其他绝大部分都属于既可复议、又可诉讼，不服复议再行诉讼的规范模式。因此，在行政复议与行政诉讼之间建立科学合理的衔接关系，不仅能够充分发挥两大行政救济制度的作用，而且能够形成两大救济制度之间的运行合力，完善我国行政救济体系。

反思我国现行行政复议与行政诉讼制度之间的关系，我们可以发现其中存在如下问题：

一、行政复议与行政诉讼之间缺乏科学衔接

囿于我国现行规定的限制，行政复议与行政诉讼之间虽然存在一定连接关系，但缺乏必要的内在程序衔接，在运行上各自为政，重复和浪费比较严重，具体表现在：

（一）行政复议的结果没有在行政诉讼中得到应有的肯定

《行政诉讼法》第 25 条第 2 款规定："经复议的案件，复议机关决定维持原具体行政行为的，作出原具体行政行为的行政机关是被告；复议机关改变原具体行政行为的，复议机关是被告。"根据这一规定，经过复议机关复议并维持原具体行政行为的案件，与未经过行政复议的案件相比，在行政诉讼的程序上未发生任何变化，做出原具体行政行为的行政机关是被告，法庭审理时只要求被告提供做出原具体行政行为的有关材料，而不要求提供和调取复议机关的行政复议案卷及材料。但事实上，在复议过程中，负责复议的行政机关已经依照行政复议法的有关规定，对被申请复议的具体行政行为经过了一次审查和认定，并在此基础上作出了维持具体行政行为的复议决定。虽然，我国现行的行政复议制度存在复议机构中立性不足、复议程序不公开等程序瑕疵，行政复议决定（尤其是维持原具体行政行为的复议决定）可能存在行政机关内部官官相护的情况，但是，行政复议毕竟是我国现行行政救济制度的有机组成部分之一。仅仅因为复议机构作出了维持原具体行政行为的决定，而对行政复议的公正性产生怀疑，并从根本上否定其程序运行的效力，全面否定和拒绝在行政复议程序运作中产生的任何材料，不仅缺乏应有的法理依据，也不能体现和反映被诉具体行政行为已经行政复议救济的客观事实，从而在制度上否定了行政复议制度的应有地位。

从行政救济制度的本质来讲，行政诉讼和行政复议的根本目的在于，监督和保障行政机关依法行使其职权，维护公民、法人和其他组织的合法权益不受违法行使的行政权力的侵害。行政复议虽然是在行政组织内部设立的一种行政救济制度，但其对实现行政救济目的的作用不能抹煞。无论是行政复议机关最

终维持原具体行政行为，还是撤销、改变原具体行政行为，都是其行使法定审查权力的结果。判断一个行政救济行为是否合法、有效，不能简单机械地以其是否作出了有利于行政管理相对人的决定为根本标志，更不能以此为理由，割裂行政复议与行政诉讼之间的有机联系。

行政复议与行政诉讼虽然存在很大的区别，但这两项制度毕竟都属于我国行政救济制度的有机组成部分。在我国法律鼓励当事人对行政争议先行申请行政复议的情况下，会有越来越多的行政争议要经过从行政复议到行政诉讼的过程，如果将这样一个完整的争议处理过程有机组合起来，充分发挥它们对监督保障行政行为依法行使、维护行政管理相对人合法权益的不同作用，对于我国行政救济体系的完善必将产生积极的作用。

（二）行政诉讼的证据制度使得行政复议程序的价值无法体现

现行行政复议与行政诉讼制度在事实审查、证据认定等方面存在重复，割裂了行政复议与行政诉讼的有机联系。根据我国《行政诉讼法》的规定，即使经过行政复议的行政诉讼案件，法院在审理被诉具体行政行为时，也不接受行政复议过程中形成的各种案卷材料，而要对原具体行政行为作出时依据的全部事实和证据等，进行全面审查和重新判断。这一规定，不仅没有体现行政复议应有的地位和作用，割裂了行政复议与行政诉讼的有机联系，也产生了明显的消极影响。在行政诉讼过程中，法院不顾行政复议对有关案件事实已经审查、对有关证据已予以确认的事实，对复议过程中发现和获取的其他并不支持具体行政行为合法性的证据，一并排除出行政诉讼之外，对所有涉案事实和证据都重新展开调查和认定。这种做法，不仅无视诉前已经结束的行政复议程序的存在，也不考虑诉前行政复议过程对被诉具体行政行为所依据的各种事实和证据审查判断的结果，客观上造成了司法资源的无谓浪费，造成了诉讼的拖延和当事人诉讼负担的增加。

2000 年行政诉讼司法解释第 31 条第 2 款规定："复议机关在复议过程中收集补充的证据，不能作为人民法院维持原具体行政行为的根据。"最高人民法院《关于行政诉讼证据若干问题的规定》第 61 条也规定："复议机关在复议程序中收集和补充的证据，或者作出原具体行政行为的行政机关在复议程序中未向复议机关提交的证据，不能作为人民法院认定原具体行政行为合法的依据。"司法解释的规定是为了防止和避免复议机关通过收集补充证据来弥补和修正被诉具体行政行为的不足，危害行政行为的严肃性，因此，法院对复议过程中收集补充的支持具体行政行为合法性的证据，不作为认定被诉具体行政行为合法性的根据。但同时，如果将复议过程中发现、获得的所有证据材料一概排除出行政诉讼之外，可能发生倒洗澡水时将洗澡的孩子一并泼出的问题。从上述司法解释的规定可见，在行政诉讼过程中，并不是完全不能接受行政复议过程中形成的材料，行政复议材料也不是不能进入到诉讼程序中来，只是为了确保行政机关依法正确行使其行政权力，排除了将部分有碍法院正确行使行政审判权力的部分证据作为认定被诉具体行政行为合法的依据。

如前所述，与行政诉讼相比，行政复议具有专业与技术等资源优势，行政复议机关也具有较丰富的特定领域的行政管理经验，因此，在争议事实的认定、涉案证据的审查判断等方面，行政复议具有更强的专业优势。如果能将行政复议的这种优势科学地引入行政诉讼程序，不仅可以节约诉讼时间与费用，也有助于提高诉讼在实体事实认定上的公正性。从技术层面讲，行政复议过程中依法认定的案件事实，收集整理的涉案证据，应该可以作为行政诉讼的证据材料，由法院结合其他案件证据材料，依法审查，综合判断。根据《行政复议法》的规定，行政复议虽然采用书面审查原则，但在行政复议过程中，根据申请人的要求或者行政复议机构认为有必要的，还要向有关组织和人员调查情况，听取申请人、被申请人和第三人的意见。在行政复议实践中，湖北、黑龙江等省还将听证引入行政复议过程，湖北省还引入专家论证咨询制度，成立了省政府行政复议专家顾问小组，聘请 5 至 7 名高水平法律专家，作为行政复议专家组成员，进一步提高了行政复议案件的办理质量。[1]

行政复议虽然不能对所有的行政争议作出具有最终法律效力的裁决，但对于一个具体纠纷而言，诉前进行的行政复议也并不是没有任何意义。经过行政复议当事人服从行政裁决不再起诉，固然是行政复议的积极作用体现；虽经努力而当事人仍不能接受行政复议的结果，也并不完全是行政复议工作的失败。据统计，自行政复议法实施以来，全国平均每年通过行政复议解决 8 万多起行政争议，经过行政复议的案件中，83.7% 的申请人不再提起行政诉讼；对行政复议决定不服又提起行政诉讼的案件中，有 76.4% 得到了法院的支持或者申请人撤诉。[2] 而且，行政复议决定不具有最终法律效力也并不意味着行政复议活动全部无效，且不说法院经诉讼支持行政复议决定的情况，即使法院经诉讼作出了与行政复议决定不同的判决，也只能说明行政复议的决定存在错误，并

---

① 刘莘："让行政复议真正成为有效的纠纷解决机制"，《法制日报》2006 年 12 月 7 日。

② 本报评论员："决不能把合法的行政复议申请拒之门外"，《法制日报》2006 年 12 月 5 日。

不等同于行政复议在事实认定、证据的审查判断、法律的适用依据等方面都存在错误。

事实上，在行政诉讼中，法院也不是完全只凭行政机关做出具体行政行为时依据的事实和证据进行审判，而屏蔽包括行政复议过程中收集的证据在内的其他一切证据。根据法律规定，在诉讼过程中，必要时法院还可能要求被告补充提供证据，如《行政诉讼法》第34条规定："人民法院有权要求当事人提供或者补充证据。人民法院有权向有关行政机关以及其他组织、公民调取证据。"最高人民法院《关于行政诉讼证据若干问题的规定》第2条也规定："原告或者第三人提出其在行政程序中没有提出的反驳理由或者证据的，经人民法院准许，被告可以在第一审程序中补充相应的证据。"例如，在公民、法人或者其他组织起诉被告不作为的案件中，被告认为原告起诉超过法定期限的，被告承担举证责任。如果上述证据已经复议机关要求在行政复议过程中被提出，并经复议机关依法认定，在诉讼过程中，法院则不必要求行政机关重复提供，可以从移送法院的行政复议案卷中直接调取。

需要强调的是，为了保证做出具体行政行为的行政机关依法正确行使其职权，复议机关在复议过程中收集补充的证据，不能作为人民法院维持原具体行政行为的根据。

二、行政复议前置的法理基础不足

从处理行政争议的总体程序设计上讲，复议前置是在行政诉讼之前要求当事人必须将行政争议提请行政复议的一种强制性规定。其理论根据是，有些行政问题有很强的专业性或技术性，而行政复议机关的裁决人员是行政方面的专家，由行政复议机关对有关的行政问题进行审查，有利于弄清问题并说服当事人，从而较好地化解纠纷。如果当事人认为行政复议机关的裁决不公正，还可以请求司法救济。[①] 但是，复议前置的这些理由和好处都不足以说明其剥夺当事人直接诉讼的权利的正当性。

任何一种纠纷解决机制都不仅涉及当事人的实体权利，也关乎当事人的程序权利，应当由当事人酌情自主判断和选择。强制规定复议前置，事实上剥夺了当事人的这种自主选择的权利。如果一种纠纷解决机制确实有利于纠纷的正确处理，并能够减轻当事人利用这种机制解决纠纷的负担，当事人基于趋利避

---

① 马怀德主编：《行政诉讼原理》，法律出版社2003年版，第355页。

害的考虑，自然会主动选择该种纠纷解决机制处理和解决其纠纷。但是，这并不能成为强迫当事人接受该种纠纷解决机制，或者代替当事人选择该种纠纷解决机制的理由和根据。如果当事人不得不因此先经过行政复议程序，然后才能进入行政诉讼，结果就是不仅没有减轻反而加重了当事人的负担，也增加了行政争议处理的整体过程上的繁琐性。

行政复议优于行政诉讼的实际优势，要通过具有说服力的实际结果予以体现，并通过当事人的自愿选择加以实现。在目前行政复议的权威性与公正性尚不为全社会完全认同的情况下，简单机械地规定某些行政争议必须先行复议，然后才能诉讼，不仅达不到鼓励当事人主动选择行政复议的目的，反而引发社会的逆反心理，客观上也起不到促进行政复议不断改善与提高的效果。

其实，在目前情况下，虽然法律鼓励当事人选择行政复议方式处理和解决其行政争议，同时强制规定复议前置迫使当事人首先通过行政复议方式处理和解决其行政争议，但是，不仅当事人主动选择通过行政复议方式的热情不高，行政复议机关对用行政复议方式处理和解决行政争议也不甚积极。前已述及，统计显示，在当事人可以自由选择纠纷解决机制的情况下，只有30%的案件在行政诉讼前经过了行政复议，这还包括那些必须复议前置的案件。而行政复议机关也对此兴趣不大：截止到2006年底，青海、福建、江西、山东的369个县级政府中，有90个根本没有办理过一起行政复议案件；甚至有的地方和部门不积极受理行政复议案件，即使审查符合法定条件的行政复议案件，也相互推诿、敷衍搪塞。这一现象的存在，既有认识上的问题，更有体制上的问题。在地方GDP的压力和采用单一经济指标考核干部政绩的政策引领下，政府公司化、权力利益化现象已成普遍化态势，行政复议处在这样一种环境下更加凸显其不和谐和尴尬，行政复议案件也就成为了一块烫手的山芋。行政争议不仅不收费，不能给地方经济产生直接的作用，而且其运作还要花钱，难以得到地方政府及其官员的重视；更主要的是，在具体行政复议过程中，复议机关如果不坚持原则，一味官官相护、敷衍搪塞，则其决定在复议以后会被当事人诉至法院予以纠正；复议机关如果严格依法办案，则必然要面临"自我革命"，承担得罪本系统或者本部门领导和同事的风险。如在山东省，全省行政复议纠错率平均在45%以上，[①] 这样的纠错比率对于行政复议机关及其复议工作人员而言，无疑是一种巨大的压力和挑战，这也是为什么许多地方不重视行

---

① 李立："引领社会通向公平正义和谐"，《法制日报》2006年12月5日。

政复议，不愿意受理行政复议案件的重要原因之一。

从现行立法的规定看，我国立法中关于复议前置的规定主要有《行政复议法》第 14 条、第 30 条的规定："对国务院部门或者省、自治区、直辖市人民政府的具体行政行为不服的，向做出该具体行政行为的国务院部门或者省、自治区、直辖市人民政府申请行政复议。对行政复议决定不服的，可以向人民法院提起行政诉讼；也可以向国务院申请仲裁，国务院依照本法的规定作出最终裁决。""公民、法人或者其他组织认为行政机关的具体行政行为侵犯其已经依法取得的土地、矿藏、水流、森林、山岭、草原、荒地、滩涂、海域等自然资源的所有权或者使用权的，应当先申请行政复议；对行政复议决定不服的，可以依法向人民法院提起行政诉讼。"《专利法》第 41 条的规定："国务院专利行政部门设立专利复审委员会。专利申请人对国务院专利行政部门驳回申请的决定不服的，可以自收到通知之日起三个月内，向专利复审委员会请求复审。专利复审委员会复审后，作出决定，并通知专利申请人。专利申请人对专利复审委员会的复审决定不服的，可以自收到通知之日起三个月内向人民法院起诉。"《税收征收管理法》第 88 条的规定："纳税人、扣缴义务人、纳税担保人同税务机关在纳税上发生争议时，必须先依照税务机关的纳税决定缴纳或者解缴税款及滞纳金或者提供相应的担保，然后可以依法申请行政复议；对行政复议决定不服的，可以依法向人民法院起诉。"《审计法实施条例》第 46 条的规定："对地方审计机关作出的审计决定不服的，应当先向上一级审计机关或者本级人民政府申请复议；对审计署作出的审计决定不服的，应当先向审计署申请复议。"

上述关于复议前置的各项规定中，除专利纠纷可能涉及专业科学技术领域的内容，其专业性较强，处理的难度与复杂性比较大以外，其他纠纷如自然资源所有权、使用权纠纷，本身也属于民事法律规范的内容；税收、审计等纠纷虽然也具有一定的专业性，但不足以成为法院审判的实质性障碍；而对国务院部门或者省、自治区、直辖市政府做出的具体行政行为不服，必须先行复议后才能诉讼，更完全是一种行政面子问题，或许在某种程度上还是行政权优于审判权的习惯性思维作祟，毫无科学理由和根据。

三、行政终局裁决权的设定有损行政管理相对人的合法权益

行政终局裁决是指根据法律规定，某些行政纠纷经过行政机关复议后即发生最终的法律效力，当事人不得再行提起诉讼。《行政诉讼法》第 12 条规定："人民法院不受理公民、法人或者其他组织对下列事项提起的诉讼：……

（四）法律规定由行政机关最终裁决的具体行政行为。"

根据现行法律的规定，行政终局裁决行为主要有以下几种情形：

1. 《外国人入境出境管理法》第 29 条规定："对违反本法规定，非法入境、出境的，在中国境内非法居留或者停留的，未持有效旅行证件前往不对外国人开放的地区旅行的，伪造、涂改、冒用、转让入境、出境证件的，县级以上公安机关可以处以警告、罚款或者十日以下的拘留处罚；情节严重，构成犯罪的，依法追究刑事责任。受公安机关罚款或者拘留处罚的外国人，对处罚不服的，在接到通知之日起十五日内，可以向上一级公安机关提出申诉，由上一级公安机关作出最后的裁决，也可以直接向当地人民法院提起诉讼。"

2. 《公民出境入境管理法》第 15 条规定："受公安机关拘留处罚的公民对处罚不服的，在接到通知之日起 15 日内，可以向上一级公安机关提出申诉，由上一级公安机关作出最后的裁决，也可以直接向当地人民法院提起诉讼。"

3. 《行政复议法》14 条规定："对国务院部门或者省、自治区、直辖市人民政府的具体行政行为不服的，向作出该具体行政行为的国务院部门或者省、自治区、直辖市人民政府申请行政复议。对行政复议决定不服的，可以向人民法院提起行政诉讼；也可以向国务院申请裁决，国务院依照本法的规定作出最终裁决。"

4. 《行政复议法》第 30 条规定："公民、法人或者其他组织认为行政机关的具体行政行为侵犯其已经依法取得的土地、矿藏、水流、森林、山岭、草原、荒地、滩涂、海域等自然资源的所有权或者使用权的，应当先申请行政复议；对行政复议决定不服的，可以依法向人民法院提起行政诉讼。根据国务院或者省、自治区、直辖市人民政府对行政区划的勘定、调整或者征用土地的决定，省、自治区、直辖市人民政府确认土地、矿藏、水流、森林、山岭、草原、荒地、滩涂、海域等自然资源的所有权或者使用权的行政复议决定为终局裁决。"

根据以上几种情形分析，行政终局裁定行为从主体上划分，一类是由公安机关做出的具体行政行为；另一类是由国务院或者省、自治区、直辖市人民政府做出的具体行政行为。从内容上划分，一类是公安机关对于违反出入境管理问题作出的拘留决定；另一类是国务院对不服国务院部门或者省、自治区、直辖市人民政府做出的具体行政行为所作的复议决定，根据国务院或者省、自治区、直辖市人民政府对行政区划的勘定、调整或者征用土地的决定，省、自治区、直辖市人民政府确认土地、矿藏、水流、森林、山岭、草原、荒地、滩涂、海域等自然资源的所有权或者使用权的行政复议决定。从形式上划分，一类规定了相对人具有选择行政途径救济和司法途径救济的权利，相对人一旦选择了行政途径救济，就无法寻求司法途径救济；另一类规定了相对人仅有行政救济权而无司法救济权。

分析我国关于行政最终裁决权的规定，不难发现，这些行政终局裁决的作出或者直接涉及公民的人身权利，或者涉及公民、法人或者其他组织的财产权利，尽管这些决定有些是国务院作出的，或者是省、自治区、直辖市人民政府作出的，但均不涉及国家重要机密，也不影响国家安全。即使是"国务院或者省、自治区、直辖市人民政府关于行政区划的勘定、调整或者征用土地的决定"，或许会涉及比较宏观的政策性问题，具有一定的政治性因素，但由于这些问题已经涉及到具体集体组织土地的征用和公民、法人或者其他组织的自然资源所有权或使用权等重大财产权利的得失，也不应剥夺行政管理相对人获得司法救济的权利。

以目前全国普遍存在的土地违法行为为例，"据国土资源部执法局介绍，当前，凡是性质严重的土地违法行为，几乎都涉及政府，一些本该负有监管责任的地方政府，却成了土地违法的主体。而来自国务院有关权威部门的一份调研报告显示，在一些地方政府，土地直接税收和城市扩张带来的间接税收占到了地方预算内收入的40%，而土地出让金净收入更是占了政府预算外收入的60%以上。一位不愿意公开姓名的专家举例说，从1999年至2003年，浙江省共征地6.1万亩，在经批准使用定额71892亩的建设用地中，征用土地占75%，而类似的情形在东部沿海地区普遍存在。这位专家指出，土地'农转非'将地方政府以地谋财的权限扩大到了极致，地方政府正是靠着这种行政权力，垄断着农民集体土地从征地到供地的全过程。中国社科院法研所研究员莫纪宏指出：'地方政府用很低的成本将农用地征用后，再卖给房地产开发商，至少可以获利10倍。'在如此巨大的暴利的驱使下，因非农建设占用耕地，全国失地农民超过4000万人，其中完全失去土地、没有工作的农民至少在1000万以上。"[①] 有关调查显示，大约46%的失地农民失地后生活水平下降，他们既不享有土地的保障，也不享有城市居民那样的社会保障，处于社会保障的真空地带，由此引发诸多社会矛盾。广东省国土资源厅的调查显示，近

---

① 郄建荣："突击批地：警惕'土地财政'末路狂奔"，《法制日报》2006年10月26日。

年农民因失地上访的数量逐年增加,而且重复上访率高,劝返难度大。[1] 土地的纠纷问题固然与我国长期形成的不公的土地管理制度有关,但也与我国将此类问题交由行政最终裁决不无关系。离开了司法的监督,尤其是避开了行政管理相对人通过诉讼救济的方式将这些违法的土地行政行为曝光在全社会的监督之下,任由违法的土地行政管理行为笼罩在行政权力范围内,是酿成这些问题产生、发展和蔓延的根本所在。其实,先哲们早就发现,"权力得不到制约必然导致滥用","自己不能成为自己案件的法官"。缺乏行政诉讼的监督制约机制而听任行政机关自己作自己的最终裁决,类似的政府土地违法行为就必然发生,也不可能被根绝。

第四节   行政复议与行政诉讼关系的重构

为了充分体现行政复议和行政诉讼的特色和功能,发挥其在行政争议解决过程中的独特作用,应当重构行政复议与行政诉讼关系。具体设想如下:

一、建立行政复议与行政诉讼之间的程序对接关系

行政复议与行政诉讼虽然分属于两种完全不同的法律制度,分别由两种不同的国家公权机关主持进行,但从处理和解决行政纠纷而言,两者有着共同的意义和作用,都属于我国行政救济制度的有机组成部分。虽然基于司法最终解决原则的精神,行政诉讼对于行政争议的解决具有最终和最高的法律效力,但与行政诉讼相比,行政复议在处理与解决行政争议方面,也有其独特的地位与作用,具有行政诉讼所不具有的优势。行政复议是我国行政领域内的一项法定救济制度,具有一定的严肃性,虽然一般情况下法律规定行政管理相对人如果不服行政复议决定,可以依法向法院起诉,但不能因此而否定行政争议已经行政复议的事实。经过行政复议后诉至法院的行政纠纷,与未经行政复议而直接诉至法院的行政纠纷相比,前者诉前已经由具有法定复议权的国家行政公权组织依据法定行政复议程序,对纠纷涉及的有关案件事实已经进行了必要的调查核实,对涉案的证据也进行了一定的审查判断。如果将两者不作任何区别地同等看待,所有的工作都从头做起,不仅不能体现行政争议已经行政复议的事实,而且全面否定了诉前行政复议的所有工作,客观上也会造成部分工作上的

重复，增加当事人讼累，拖延诉讼时间，浪费司法资源。

因此，应当建立行政复议与行政诉讼之间程序上的对接关系，实行行政复议案卷材料的移交制度。经过行政复议的案件，行政管理相对人不服复议决定又提起行政诉讼的案件，不论复议机关对于原具体行政行为作出了怎样的决定，法院除要求作出原被诉行政机关提出做出原具体行政行为时所依据的有关材料外，还可以要求复议机关移交复议过程中形成的各种复议材料，以供法院在诉讼过程中参考。借此机会，法院还可对行政复议活动的合法性、正确性进行必要的监督，就所发现的复议活动中存在的各种问题向复议机关提出改进建议，以提高行政复议的权威性。

实行程序对接关系的意义，具体来说有以下几方面：

其一，可以督促和监督行政复议工作，提高行政复议的水平与质量。

由于行政复议后行政管理相对人如果不服，还将可能提起行政诉讼，行政复议的案卷材料也要随之移送到法院，而法院的诉讼活动依法将公开进行，行政复议的过程以及行政复议机关对事实的认定和证据的审查判断等活动不仅将被展示在法庭上，也将被公之于众，对于行政复议机关及其负责复议工作的人员来讲，无疑平添了一种来自法院和社会方面的监督压力，客观上会促使负责行政复议工作的人员增强其责任心，提高复议工作的水平与质量。

其二，有利于诉讼经济。

据统计，2003 年至 2006 年，全国法院受理的行政复议后又起诉的案件中，平均维持率为 58.4%。[①] 根据这一事实，我们可以直接得知，在 58.4% 的行政复议案件中，行政复议机关作出的行政复议决定被法院依法认可；据此我们也可以间接得知，在这 58.4% 的行政复议案件中，行政复议机关对于案件主要事实的认定、涉案基本证据的审查判断，以及规范性文件的适用是基本正确的。对于 58.4% 以外的其他案件，虽然法院没有判决支持行政复议机关作出的裁决，但并不能证明法院在诉讼中对于案件事实的认定和涉案证据的审查判断，与行政复议机关的认定与判断完全相左。而且，有些事实和证据，本身就是当事人自认的事实或者是当事人之间无争议的证据，无论是行政复议机关还是法院，都不会作出相反的判断。还有些事实，如果在行政复议过程中已经作过鉴定，基于行政机关所拥有的技术和资源优势，具有更高的证明力。

---

① 李立："行政复议案 87% 市县政府化解"，《法制日报》2007 年 9 月 3 日。

对经行政复议后诉讼到法院的行政案件，行政复议机关向法院移交行政复议案卷后，可以帮助法院更加快速地了解案件事实，尽快发现和集中案件争点，并将诉讼活动集中组织到行政复议后仍存在争议的问题上。当事人也可以只对行政复议后仍存争议的问题展开各项诉讼活动，避免重复提交各种诉答材料，减轻当事人讼累。整个诉讼活动都将在行政复议的基础上展开，围绕行政复议后仍未了结的问题开展各种诉讼活动。

其三，提升行政复议的权威性。

通过行政复议案卷材料的移交，行政复议与行政诉讼之间建立了一定的对接关系，在行政复议过程中的活动，将可能通过行政复议案卷材料的移交延续到行政诉讼过程中来。行政管理相对人也就不会因为复议不成还可诉讼，而藐视行政复议的效力，把复议过程形式化，把行政复议当成走过场。行政复议当事人因此也会更加重视行政复议的各项活动，更加慎重地对待其在过程中的各种言行，客观上也就提升了行政复议的权威性。

其四，有助于合力打造行政救济制度完整体系。

根据我国法律的明确规定，在绝大多数情况下，行政复议与行政诉讼存在先后次序的关系，行政复议后当事人如果不服还可以提起行政诉讼。但在现行行政救济制度及其法观念的影响下，人们将这种次序关系仅理解为时间上的先后和效力上的不同，而未作必要的法律上的研判，无视行政复议与行政诉讼在具体纠纷处理过程中的实际衔接，把行政复议与行政诉讼僵化为相互独立、各自为政的两种平行制度，使得在行政诉讼之前实际已经进行的行政复议在法律上化为乌有，无论行政复议过程如何、结果好坏，也不管行政复议制度作了何种努力，只要行政管理相对人不服行政复议决定又提起行政诉讼的，则在此之前经过的行政复议都不具有任何实际的法律意义。这种状况不仅会严重挫伤行政复议机构的积极性，也必将损害行政复议制度的发展。

将行政复议过程中正确的内容通过诉讼程序加以吸收和利用，不仅是必要的，而且也是可行的。若能如此，行政复议与行政诉讼作为我国行政救济的两大法律制度，在处理和解决行政争议方面不再各自为政，而是通过行政复议案卷移交的形式建立起必要的对接，让行政复议的资源为诉讼共享，让行政诉讼对行政复议产生反馈，使两者形成一定的纠纷解决的合力，并藉此使两大救济制度之间产生一种良性互动，协调组合成我国行政救济制度的完整体系。两种救济制度共同作用，不仅可以为行政纠纷提供更多的救济途径，也可以从不同的方面利用不同的优势，为各种不同性质的行政纠纷的妥善解决开辟切合实际的处理和解决之道。

根据以上分析，笔者认为，无论法院在诉讼过程中对行政复议机关作出的复议决定是否支持，但对于在行政复议阶段已经行政复议机关依法调取的证据，除非确有必要，不必另行调查获取，尤其是由国家有关部门保存而须由行政机关或者法院依职权才能调取的证据材料；需要到异地调取的证据材料；已经采取证据保全措施的证据材料等，此外，根据最高人民法院《关于行政诉讼证据若干问题的规定》第 62 条规定的精神，对在行政复议过程中所作的鉴定结论，除非原告和第三人提出证据证明有下列情形之一的，法院不再另行组织鉴定，并依法直接采信该鉴定结论：（1）鉴定人不具有鉴定资格；（2）鉴定程序严重违法；（3）鉴定结论错误、不明确或者内容不完整。当然，复议机关在复议程序中收集和补充的证据，无论法院是否支持复议机关的复议决定，均不可作为法院认定原具体行政行为合法的证据。

二、允许行政复议与行政诉讼被自由选择

发生行政争议后，在行政复议与行政诉讼之间选择何种纠纷解决机制，完全交由当事人自愿决定，法律不作强制规定。因为，对救济机制的选择本身是当事人的一项权利，法律不可剥夺当事人的这一自由选择权利，更不应通过行政复议前置的方式，预设当事人接近司法的前置环节，阻断当事人直接寻求司法救济的权利，增加当事人寻求司法途径解决行政争议的成本。应该说，在处理和解决行政争议的全面性、彻底性和经济性等方面，行政复议比行政诉讼具有明显的优势。因此，如果行政复议机制健全，行政复议裁决真正树立了权威性并取得社会认知，当事人自然会首选通过行政复议方式处理和解决其行政争议。反之，强制设置行政复议前置程序以迫使当事人通过行政复议方式解决纠纷，反而适得其反，既不能促进行政复议制度的改善，也不能赢得社会的认同和接受。

事实上，即使通过复议前置机制处理和解决的各种行政纠纷，当事人如果不服，最终仍然要进入到诉讼程序，要由司法审判作出具有最终法律效力的裁判。因此，即使必须复议前置的行政纠纷，其专业性程度也未成为行政诉讼的障碍，也不影响法院对于此类行政纠纷依法作出最终的裁判。而且，从现行规定看，如果经复议后复议机关作出维持原具体行政行为决定的，在行政诉讼中仍然只能以作出原具体行政行为的机关为被告，法院仍然以审查原具体行政行为是否合法为审判对象，行政复议过程中所形成的案卷及其材料并不能进入到行政诉讼程序中去，那么，无论此前进行的多么专业的前置程序对于后续的诉

讼又有何意义呢？

因此，要实现法律鼓励通过行政复议方式处理和解决行政争议的目的，真正体现和发挥行政复议在处理和解决行政争议过程中的独特作用，不能仅靠复议前置等强制性规定，而必须首先完善行政复议救济机制，加强行政复议法制建设，在行政复议体制上和行政复议机制上构建和塑造行政复议的中立地位与公正形象，并通过高水平的行政复议实践，赢得社会的尊重和信任，使更多的行政争议通过行政复议的方式得以妥善处理。

三、限制行政终局裁决权的适用范围

从各国行政诉讼的立法实践来看，起初不少国家在立法上都有类似最终裁决的规定，但随着行政诉讼实践的发展，"最终裁决"的含义有了一些变化。[①]如法国法律曾规定关于发放执照之权力机构的裁决"应不受任何行政或司法的审查"，但法国行政法院将这一规定解释为并不排斥对合法性原则的尊重而进行的审查。[②] 美国最高法院判例认为，应把"最终""理解为行政程序的终结，而不是全部或者部分地取消获得司法复审的权利。"[③] 由于行政终局裁决权与行政诉讼受案范围之间的反比关系，从加强对公民权利的保护和监督行政机关依法行政出发，各国或通过立法或通过判例，不断缩小了行政终局裁决权的范围。

目前，虽然各国行政诉讼立法都有范围不同的行政终局裁决权的规定，但都有以下的共同原则：第一，行政终局裁决权的范围不能由行政机关自己设定，而必须依立法或依判例确定；第二，行政终决裁决权的范围原则上只限于"涉及国家安全的行为"或机构内部的行为；第三，只要涉及公民个人的权利义务，原则上就不能设定行政终局裁决权；[④] 第四，如果一个行政行为涉及到公民的权利义务，而又要求保留有行政终局裁决权，必须有充分的正当理由。如某一类行政行为涉及国家重要机密，一旦进入诉讼，将会严重危害国家利益；某一类行政行为不可能或者极少可能侵犯行政管理相对人的利益；某一类行政行为专业性极强而且非常复杂，以致于使法官的审查徒

---

① 林莉红著：《行政诉讼法学（修订版）》，武汉大学出版社2004年版，第82页。

② 江必新：《行政诉讼问题研究》，中国人民公安大学出版社1989年版，第61页。

③ 《美国最高法院判例》第349卷，第48页。转引自［美］伯纳德施瓦茨《行政法》，群众出版社1986年版，第404页。

④ 根据公民的权利在任何时候都不能限制或剥夺的宪法原则，现代法制国家在设定行政终局裁决权时，一般以是否影响公民权利义务为设定标准。

劳无益；某一类行政行为已有近乎司法程序的行政程序作保障，行政系统内部已有充分的能确保公正的救济手段；或者因不可抗力事件使得司法救济成为不可能。

域外各国在限制行政终局裁决权方面的实践和经验，值得我们借鉴。

第四章

诉讼机制的改良

第一节　诉讼机制的可接近性

在国家建立之后，公力救济已成为一项基本的法律制度。当社会成员之间的民事关系发生不能自行调和与解决的争议，或者社会成员的合法权益受到侵犯时，国家通过专门的机关，制定专门的规范，公平地解决他们的争议。这种设置既是为了维护国家统治和社会公共秩序的需要，也是现代国家的每个社会成员对国家所享有的一项权利，即获得国家司法保护或司法救济的权利。因此，对社会主体起诉权利的保护，是现代国家的一项主要的职能，所谓有冤有处申，有难有处解决。

一、我国起诉权制度保护的不足

（一）我国起诉权保障制度供给的不平衡

在大陆法系的德国、日本等国，起诉权是一种基本人权早已形成共识；在我国，也有学者认为，起诉权符合基本人权的特征，应当纳入基本人权保护的范畴。[①] 但从我国目前的民事诉讼立法和实践情况观察，公民起诉权的保护尚不完善。

1. 公民的起诉权屡受法外限制。我国《民事诉讼法》第 3 条规定："人民法院受理公民之间、法人之间、其他组织之间以及他们相互之间因财产关系和人身关系提起的民事诉讼，适用本法的规定。"从该条规定看，起诉的范围比较宽泛，凡是涉及人身关系和财产关系的纠纷均可向法院起诉。但在实践中，不仅各地、各级法院都在制定各种有关的规定，限制当事人向法院提起诉讼，

---

①　左伟民等著：《诉讼权研究》，法律出版社 2003 年 8 月版，第 5 页。

各地方政府也经常以各种方式向法院施加影响，阻止法院对某些诉讼案件的受理和审理，尤其是那些涉及面广，影响比较大的案件，更容易受到来自地方政府的干扰和控制。

2. 起诉条件的规定对原告起诉要求过苛。依民事诉讼理论，起诉阶段原告行使的是程序意义上的诉权，法院也只是审查原告的起诉是否具有程序意义上的诉权，以确保把真正有争议的民事关系和合格的案件当事人纳入到诉讼中去。从程序设计可见，由于法院对原告起诉的审查只限于形式审查，法院在该阶段对原告起诉的审查方式，并不具备必要的正当程序要求，故法院在这个阶段的审查不能涉及对原告起诉内容的实质审查，否则当事人的权益易受非法行使的司法权的侵犯。根据我国《民事诉讼法》第108条的规定，"起诉必须符合下列条件：（一）原告是与本案有直接利害关系的公民、法人和其他组织；（二）有明确的被告；（三）有具体的诉讼请求和事实、理由；（四）属于人民法院受理民事诉讼的范围和受诉人民法院管辖。"民事诉讼法所规定的这些必备条件，是对程序意义上诉权的具体化，也是法院审查起诉是否具备程序意义上诉权的基本依据，也只应当是形式条件。但是，由于法律的上述规定比较笼统，缺乏具体的规范，学理上的认识又没有成为司法者共同的话语基础，造成法院在这个问题上的自由裁量权过大，事实上造成原告尚未与被告面对，先要与法院就起诉是否合法"打官司"的尴尬局面。

3. 原告的诉讼负担过重。在整个的民事诉讼程序过程中，原告始终处于一种负担在先、风险在先的地位。如在诉讼费用方面，即使原告的起诉能被受理，也还要面对要向法院预交的各种诉讼费用。在诉讼的推进过程中，上诉还要交上诉费，即使最终获得胜诉，还要为申请执行胜诉判决裁定缴纳执行费，这不包括在整个诉讼过程中，原告所花费的大量时间精力，以及在整个诉讼过程中，由原告承担举证责任而付出的调查费、代理费等等。即使原告有能力坚持付出如此代价，也会因为司法实践中存在的执行难问题，最终使他的胜诉变成"法律白条"。目前，我国民事诉讼费用的收取是根据当事人诉讼请求的标的额收取的，然而，案件的难易程度与标的额未必成正比，且这种收取方法与国家权力的行使性质也不相符，倒有点像商业行为中的有偿服务。原告提起诉讼，不仅要向法院预交诉讼费，还要求其根据案件的具体情况判断自己的哪些权利会受到法院的保护。（虽然我国的法律是统一的，但同样的案件在不同的法院有时也会作出截然不同的裁判，这还不包括司法腐败问题造成的结果在内）。如果原告在这种判断上犯了错误，即使最终胜诉了，也会得不偿失。

如：消费者与旅行社签订的旅游合同，由于旅行社违反合同约定，未安排游览主要景点，旅游者未能达到旅游目的，虽然旅游者胜诉了，但结果是案件受理费312元，法院判定由原告负担289元，被告负担23元。① 这还不包括司法实践中存在的法外超标收取诉讼费用的情况。②

（二）我国起诉权保护的观念障碍

我国在法制建设方面虽然已迈进了现代社会的行列，但几千年封建社会的历史给人们的思想打上了深深的烙印，仍然左右和影响着人们的观念与思想，原告的起诉难问题仍然比较突出。对于这个问题我没有具体的统计数字，或许也不可能获得这样的数字，但曾有过诉讼经历的人对此会有同感。曾经发生在中国政法大学一位老师身上的事也许能说明这个问题。这位老师因预购飞机票的退票问题与中国国际航空公司和机票的代理商发生争执，协议不成起诉到法院，被法院以滥诉为由拒绝受理。③ 作为一名业内人士，也是目前我国规模最大的一所政法院校的老师，在国家的首都地方法院起诉时的遭遇都是这样，普通百姓在其他地方的遭遇也就可想而知了。这说明，仍有相当一部分人对原告诉权的认识存在观念上的偏见：

1. 从观念来看，我们的社会仍然是一个厌讼的社会。我们一直在讲中国历史上是一个厌讼的社会，但并未说明究竟是谁厌讼。应该说，历代的统治者均是厌讼的，统治阶级推崇的主流文化——儒家文化倡导的是建立一个"礼治"的社会，认为"德礼为正教之本，刑罚为正教之用"，"夫礼者，所以定亲疏、决嫌疑、别异同、明是非也"，所以，兴讼行为被认为是一种犯上作乱的事，兴讼者被称为刁民，帮助诉讼的人也被称作讼棍。为了达到"刑期于无刑"的目的，除了在文化上予以压制，在诉讼形式和手段上则更是用刑事的手段处理民事的问题，动辄夹板、棍棒伺候，未起诉先让人不寒而栗。许多民众的心里也是厌讼的，人们不是不愿在必要时自己进行诉讼，而是对他人的兴讼行为自觉不自觉地有些反感。解放初期，上海市人民法院曾发生过把代写诉状的人当作"讼棍"予以扣押，并让他们头戴两尺多高的纸帽子游街坦白的事件。④ 即使是现在，我们当中的不少人甚至是学界依然有着厌讼的心态，

---

① 艾晖："旅游合同违约，该怎么赔"，《南方周末》2002年10月17日第6版。
② 参见廖永安等著：《诉讼费用研究——以当事人诉权保护为分析视角》，中国政法大学出版社2006年6月版，第149~151页。
③ 官晶珠："明折暗算，国航被告进法院"，《法制日报》2002年10月21日第5版。
④ 茂清："陈毅纠正讼棍事件"，《法制日报》2002年4月6日第7版。

这在有关诉讼费用问题讨论中表现得最为淋漓尽致，学界就有这种认为起诉的少数人占用了公众的社会资源的观点。

2. 为民做主的思想在对待原告起诉的问题上仍然存在。或许是由于我们的司法机关一直没有完全真正独立，司法权与行政权在职能权责上总是难以完全界定，司法权总有自觉不自觉地要参与管理社会公共事务的欲望。在对待原告的起诉权问题上，司法权不顾及自身权力的性质，主动地要为民做主，监督社会主体起诉权的行使便是例证。国家虽然赋予了社会主体以提起诉讼的权利，但我们总担心他们不会用或者用不好这一权利，更怕他们滥用权利或侵犯别人的权利。为了防范和避免滥诉现象的发生，即使对全体社会公众的诉讼权利作一定程度的限制也在所不惜。为了防止诉权被滥用，我们有时甚至不惜牺牲基本的社会正义。如因为有人起诉只要求侵权者赔偿5毛钱，我们就认为他们是滥用权利，觉得受害人过于刁蛮，而忽视了侵权行为的非法性和应受处罚性。①

3. 自觉不自觉地把原告的起诉与社会稳定问题相对立。虽然我们还没有直接把兴讼问题作为社会不稳定因素对待处理，但更低的民事发案率依然是政府所希望的，群众无奈的上访也往往与闹事相提并论就是明证。如在有的地方就有这样的标语："越级上访就是违法！""狠狠打击越级上访的犯罪分子！"②所以，就将人民调解作为解决民事纠纷的第一道"防线"，尽可能御民事诉讼于法院之外，以防诉讼于未起诉之时，似乎忘记了法院本应有的职能，也忽略了问题本身的是非曲折。

4. 将原告的起诉与司法资源的节省对立起来。在市场经济规律的作用下，在法学界和司法实务界近几年一个越来越热门的话题就是法经济学问题，司法经济的问题也被越来越多的人们津津乐道。在对待原告起诉的问题上，现代法治国家已基本形成共识，认为这是民众所享有的一项宪法权利，他们关注的是如何帮助人们更好地接近和利用法院，以维护法律所赋予的各项权利。同样是面对司法资源的有限性这一世界性难题，但在我国，却有相当部分的人，考虑的不是如何改善司法供给以保障和满足人民对司法的需求，反而认为诉讼是少数人为了一己之利，独占了由全体民众用纳税供养的司法机器，因此，总要想方设法地遏制原告的起诉。笔者并不是说司法机关可以不考虑诉讼经济问题，

---

① 王进，吴湘韩："法院对'五毛钱官司'说不"，《中国青年报》2002年10月9日第7版。

② 蔡中锋，秦明华："制造恐怖的'土法律'"，《法制日报》2002年10月25日第7版。

不需要降低诉讼成本，司法资源的有限性和国家负担的可能性，是一个基本的常识性的问题。应当说，用经济分析的方法研究司法活动未尝不是一件好事，尤其是在我们这样一个发展中国家，如何以最少的资源消耗，取得最大的社会和经济效益，更是一个令人关注的问题。但法院的司法活动毕竟不同于商业主体的经营性活动，社会也不能对司法活动的价值以商业活动中的投入产出比来予以衡量，社会正义的建立和人权的宣扬，应比司法机关在诉讼经济方面取得的成绩更为重要。用法经济学的观念对司法活动进行完全量化的分析，把司法正义的大小机械地以经济指标为依据加以划分，就如同有学者指出的，将一切行为和一切社会关系都经济化，是一种"经济学帝国主义"的表现，把法律的宗旨是解决公平的问题这样一个基本的常识变得模糊了。①

二、我国起诉权保护的立法建议

前文已述及，在我国，影响起诉权行使的因素有很多，必须通过全方位系统化手段才能彻底解决。仅从诉讼法学角度而言，正确理解和把握民事诉讼的起诉条件是一个比较关键的问题。

（一）关于"原告是与本案有直接利害关系"的问题

所谓"与本案有直接利害关系"，从学理上讲，起诉者应是争议民事法律关系的主体，但原告是否确实是争议民事法律关系的主体，则又是一个实体性问题，须等到审理终结后方能最后确定。如笔者曾经承办的一起存单纠纷案件中，原告在存款时（当时尚未实行储蓄实名制）是由他人代办的，在存款的户名上用的是代办人的姓名。现存单的权利人持有该存单和代办人的书面证言，起诉要求银行兑付到期存单，法院却认为原告与本案没有直接利害关系，对原告的起诉不予受理。众所周知，在实行储蓄实名制之前，到期存单的兑付只要有合法的存单即可；事实上，即使是按照储蓄实名制要求，不论存单上的权利能否实现，法院未经审判仅在起诉受理阶段，即作出起诉人与本存单没有法律上利害关系的裁定，未免失之轻率。问题的严重性还在于，由于《民事诉讼法》的规定过于原则，留给法官的自由裁量权力空间过大，类似这样的情况还会反复出现，尤其在其他法外因素介入法院的审判权时，还可能会成为枉法裁判的一件可以随时祭起的法器。

事实上，《民事诉讼法》的这一规定已成了我国公益诉讼发展的主要障碍

---

① 乔新生："公平与效率的法律分析"，《南方周末》2002年7月4日第11版。

之一。在国有资产流失、污染环境、破坏资源、行业垄断、不正当竞争、政府违法作为或不作为等问题日益突出的情况下，如果仍按照现行规定局限于有直接利害关系的人进行诉讼，其结果只能是，或者因为全体不特定受害人的从众心理或依赖心理影响，使问题得不到解决；或者因诉讼成本过高，维权者损失惨重，并以失败而告终；或者因全体受害人都参与起诉，而使诉讼过程过于复杂而不堪承受。若民事诉讼法一定坚持起诉者须与本案有直接利害关系的标准，社会公益问题的诉讼就成了一个难题。要提起公益性质诉讼，只能在自身权益受到明显侵害的情况下才能进行。值得欣喜的是，也有司法实践部门正在尝试突破法律的这个限制。据悉，发生在青岛的一起市民告政府的公益诉讼中，市民起诉政府许可企业在城市规划禁止建筑的区域内建商业建筑，被告以原告无诉讼之利益进行抗辩，法院裁定认可了原告适格。虽然该案最终以被告批地程序合法、该土地在地方人大规定之前已转让为由判决原告败诉，但法院认可原告的起诉资格，还是一个巨大的进步。① 目前，《民事诉讼法》的这一规定已经与其他法律产生了冲突。如1999年施行的《合同法》第73条和第74条规定，"因债务人怠于行使其到期债权，对债权人造成损害的，债权人可以向人民法院请求以自己的名义代位行使债务人的债权，但该债权专属于债务人自身的除外。""因债务人放弃其到期债权或者无偿转让财产，对债权人造成损害的，债权人可以请求人民法院撤销债务人的行为。债务人以明显不合理的低价转让财产，对债权人造成损害，并且受让人知道该情形的，债权人也可以请求人民法院撤销债务人的行为。"基于合同法规定的撤销权和代位权，法律授予非债权关系主体的当事人，有权就他人之间的民事法律关系行使撤销权和代位权，向法院提起诉讼的，即使起诉人不是被请求处理的法律关系的主体，法院也必须予以受理。又如2001年10月修改的《著作权法》第8条规定，著作权人和与著作权有关的权利人可以授权著作权集体管理组织，行使著作权或者与著作权有关的权利。著作权集体管理组织被授权后，可以以自己的名义为著作权人和与著作权有关的权利的诉讼、仲裁活动。据此由国家版权局批准成立的"中国音乐著作权协会"即属于这样的主体，该组织也是目前惟一的一个著作权集体管理组织。② 根据法律的规定，该组织虽然经著作权人和与著作权有关的权利人的授权，但却不是代理著作权人和与著作权有关的权利

---

① 马守敏："公益诉讼亟待支持"，《南方周末》2001年9月13日。
② 唐广良："角色不同，责任各异"，《法制日报》2002年10月13日第2版。

人进行诉讼，而是直接以该组织的名义进行诉讼。上述《合同法》和《著作权法》的规定显然与"原告是与本案有直接利害关系"的规定有矛盾。

（二）关于"起诉要有事实、理由"的问题

事实和理由是支持原告诉讼请求的基础和根据，没有这种基础和根据，原告的诉讼请求就会成为"无源之水"、"无本之木"，从而不驳自倒，完全没有得到受诉法院裁判确认其成立的任何可能。从起诉的事实和理由的构成看，所谓"事实"，主要是指原告与被告之间发生争议的民事法律关系产生、变更、消灭的事实以及争议的事实；所谓"理由"，则主要是指原告用来证明前述事实并最终证明自己实体权利主张的证据材料，其次指有关的法律规定。① 从理论上讲，当事人起诉，法律只是从形式上要求提供一定的事实和理由，而这些事实和理由是否属实，能否作为认定事实的根据，能否足以支持提出的诉讼请求，则需要在诉讼中予以查明，但并不影响当事人起诉的成立，法院不应以诉讼请求不合法、事实不真实、理由不充分为由不接受当事人的起诉。② 要求起诉要有一定事实和理由本无可厚非，否则，法院会错误地受理不属自己管辖的案件，或将不应由诉讼解决的问题吸纳到诉讼中去。当然，在诉讼开始后这些错误会被剔除，但因此会造成不必要的司法资源的浪费，但这绝不能作为法院对起诉的事实和理由进行实质性审查的理由，法院必须只能对原告起诉的事实和理由进行形式上的审查。

在学界，笔者的这种观点应不是一个有争议的问题，但学理解释属于无权解释，即使是学界一致的见解。实践中，由于法律规定的过于原则和司法解释的缺位，以及长期以来我们时时处处把政治意义上实事求是的概念作为一切工作的基本原则，法院在实际工作中经常对原告的起诉作实体审查，在司法审判工作行政化现象仍比较突出的情况下，尤其是当有地方保护主义或者司法腐败因素介入时，这种做法的弊病更是明显。从表象上看，法院的这种实体审查是对原告诉讼权利的直接侵犯，从更深层次分析，将危及到司法公正。因为，起诉阶段只有原告一方面对法院，法院如果对起诉的事实和理由进行实体审查，等于在帮被告行使被告在诉讼中的抗辩权利，原告在起诉阶段就要对法院实体审查后提出的起诉的事实和理由问题进行实体性抗辩，实际上形成了原告先要与法院打官司、然后才能与被告打官司的不正常现象。更为严重的是，原告和

---

① 江伟：《民事诉讼法学原理》，中国人民大学出版社1999年版，第594页。
② 谭兵：《民事诉讼法学》，法律出版社1997年版，第359页。

法院不是平等的法律关系主体，对起诉的审查又是由法院一方单独进行的，原告缺乏直接参与的权利和机会，其起诉权极易受到非法行使的审判权的侵犯。虽然原告对法院不受理其起诉的裁定依法可以上诉，但这毕竟只是一种事后救济的手段，且不论其效果如何，仅在起诉这一环节上，原告就已经处在了非常不利的地步，即使最终上诉成功，案件仍要由原来的法院负责审理，恐怕原告难免还要遭遇其他的折腾。

（三）关于反诉的条件及合并审理等问题

根据当事人诉讼权利平等原则，原告有起诉权，被告则相应地拥有反诉权，即被告的反诉权与原告的起诉权相类似，都是一个独立的诉。反诉制度不仅可以让法院简化诉讼程序，把与本诉有牵连的诉讼请求归在一个诉讼程序中加以解决；对于当事人来讲，反诉与本诉的合并审理，也是被告与原告抗衡的最有效诉讼手段，反诉只有与本诉合并审理才能发挥其抵销、吞并本诉的作用。作为一个独立的诉，对反诉另案处理虽然在法律上也难说不当，但在诉讼效果上却相差很远。然而正因为如此，原告在起诉权方面可能存在的问题，被告在反诉权时同样也可能存在，起诉难，反诉亦难。我国《民事诉讼法》第52条和126条规定，"被告可以承认或者反驳诉讼请求，有权提起反诉。""原告增加诉讼请求，被告提起反诉，第三人提出与本案有关的诉讼请求，可以合并审理。"但对于什么是反诉，反诉应当具备什么条件，当法院不受理反诉或不愿将反诉与本诉合并审理当事人如何获得救济等等问题，目前只有学理解释而无具体规范。应该说，由于反诉是否与本诉合并审理涉及的是被告所享有的与原告起诉权相对应的一项重要诉权，民事诉讼法不应在这一问题上缺位。

（四）关于法院防止原告滥诉或不正当行使起诉权的职能问题

法院是行使审判权的机关，不同于其他国家机关，不具有行使社会管理的职能。法院的基本职能和权力就是对当事人提交审判的问题依法作出正确的判断和结论。但是习惯中人们把法院混同于一般的党政机关，"在职能上将法院当作公司、镖局、法律教育服务机构，"① 所以经常给法院赋予一些不适当的职能，有时法院也主动给自己附加一些不应有的职能，摆出一副父母官为民做主的姿态，在职能和权限上总愿意靠近在实际行使过程中更显强大的行政权。体现在起诉的审查上，就是主动监督和检查当事人的权利行使的正确与否，时时防止当事人滥诉或不正当行使诉权。根据一般法理，无救济即无权利。法律

① 邓小刚："为法院角色正本清源"，《法制日报》2000年10月8日第3版。

赋予了社会主体为一定行为或不为一定行为的权利，如果他不能合法或正当地行使他的权利，就应当让他承担相应的法律后果，而不能因此不让他行使或限制他行使权利；更不能因为实践中存在个别社会主体滥用自己权利的情况，就对整个社会主体依法享有的权利进行某种限制。因此，如果滥用诉讼权利或恶意诉讼确实存在并有必要制裁的话，也应当先修改立法，在实体法上对滥用诉讼权利或恶意诉讼进行严格规范，并规定相应的民事责任，如参考最高法院 1999 年 12 月 29 日颁布实施的《关于适用〈合同法〉若干问题的解释（一）》26 条的规定："债权人行使撤销权所支付的律师代理费、差旅费等必要费用，由债务人负担；第三人有过错的，应当适当分担。"也可在诉讼法上增加立法，让滥用诉讼权利者或者恶意诉讼者承担对方的诉讼损失。

此外，前段时间被广泛关注和赞扬的诉讼风险告知制度，我个人认为其必要性和合法性也值得探讨，因为它在客观上容许了法院对民事案件还未受理就已作出胜负判断。风险是不可预测的事件，只是一种可能性，进行诉讼活动虽说有一定的不确定性，但毕竟不同于商业风险或者科学探索，如果我们把依照法律向国家机关寻求司法保护变成了一种结果未卜的事，那到底是当事人的问题呢，还是我们对自己的法律和司法机器缺乏应有的信心呢？事实上，在受理起诉阶段，由于法院实行立案与审理分离的制度，将来审理该案件的法官此时尚未确定，更无法直接接触该案件的材料，依法并不能完全知晓原告的起诉最终能否成立，也无法告知其有关该诉讼存在何种风险的问题，除非法院在此阶段已经就起诉进行了实质性审查。因此，人民法院在接待当事人起诉时告知其诉讼权利，保障其诉讼权利得以顺利实现，或许比告知其诉讼风险，更符合法院的职能。

"无原告即无法官"（Name judex Zine actore）这句法谚夸张地说明了原告在诉讼中的地位，没有原告的起诉，就不可能有诉讼的发生和存在，无诉讼的存在，自然也无法官存在的必要。[1] 国家建立司法机构的目的，是为当事人提起的诉讼提供合法的解决途径，两者是相辅相成的关系。笔者并不是赞成动辄诉讼，更反对非法行使诉讼权利的恶意诉讼。问题的实质不在于法院在起诉阶段是否应当阻止不正当行使诉权的问题，而在于任何权利的行使都应当符合法律的规定，不违反社会公共利益和善良风俗，不论是原告还是被告。因此，笔者反对给法院附加以社会管理的职能，也不赞成赋予法院在受理起诉阶段即对

---

① 张卫平：《程序公正实现中的冲突与衡平》，成都出版社 1993 年版，第 112 页。

原告的起诉进行实质性审查的权力。法院不应就当事人起诉的内容进行实质性审查，也不应把自己工作的重点放在审查起诉上，更不能把对起诉条件的审查作为减轻法院审判工作负担的一个途径。

三、完善对诉讼的援助

（一）现行法律援助的制度局限

对于法律援助一词可从两个方面理解，一是对受援者给予法律专业方面的救援，二是对受援者法律方面的活动施以援手。从法律援助的本意和具体实施的情况看，应当是后者。因此，如何全面地为受援者法律方面的活动提供有效地帮助，应是法律援助工作的宗旨。基于这一宗旨，反思我国目前法律援助实际开展的情况，仍存在一定差距。主要表现在：

1. 范围和形式偏窄。这方面的问题主要表现在：第一，法律援助主要集中在对贫困者提供经济费用上的帮助。根据 1997 年司法部《关于开展法律援助工作的通知》、2000 年最高检察院与司法部联合下发的《关于在刑事诉讼活动中开展法律援助工作的通知》、2000 年最高法院《关于对经济确有困难的当事人予以司法救助的规定》、2003 年国务院发布的《法律援助条例》、2005 年最高法院与司法部联合下发《关于民事诉讼法律援助工作的规定》、2009 年司法部《关于加强和改进法律援助工作的意见》等文件的规定，我国的法律援助的范围主要限定在为经济确有困难的当事人提供相关的法律援助方面，带有一定的慈善性质。如国务院发布的《法律援助条例》规定，"为了保障经济困难的公民获得必要的法律服务，促进和规范法律援助工作，制定本条例。"司法部《关于开展法律援助工作的通知》规定，"法律援助是指在国家设立的法律援助机构的指导和协调下，律师、公证员、基层法律工作者等法律服务人员为经济困难或特殊案件的当事人给予减、免收费提供法律帮助的一项法律制度。"最高法院《关于对经济确有困难的当事人予以司法救助的规定》中指出，"本规定所称司法救助，是指人民法院对于民事、行政案件中有充分理由证明自己合法权益受到侵害但经济确有困难的当事人，实行诉讼费用的缓交、减交、免交。"第二，法律援助主要集中在对当事人提供法律专业服务方面的支持。第三，法律援助主要集中在对当事人诉讼阶段的活动提供援助。无论是指派法律专业人员免费提供法律服务，还是诉讼费用的减、免、缓等，均旨在援助当事人顺利完成诉讼内的各项活动。客观地讲，作为一个法制后发、经济欠发达的国家，我们目前已经开展的上述法律援助的工作，对于保障民众接近和使用法院以解决其纷争无疑大有裨益，世界各国的法律援助运动也主要是为贫困者提供这些方面的援助。但是，立足于我国实际，民众除了经济困难和法律知识缺乏，需要社会提供相关的法律援助之外，还会遭遇其他方面的问题，也需要社会给予必要的法律援助。例如：

（1）维权型援助。有些情况下，当事人虽然经济方面不存在困难，但因其案件比较敏感，地方政府对此施加影响和干扰，使案件不能被法院正常受理和审理，或者因为某种社会势力的压力，律师们都不愿或者不敢受理，致使其无法得到必要的法律专业人士的指导和帮助。如因强制拆迁激起群众不满，为防堵"民告官"，内蒙古通辽市科尔沁区政府连续多年聘下区内所有律师，以此要求律师们不得再为"民告官"者提供法律援助。在此情况下，律师提供的法律服务和法律援助工作因故在当地不能发挥作用，其他的法律援助措施就应当跟进，为应受援群众提供必要的援助，而且，此时的法律援助工作不仅要承担对受援者予以法律上援助的任务，还要给予受援者以舆论上的支持与政治上的支援。

（2）诉前取证型援助。在某些案件中，当事人要将案件起诉至法院，必须首先取得相关的证据材料以证明其诉请的内容的客观存在，否则，当事人的起诉会因缺少该项必要的证据而使法院无法受理。而在此时，法院因为尚未取得对该案件的管辖权，当事人又不能根据民事诉讼法第64条的规定申请法院调查取证。在此情况下，法律援助工作就应当予以介入，以帮助当事人调取相关证据材料。如河南省新密市刘寨镇农民张海超常年在耐磨材料厂打工，时常出现咳嗽、胸闷等症状，被北京协和医院和北大第三附属医院等多家医院确诊为"尘肺"，但是按照相关法律规定，只有用工单位出具证明，劳动者才能在专业职业病鉴定机构进行鉴定。张海超因开不出证明，被郑州市职业病防治所拒之门外。令人欣喜的是，在全社会的关注下，张海超最终达到了自己的目的，但让人遗憾的是，在这起事件中，我们没有发现法律援助工作者帮助张海超依法取证的身影。

（3）支持起诉型援助。我国《民事诉讼法》第15条规定："机关、社会团体、企业事业单位对损害国家、集体或者个人民事权益的行为，可以支持受损害的单位或者个人向人民法院起诉。"基于此条的规定，法律援助工作应当对那些因为经济困难、外力阻挠、权利概念阙如的当事人，提供必要的支持和鼓励，以指导和帮助其依法主动伸张其权利，寻求司法救济。

（4）诉前鉴定型援助。现代社会科学技术的发展，使得人们生活的方方面面都充满了各种科学技术方面的问题，如产品质量是否合格、现实的损害结果与某个物品的瑕疵、某个行为之间有无因果关系等等，这些问题不是普通人依据其日常生活经验所能理解和鉴别，必须要由相关专业领域的专业人员运用专业技术知识和手段予以研判并提供结论性意见后，才能作为认定事实的依据。在诉讼已被法院受理后，这个问题可以由法院主持处理，但在起诉之前如果当事人不能提供这些证据材料，法院因无法判断当事人的起诉是否符合法定条件和要求，其起诉也就不能被法院受理。此时诉讼程序尚未启动，一般的法律援助无从介入，而要进行该项鉴定，不仅所需经费不菲，而且，当事人或许因为不了解某些相关制度的特别规定，不能到规定的机构进行鉴定，甚至还可能会遭致拒绝或者被枉法误判。还是在张海超案件中，当他在费尽周折拿到企业证明之后，却又被郑州市职业病防治所诊断为"肺结核"而非"尘肺"。当张海超提出复议申请并被批准到郑州市职业病鉴定委员会准备重作鉴定的时候，却发现该委员会和郑州市职业病防治所是两块牌子、一套人马。至此张海超的职业病鉴定与维权之路被堵死，陷入了只能在原有鉴定路径上来回奔波，而无法实现维权突破的"死循环"当中。被逼无奈的张海超最后只能通过"开胸验肺"的极端方式以引起社会有关方面的注意，以证明自己的病情，并祈求获得相应的治疗和救助。在此，我们暂且不讨论《职业病防治法》存在的问题，我们也不用自欺欺人地夸大法律援助对于这种体制性弊端的作用，但在张海超要求鉴定的具体过程中，如果有法律援助机构能及时给予他以必要的声援，想必他维权的信心会好很多，问题解决的过程也会因此减少些周折，最起码可以避免张海超采用这种自伤性的极端方式解决问题。

（5）听证型援助。对于某些重大行政行为，法律规定行政相对人、利害关系人以及热心社会公益事业的人士有权要求有关的行政机关举行听证，以保证行政机关依法、公正、合理地处理和解决相关的行政事务。如我国《行政许可法》第46条规定："法律、法规、规章规定实施行政许可应当听证的事项，或者行政机关认为需要听证的其他涉及公共利益的重大行政许可事项，行政机关应当向社会公告，并举行听证。"我国《行政处罚法》第42条也规定："行政机关作出责令停产停业、吊销许可证或者执照、较大数额罚款等行政处罚决定之前，应当告知当事人有要求举行听证的权利；当事人要求听证的，行政机关应当组织听证。"在这些听证活动中，法律援助工作可以为相关的公民提供经济上的支援，法律上的帮助，以及在取证、收集资料等方面的支持，直接支持相关的公民依法行使其权利，间接协助相关的行政机关依法正确行使其权力、妥善管理好社会公共事务。

应该说，随着我国社会主义民主法制的发展，法治国家建设进程的不断推进，民众的法律意识的不断提高，法律援助工作的领域将会越来越宽广，可提供法律援助的事务也会越来越多。

2. 渠道和主体单一。现行法律援助制度将法律援助的提供者局限于律师、公证员、基层法律工作者等法律服务人员，而上述人员因为数量少、法律援助任务重，不能为社会提供充分的法律援助。为此，可以借鉴其他国家的经验，将法律援助工作扩展到其他法律人员，如大学法学院的教师、学生，社会公益团体（如消费者协会、劳工组织的成员等）。美国律师协会 1963 年到 1965 年成立了 3 个由律师和法律系学生组成的组织：法律系学生民权研究委员会、法定民权律师委员会、律师护宪委员；墨西哥和澳大利亚的法学院，学生可以担任律师助手、法律顾问、或者提供法律咨询。我国一些地方也已经开始了这方面的尝试，2000 年《重庆市法律援助法》第 5 条要求社会团体、大专院校等承担法律援助；上海市宝山区明确了工会参与法律援助的情形；1992 年我国内地第一个高校法律援助机构"社会弱者保护中心"在武汉大学法学院成立后，北京大学、中国人民大学、复旦大学、四川大学、华东政法学院、中南财经政法大学等也相继建立了法律援助中心。① 但是，由于缺乏更高层次规范的支持，这些活动要么仅局限于特定的地区，要么只能进行一些诉讼外的活动，要么因为无法取得司法机构的认同，只能对民事案件、劳动纠纷案件等提供法律援助，而无法开展对刑事诉讼当事人的法律援助。国务院《法律援助条例》第 8 条虽然规定，"国家支持和鼓励社会团体、事业单位等社会组织利用自身资源为经济困难的公民提供法律援助。"但因缺少配套的操作规范，也只能起到一种宣传鼓动的作用，而不具有实际的执行效用。

3. 经费紧张。法律援助经费紧张问题一直是困扰我国法律援助工作发展一个瓶颈问题，有的地方法律援助经费投入人均仅 7 分钱，② 远远不能满足法律援助工作的需要；与此同时，有的地方又存在将法律援助办案专款用于弥补县区司法局和法律援助机构人员经费和公用经费的不足的现象，2009 年"两会"期间，全国律师协会法律援助委员会委员王林曾表示，目前基层政府和司法机构对法律援助不够重视，"有的挪用投入资金，有的干脆就使法律援助

---

① 左伟民等著：《诉讼权研究》，法律出版社 2003 年 8 月版，第 175 页、第 179 页。

② 庄庆鸿："基层工作者吁：法律援助经费只需人均 3 毛钱"，《中国青年报》2009 年 8 月 8 日。

成为有偿服务，就此牟利"。①

（二）完善法律援助的建议

1. 拓展法律援助主体范围，吸纳更广泛团体和个人参与法律援助。建立以司法行政部门为主导的，以律师、基层法律工作者为主体的，并由工会、妇联、消费者协会、司法鉴定机构、大学法学专业教师、大学法学专业学生等组织和个人广泛参与的法律援助队伍，拓宽法律援助的主体范围，充分挖掘和调动社会各方面积极性，集社会各方力量为社会提供法律援助的支持，让全社会共同关注和参与社会公平与正义实现的问题。

2. 完善援助费用和诉讼费用承担制度。为了维持法律援助资金的充足，减少法律援助费用的单向流失而形成的财政不平衡状况，建议让胜诉一方受援者在胜诉并实际执行终结后，适当承担一定比例的法律援助费用；同时，借鉴英国的做法，建议修改我国现行的民事诉讼费用负担的相关规定，让败诉的对方当事人向提供法律援助的机构承担一定比例的受援一方当事人的律师费用，在接受法律援助的人在败诉的时候，免除其为没有接受法律援助的胜诉一方当事人支付律师费用。②

3. 选拔新入职的优秀青年律师短期加盟法律援助工作。随着我国高等法学教育的不断发展，每年通过司法考试取得律师资格的青年法学才俊越来越多，但他们当中能够直接从事审判、检察和专职律师工作的机会并不很多。为了充分利用这部分社会资源，发挥他们的专业特长与优势，同时也给这些热心从事法律工作的法学才俊提供一个入职锻炼的机会，建议在他们取得执业资格后，经由本人申请，通过一定的筛选考核，选拔其中的优秀者到公办律师事务所从事为期一到三年的法律援助工作。在此期间，他们享受与公职律师相同的工资和待遇。

4. 完善相关立法，为多元主体参与法律援助提供必要的法律依据。在现行制度框架内，除了专业律师从事法律援助工作的情况外，其他主体从事法律援助工作都还有相当大的障碍，如证据调查权问题，与羁押人员会见、通信的问题，诉讼案卷的调阅等等，都需要通过立法加以统一规定和协调，否则，必将阻碍多元主体共同参与和开展法律援助工作。

---

① 李静睿："司法部：禁止挪用法律援助经费用于公务"，《新京报》2009 年 7 月 10 日。

② ［意］莫诺·卡佩莱蒂编，刘俊祥等译：《福利国家与接近正义》，法律出版社 2000 年 7 月版，第 36 页。

第二节 民事诉讼机制的简易化发展

一、民事诉讼程序的简易化

新中国的民事诉讼系统立法开始于 1982 年《民事诉讼法（试行）》。回顾我国民事诉讼法发展的历史，可以说，民事诉讼从一开始便走上了立法规范化与程序简易化的同步发展道路。

1978 年 12 月召开的中国共产党十一届三中全会，提出了建设社会主义民主和加强社会主义法制的任务，标志着国家的法制建设进入了全面恢复和发展的阶段，国家立法部门积极地着手和加紧进行着法律的制定和修改工作，民事诉讼法制建设也列入国家法制建设的重要议程。为了适应当时民事审判的需要，在国家制定和颁布民事诉讼法典以前，最高人民法院于 1979 年 2 月 2 日印发了《人民法院审判民事案件程序制度的规定（试行）》，这个规定的基本精神与 1955 年最高人民法院印发的《关于北京、天津、上海等十三个大城市高、中级人民法院民事案件审理程序的初步总结》的基本精神相同，只是在具体内容上作了一些补充。1979 年 6 月，第五届全国人大第二次会议通过了《人民法院组织法》等重要法律。1979 年 9 月，全国人大法制委员会开始起草中华人民共和国民事诉讼法，法典草案几经讨论修改，至 1982 年第五届全国人大第二十二次会议通过了《民事诉讼（试行）》，并于 1982 年 10 月 1 日起在全国颁行。

1982 年颁布的《民事诉讼法（试行）》，结束了新中国没有专门、系统的民事诉讼法典的历史，与此同时，该法也首次列专章将民事诉讼简易程序法制化，将长期的民事审判实践经验中形成的诉讼程序简便易行的特点，用民事诉讼法加以规范。

（一）民事诉讼程序简易化的精神内涵

1. 民事诉讼程序简易化是民事诉讼立法精神的要求

我国民事诉讼立法的出发点是立法为民。因此，民事诉讼立法不是从完全专业化的角度进行的，制定的不是只供法律专业人士掌握和操作的法律，而是面向广大民众的，为广大民众所能理解和运用的法律。正如当时的全国人大常委会委员长彭真在 1982 年 1 月 13 日在中共政法委员会讨论《民事诉讼法（草案）》时的讲话所说的，"立法要考虑八亿多农民，一亿多工人。这个法订了以后，十亿人都要遵守。因此，立法时脑子里要有农民、工人、十亿人民，要面向他们，为了他们。"① 诉讼程序的简易化，是立法为民的最直接的体现。

2. 民事诉讼程序简易化是民事审判实践经验的总结

民事诉讼程序简易化集中体现了便利群众诉讼、便利法院办案的"两便"原则，是司法为民的民事司法政策和民事审判实践经验的总结，是我国民事诉讼的重要立法原则，也是我国司法制度的显著特点。我国历来十分重视诉讼程序的简便易行，早在新民主主义革命时期，民事审判工作就坚持"两便"原则。陕甘宁边区提倡的"马锡五审判方式"，集中体现了这一精神。全国解放后，1950 年中央人民政府政务院发布的《关于加强人民司法工作的指示》明确指出，人民法院审理民事案件，"一方面要尽量采取群众调解的方法，以减少人民讼争。另一方面，司法机关在工作中应力求贯彻群众路线，推行便利人民，联系人民和依靠人民的诉讼程序和各种制度。"② 1982 年颁布的《民事诉讼法（试行）》总结了长期以来审判工作的经验，专章规定了简化程序。1991 年颁布的《民事诉讼法》在试行法的基础上增加了简易程序审限的规定。2003 年 7 月 4 日最高人民法院《关于适用简易程序审理民事案件的若干规定》进一步完善了简易程序的规定。

在制度建设的推动下，审判实务中依照简易程序审理的案件也呈现逐年大幅递增的态势。如广东省在 1999 年 6 月开展简易程序改革以前，全省基层法院适用简易程序审理的案件占所受理的民事案件的 20% 左右，而 1999 年改革的当年便已达到 30%，至 2001 年有的法院则更已达到 90% 以上。山东省济南市各基层法院自 1991 年至 2001 年的 10 多年来，适用简易程序审理的案件平均为 88% 以上。陕西省西安市碑林区法院自 1999 年至 2001 年的 3 年来，适用简易程序审理的案件分别占其受理案件总数的 55.9%、60%、75%。在地处西北边陲的新疆，乌鲁木齐市 8 个基层法院 2001 年适用简易程序审理的案件达 80%，吐鲁番地区 3 个基层法院近三年来适用简易程序审理的案件占其结案总数的 70% ~ 80%。③

（二）民事诉讼程序简易化的逐步规范

我国民事诉讼法在确立和发展的过程中，经历了一个诉讼程序逐步简易

---

① 西南政法学院诉讼法教研室编：《民事诉讼法资料选编》（第一辑），1984 年版，第 63 页。

② 江伟主编：《民事诉讼法》（第二版），高等教育出版社 2004 年版，第 303 页。

③ 最高人民法院民事诉讼法调研小组：《民事诉讼程序改革报告》，法律出版社 2003 年 6 月版，第 3 ~ 4 页。

化、简易程序规则逐步细化的历程。

1. 关于简易程序问题的条文数量逐步增加

1982 年制定的《民事诉讼法（试行）》中列专章规定了简易程序，共有 4 个条文；1984 年最高法院颁布的《关于贯彻执行〈民事诉讼法（试行）〉若干问题的意见》用了 3 个条文对简易程序作了规定；1991 年修订的《民事诉讼法》在继续列专章规定简易程序的同时，将条文数量由 4 条增加到 5 条；1992 年最高人民法院发布的《经济纠纷案件适用简易程序开庭审理的若干规定》用了 25 个条文对经济纠纷案件适用简易程序审理的有关问题作了规定；而最高人民法院 2003 年 9 月发布的《关于适用简易程序审理民事案件的若干规定》，更是有 34 条之多。

2. 关于简易程序的规定逐步细化

如上所述，我国关于简易程序问题的规定，由《民事诉讼法（试行）》最初规定的 4 个条文，发展到最高人民法院《关于适用简易程序审理民事案件的若干规定》的 34 个条文。不仅简易程序规则的数量有了比较大的增加，其内容也由最初的一般原则性规定，发展到从适用范围、起诉与答辩，到审理前的准备、开庭审理、宣判与送达等完整系统的规定。

3. 规则细化推动下的程序简易化

简易程序规则在不断细化的过程中，对《民事诉讼法（试行）》关于简易程序规定的原告可以口头起诉；当事人双方可以同时到基层人民法院或者它的派出法庭请求解决纠纷，基层人民法院或者它的派出法庭可以当即审理、也可以另定日期审理；基层人民法院或者它的派出法庭可以用简便的方式随时传唤当事人、证人等内容的基础上，从更大范围内简化了简易程序。例如：（1）被告可以口头答辩；（2）对婚姻家庭纠纷和继承纠纷、劳务合同纠纷、交通事故和工伤事故引起的权利义务关系较为明确的损害赔偿纠纷、宅基地和相邻关系纠纷、合伙协议纠纷、诉讼标的额较小的纠纷等，法院在开庭前审理时应当先行调解；（3）除了法院认为不宜当庭宣判的外，应当当庭宣判；（4）裁判文书对认定事实或者判决理由部分可以适当简化，等等。

二、程序的规范化与简易化之间的冲突

同时强调诉讼程序的规范与简化，表面上看似乎是一对矛盾，其实并不矛盾。对程序的规范是公平正义的要求，对程序的简化是司法效率的要求，简化并不是对公平正义的简化，不是公平正义的简装版，而是在规范基础上的简化。在诉讼程序规范化的同时，兼顾诉讼程序的简易化，实际上就是既要强调公平也要兼顾效率，只有这样才能适应民事诉讼多样化和民事诉讼效率的需要。但是，如果不能很好的理解和正确把握程序的规范化与简易化之间的关系，就必然损害程序的正当性和实体的公平正义。

许多法治发达国家都经历过这样的民事诉讼发展历程。当民众的维权意识日益高涨，民事诉讼案件大量涌向法院的时候，常规的诉讼程序制度因为成本高且时间长而难以应对，民众因为复杂且昂贵的诉讼成本而难以接近司法，当通常的民事诉讼程序面临危机与挑战的时候，这些国家开始转而探索诉讼程序的简化，或者寻求其他替代性的纠纷解决机制。

与其他法治发达国家不同的是，我国在改革开放之初，民事诉讼立法就把诉讼程序完善与诉讼程序简化并合在一起同步进行，跨越了民事诉讼程序从系统化、正规化、规范化到兼顾简易化这样的一个历史进程，走出了一条民事诉讼程序制度的非常规发展的道路。因此，在我国民事诉讼制度发展的过程中，难免会出现一些"夹生"的现象和问题。

（一）虚化了民事程序制度

从法理上讲，民事诉讼程序制度集中体现了国家在民事诉讼中对人权的尊重与保障，反映了一个国家民事司法制度的基本精神，代表了一个国家公权组织运行的基本状况。但是，由于我国民事诉讼法律制度从一开始便将制度规范与程序简化两个要求同时提出，两个发展目标也相提并论，而我国又缺乏法制规范的历史基础，人民司法制度过去主要以巡回审理、就地办案等非常规方式处理和解决民事纠纷，重实体轻程序，对诉讼程序的规范性重视不够，对诉讼制度在法治建设过程中的重要意义认识不足。在民事诉讼法律制度建立之初，还没有完全确立必要的规范的程序制度观念，就要面对程序简易化的实际问题，审判人员在实际工作中很容易进入那种无程序法律约束的"原生态"司法工作方式的状态，将简化程序演绎成不规范程序，使民事诉讼司法制度建设的目标落空。

（二）弱化了程序法的规范性

由于民事诉讼法制建设从一开始就设定了制度规范与程序简化的二元目标，而简易程序与普通程序相比，又是人民司法优良传统的代表，被赋予了明显的政治色彩，从而使得恪守普通程序规范的要求变得不十分重要。最突出的表现就是普通程序合议制被形式化，普通程序独任制。[1] 司法实践中，法院

---

[1] 据 2002 年 7 月 26 日《南方都市报》记者陈实，通讯员胡后波的报道：广州海事法院 2002 年上半年审结的一审海事海商案件中，有 191 宗实施"普通程序独任审"，约占一审结案的 93%。转引自陈静艳："简易程序：当事人和法院的策略互动"，载中国法学会诉讼法学研究 2002 年年会论文集。

受理案件后往往先指定其中一名审判人员负责，通常只是在具体开庭审理时，参与审理的合议庭的其他两名审判人员才开始接触案件材料，了解案件事实。由于每个审判人员都有各自负责的案件工作，有时参与组成合议庭的其他两名审判人员只在开庭之初露个面就去忙自己的工作，即使能够坚持到底，有时也是一幅事不关己、心不在焉的样子，合议制度实际上成为了独任审判制。为了强调程序制度的严肃性，我国虽然尝试引进了西方国家的法袍、法槌等形式化装扮，但终因缺乏内在的文化因素支撑，也无济于事。普通程序是民事诉讼基本制度与精神的集中体现，忽视了普通程序的规范性，诉讼程序制度的严肃性就大打折扣，诉讼结果的公正性也就值得质疑。

（三）简易未能兼顾"两便"

简易程序是便利当事人诉讼、便利法院办案的"两便"原则的体现，从简易程序的立法目的来看，应当既便利法院的审判工作，又能减轻当事人的负担。但从具体规定的内容来看，似乎更多的是方便法院审理、减轻法院工作压力的内容，这与简易程序的立法较为原则，而简易程序的基本规范主要来自于最高法院的司法解释不无关系。因此，从实际运行的效果看，简易程序更多地得到了法院的追捧。根据 2003 年以前三年的司法统计资料，适用简易程序审理的民事案件占基层人民法院审理的民事案件总数的 71%，个别沿海发达地区已攀升至 90%。① 但是，对当事人而言，简易程序却缺乏足够的吸引力。

1. 简易程序并不一定能实际减轻当事人诉讼环节的负担

以最高人民法院《关于适用简易程序审理民事案件的若干规定》为例，在其中 34 个条文中，关于简化当事人诉讼行为的条款仅有 2 条，内容只有一项，即原告可以口头起诉，被告可以口头答辩。其他条文都是关于如何方便法院审案的内容。而且当事人口头起诉与口头答辩的便利，也因其设定的前提条件要求较高而难以兑现，如规定原告口头起诉，必须是本人不能书写诉状且委托他人代写起诉状确有困难的，才被允许。在有些情况下，适用简易程序不仅对当事人不能产生现实的有利结果，有时还可能带来不利益。例如，根据《关于适用简易程序审理民事案件的若干规定》第 15 条的规定："调解达成协议并经审判人员审核后，双方当事人同意该调解协议经双方签名或者捺印生效

---

① 贺小荣："《关于适用简易程序审理民事案件的若干规定》的理解与适用"，《人民司法》2003 年第 10 期。

的，该调解协议自双方签名或者捺印之日起发生法律效力。当事人要求摘录或者复制该调解协议的，应予准许。"也即在此类案件中，法院不再向当事人送达调解协议，而当事人事后如果不是因为申请强制执行需要该调解协议的，不仅不能直接享有如普通程序那样获得裁判文书的权利，要向法院申请准许才能摘录或复制调解协议，而且，在现实条件下，法院昂贵的复印费用对于当事人又是一笔不必要的开支。

同时，由于简易程序压缩了案件的审理时间，给当事人查证和举证等的时间也相应减少了，这在一定程度上增加了当事人诉讼的难度，诉讼风险也随之加大。

2. 简易程序容易引发当事人的失落感

如同老百姓有点头痛脑热都希望上大医院就诊请专家看病一样，对于诉讼这样的事情，当事人更是希望能动用最好的司法资源为他解决纠纷。一件普通的民事纠纷，对法院来讲是司空见惯的，但对当事人来讲可能就认为关系到自己或家庭甚至家族的惊天动地的大事情。为此，他或许调动了一切能够调动的社会资源，出谋划策，集思广益；或许还托人介绍请了律师代理，也积极主动向法院如数缴纳了诉讼费用；或许在开庭的时候，所有的亲朋好友都到场为他鼓劲打气。但是，自视为如此重大的事件，法庭却以简化的方式开庭，法官以独任审判审理，当事人因此难免心生失落，认为法院对他的事情不重视，法庭没有充分有效地保护他的权益。如果最终的判决也不能让他完全遂心，他更是会难以接受，甚至对人民法院的公正性也会产生怀疑。如果说正义应当是看得见的正义，那么当事人在这样的诉讼中就会感觉没有看到正义。

3. 简易程序遭遇法院行政管理制度的制约

有些情况下，法律关于方便当事人诉讼的一些规定，也因现行的制度性原因的障碍而难以落实。如《民事诉讼法》第143条第2款规定："当事人双方可以同时到基层人民法院或者它派出的法庭，请求解决纠纷。基层人民法院或者它派出的法庭可以当即审理，也可以另定日期审理。"但是，目前基层人民法院都实行立案与审判分离的制度，立案工作与审案工作分属于法院内不同的部门，当事人双方同时到基层法院后由立案庭负责接待，但立案庭却无权审案，不可能对案件当即予以审理，审判庭有权审案却不负责接待。法院的这种内部行政管理制度实际上消解了简易程序方便诉讼的效果，使得法律的这条规定客观上成为了类似"第二十二条军规"一样的东西。①

（四）规则的制定主体混乱

诉讼程序规则事关当事人在诉讼中的各项法定权利的行使，我国《立法法》虽然只原则规定诉讼和仲裁制度问题只能由法律规定，但根据《人民法院组织法》第33条的规定，只有最高人民法院才有权对在审判过程中如何具体应用法律、法令的问题进行解释。但目前的情况是，上至高级法院、下至基层法院的地方各级法院纷纷出台了一批适用简易程序的规则或意见，如广东省高级人民法院1999年6月出台了《广东省法院适用简易程序审理民事案件规则（试行）》，河北省石家庄市中级人民法院1998年制定了《民事案件适用简易程序的若干意见》，陕西省西安市碑林区人民法院1999年5月28日制定了《民事、经济案件适用简易程序的有关规定》，新疆生产建设兵团五家渠垦区人民法院2001年10月8日发布了《新疆五家渠垦区人民法院简易程序案件审理规则》，浙江省诸暨市人民法院2001年出台了《适用简易程序审理民事案件若干规则》。② 山东省高级人民法院2001年出台了《山东省人民法院民事诉讼调解工作规范性意见》③ 湖南省靖州苗族侗族自治县法院制定了《民商事诉讼调解规则》。④

诉讼程序法律的规定，是保证民事案件公正审理的基本保证，更是保证法律正确实施、审判公权依法行使的基本规范。虽然在民事诉讼法律关系中，法院是行使国家审判公权的主体，法院与当事人在具体诉讼中形成的诉讼法律关系是一种公权法律关系，也是一种不平等、不对等的法律关系。但是，这并不能意味着法院就可以依仗其行使的国家权力，超越民事诉讼法的规定，改变其与当事人及其他诉讼参与人之间的权利义务关系。⑤ 否则，法院作为民事诉讼

---

① ［美］约瑟夫·海勒的同名小说。本书以第二次世界大战为背景，主人公尤索林因为厌恶战争，又不愿无谓牺牲，决心要逃离这个世界。于是他装病，想在医院里度过余下的战争岁月，但是未能如愿。因为，根据第二十二条军规，疯子才能获准免于飞行，但必须由本人提出申请；同时又规定，凡能意识到飞行有危险而提出免飞申请的，属头脑清醒者，应继续执行飞行任务。

② 最高人民法院民事诉讼法调研小组：《民事诉讼程序改革报告》，法律出版社2003年版，第3~4页。

③ 辛红："山东为诉讼调解立规"，《法制日报》2001年9月3日。

④ 梁建军，苏大金，何志良："民商事纠纷七成和气结案"，《法制日报》2002年10月22日。

⑤ 对此问题，有学者指出，超越法律规定的司法解释性质的"法院立法"的现象大行其道，其结果虽然在一定程度上功利性地满足了诉讼实践的客观需要，但它却对我国现行立法体制造成了巨大的毁灭性冲击。参见赵钢："关于修订《民事诉讼法》的几个基本问题"，载中国法学会诉讼法学研究会2003年《年会文集》（下册），第102页。

法律关系主体，可以既是参加者，又是规则制定者，与法治原则相悖。法院若能超越民事诉讼法的规定，以司法解释或其他方式改变民事诉讼法对民事诉讼法律关系主体权利（力）义务，法律对法院审判活动规定的各种义务，法院也就可以通过这一途径变相地规避了。因此，如果听任法院一方借助国家权力对民事诉讼法的内容作修改的话，法院藉此以种种形式与借口减轻或者免除自己的义务、增设或者加重当事人义务的可能性就难以避免，法院的行为也就会游离于法律之外。

三、诉讼程序简易化的完善

近几年我国法院开展的审判方式改革，在某种程度上已经演变成了以减轻法院工作负担、提高司法效率为主旨的改革，本质上仍是一种以法院为本位、以权力行使方便性为主要目的的修正活动。[①] 根据目前存在的问题，笔者认为，简易程序应当在以下几方面作必要的改进：

（一）赋予当事人简易程序选择权

最高人民法院《关于适用简易程序审理民事案件的若干规定》，简易程序的适用通过两种途径进行：第一，法院依职权主动决定适用简易程序。根据《关于适用简易程序审理民事案件的若干规定》第 1 条的规定，除了起诉时被告下落不明的，发回重审的，共同诉讼中一方或者双方当事人人数众多的，法律规定应当适用特别程序、督促程序、公示催告程序的，以及法院认为不宜适用简易程序进行审理的案件外，凡是简单的民事案件，均可直接依职权决定适用简易程序审理。第二，当事人申请适用简易程序。根据《关于适用简易程序审理民事案件的若干规定》第 2 条的规定，当事人自愿选择适用简易程序的情况，仅限于一审法院已决定适用普通程序审理的，当事人可以申请法院转为简易程序审理。

根据上述规定，简易程序适用的决定权完全由法院垄断，当事人无权选择，只能被动接受。案件受理后，法院可以不必征求当事人的意见直接决定适用简易程序；当事人如果不同意适用简易程序，仅可提出异议，因为法律授权法院有权"认为不宜适用简单程序进行审理的案件外，凡是简单的民事案件，均可直接依职权决定适用简易程序审理，"实际上最终还是由法院决定当事人的异议能否成立。

---

① 刘翔光："民事审判方式改革中被忽视的权利"，《法制日报》2002 年 9 月 7 日。

笔者认为，虽然我国《民事诉讼法》没有直接规定当事人有程序选择权，但选择何种诉讼程序进行诉讼，不仅事关法院如何行使审判权，更关系到当事人诉讼权利的行使，由法院单方面垄断对当事人不公平。而且，如果不征求当事人的意见，由法院单方面决定适用简易程序，也会让当事人觉得法院从一开始就对自己的案件重视不够，国家司法权力对自己的救济不力，进而产生对法院公正审判的怀疑。因此，应当规定法院受案后，对适用普通程序还是简易程序审理案件，可以征求当事人的意见，并引导简单民事案件的当事人选择适用简易程序进行诉讼，但不得直接决定适用简易程序。因为简易程序的设计根据是既方便法院审判、也方便当事人诉讼的"两便"原则。同时，简易程序的优势要靠具体的制度和实际的好处来体现，简易程序的公正性、权威性要靠具有说服力的司法审判反映出来，以此取得全社会认知，得到当事人的认同、选择和主动配合。否则，由法院单方面独揽决定大权，容易被误解为法院在向社会和当事人兜售廉价的正义。

（二）以当事人协商约定简化诉讼程序

获得法院适用完整诉讼程序审理自己的案件，应是当事人的一项诉讼权利，《关于适用简易程序审理民事案件的若干规定》第 2 条第 2 款也规定："人民法院不得违反当事人自愿原则，将普通程序转为简易程序"。基于兼顾公平效率的理念，为了减轻当事人的讼累，在征得当事人同意的基础上，简化那些对于案件当事人不十分重要的诉讼环节和程序性手续，不仅能够取得当事人的理解与支持，也符合诉讼法治的精神。至于哪些诉讼环节可以简化、如何简化，法律只需就此问题作原则规定，具体内容可以授权法院与双方当事人逐项予以商定，并最终由法院依职权对协商内容予以审查确认。如举证期限可以由当事人协商一致并经法院许可；庭审中举证、质证和辩论的焦点可以由当事人确认后围绕进行；等等。在法院的主持下，由双方当事人根据案件具体情况的不同，商定程序简化的内容及其简化后的具体形式，不仅能够减少法律、司法解释对诉讼程序简化的内容的具体规定，避免地方各级法院擅自制定规范，僭越当事人的自愿权利和处分权利，也可以防止法院假司法改革为名，行自己方便之实。

（三）提高简易程序对当事人的吸引力

2006 年 12 月 19 日颁布的《诉讼费用交纳办法》第 16 条规定："适用简易程序审理的案件减半交纳案件受理费。"该项规定是对当事人选择适用简易程序审理民事案件的一项具体实际的经济鼓励。此外，为了提高诉讼效率，可考虑采取一些具体措施，提高简易程序对当事人的吸引力。如对起诉书、答辩书、判决书等可以采用表格的形式，由法院或者当事人按照要求填写，以节省法院和当事人在这些诉讼环节上的时间；① 简化法院内部对简易程序案件审批、管理的各种手续，减少案件在院内流程管理环节上的运转时间；② 在现行法律规定基础上，进一步缩短简易程序的审限；对开庭审理的时间，可选择在双休日或晚上进行；开庭审理的地点，不局限于在本院进行；也有司法实务界的同志建议，扩大简易程序的适用范围，在第二审程序中也考虑引入简易程序，③ 等等。总之，通过各种切实可行并实际有效的利益机制的杠杆作用，引导当事人主动选择适用简易程序。

（四）简易程序多样化

应该在现有简易程序的基础上，从制度上增设小额诉讼程序、简易法庭等，方便当事人诉讼。例如，广东省深圳市宝安区法院在立案庭尝试设立简易法庭，配备专门审判人员，实行立与审合一、审与判合一，对有些案件在立案庭立案后，可当即在简易法庭审理并当即进行调解或者判决，极大地简化了案件的审前院内运行手续、缩短了诉讼时间。④ 浙江省泰顺县人民法院地处山高路险、交通不便的地理环境，前几年全省整合法庭资源时，泰顺县原有的 6 个基层法庭撤并为 2 个，根本无法满足当地的司法需求，尤其不少乡镇离法庭驻地甚远，老百姓去法庭办事要翻山越岭，极其不便。针对这些问题，泰顺县法院在原法庭撤并点乡镇设立审判站，每月 10 日，由法庭的审判人员定时到审判站坐堂问案，受理案件，调处纠纷，接受咨询。"审判站规则"中规定：接受不会写诉状的群众的口头起诉，即时予以立案，当即就地开庭审理；在审理程序上做到依法简化程序，采用简便方式传唤当事人，送达法律文书。⑤

---

① 张卫平等著：《司法改革：分析与展开》，法律出版社 2003 年版，第 276 页。据笔者了解，法院审判人员的主要工作精力集中在撰写判决书上。简化简易程序判决书的形式，能在很大程度上减轻法院审判人员的工作负担，也能使其有更多精力关注具体纠纷的调解和解决。

② 山东诸城法院辖有 8 个人民法庭，群众遇到纠纷已习惯于到法庭告状。法庭统一立案后却要到法院立案庭办理手续，群众感到不便，尤其是路远、经济拮据、年老体弱的人。为此，法院实行计算机远程立案，并对部分法律文书模板化、法院印章数字化处理之后，简易案件当天审当天就可拿到判决书。参见王世心，真东，辛红："让诉讼驶进快车道——山东法院司法改革创新启示之二"，《法制日报》2001 年 11 月 2 日。

③ 孙山："径行裁决的理解与适用——兼论确立我国民事二审简易诉讼制度"，《诉讼法理论与实践（2002 年民事、行政诉讼法学卷）》，中国政法大学出版社 2003 年版，第 308 页。

④ 江伟，费晓："简易程序的经济分析——以深圳宝安区法院简易法庭为考察对象"，《诉讼法理论与实践（2002 年民事、行政诉讼法学卷）》，中国政法大学出版社，2003 年版，第 295 页。

⑤ 陈东升："法院'审判站'开在咱乡镇"，《法制日报》2006 年 9 月 26 日。

此外，对于那些专业技术比较强的案件，还可以考虑建立一些专业审判庭，由了解本专业（行业）情况、熟悉此类案件的法官审理，既可保证审判的公正性，也可以提高审判的效率。例如房地产法庭、交通事故法庭、医疗争议法庭等。

（五）开庭审理的完整性不应简化

简易程序可以在其他环节上予以简化，但在开庭审理环节上应当适用普通程序开庭审理的规定。因为，开庭审理是整个诉讼活动的最集中体现，是司法理念与价值的精华所在，也是全社会和当事人感知司法活动的惟一窗口。无论是适用简易程序审理的案件，还是适用普通程序审理的案件，在开庭审理的环节上都应当充分彰显司法的权威和魅力所在。而且，在我国的诉讼法律和司法体制下，开庭审理的时间在整个案件审理过程中所占比例并不高，笔者虽然没有我国法院开庭审理时间的具体统计数据，但据美国洛杉矶上等法院1990年的研究，在1970年到1987年期间，他们对每件民事案件的平均审理时间从77分钟减少到44分钟。① 我国法院与之相比出入不会太大。因此，不会因为简易程序适用了普通程序中开庭审理方式而致诉讼拖延，也不会因此给法院和当事人增加太多的负担。而且，目前我国法院开庭审理的形式化、走过场现象仍很严重，即使适用普通程序开庭审理的过程也已经够简化了，如果简易程序再进行省略，恐怕从中难以看到多少正义的影子了。

在诉讼程序简易化问题上，简什么，怎么简，均不可一概而论。对外国司法实践经验的借鉴，也应当全面、客观，避免以偏概全。因为各国的历史背景与现实情况各不相同，其司法变革或演进的方向也有差异。比如法国司法改革就呈现出某些逆向特征，因为法国诉讼程序以简易、快捷、低廉的平民风格见长，加上起诉前法律援助（法律咨询）和小审法院的分担，积案问题相对而言并不突出。相反，程序简易化和平民化特色是法国成为西方惟一在司法公正性方面受到公众质疑的国家。所以，法国近年司法改革的重点在于强化一审程序的专业化。② 由此可见，诉讼程序的改革必须与本国实际相结合，根据具体

---

① ［美］理查德 L. 马库斯："诉讼超级大国的恐慌"，阿德里安 A. S. 朱克曼主编，傅郁林德等译：《危机中的民事司法》，中国政法大学出版社 2005 年版，第 87 页。

② Rechard W. Hulbert, "Comment on French civil Procedure", American Journal of Comparative Law, 1997, Vol. 45, p. 747; Daniel Soulcz Lariviercc, "Overiew of the Problems of French Civil Procedure", American Journal of Comparative Law, 1997, Vol. 45, p. 737. 转引自傅郁林："简繁分流与程序保障"，《诉讼法理论与实践（2002 年民事、行政诉讼法学卷）》，中国政法大学出版社 2003 年版，第 287 页。

情况的不同，进行切合实际的选择。

第三节　诉讼调解的规范化

一、诉讼调解的定位

诉讼调解，是指在民事诉讼过程中，根据《民事诉讼法》的规定，在法院的主持下，当事人之间自愿协商，解决相互间纠纷的一种方法。

诉讼调解与诉讼和解不同。一般来说，诉讼调解虽然也以当事人行使处分权为基础，但由于诉讼调解是在法院主持下进行的，诉讼调解又是法院行使审判权的方式之一，因此严格来讲，它应是一种公法行为。而诉讼中的和解是在诉讼当事人之间自行进行的，是当事人行使处分权自己协商解决相互间纠纷的一种私法行为，两者之间具有质的区别。但是，这种理论上的划分，不应影响诉讼调解与当事人和解在诉讼过程中建立起一定的连接关系。最高人民法院《关于人民法院民事调解工作若干问题的规定》第4条规定，当事人在诉讼过程中自行达成和解协议的，人民法院可以根据当事人的申请依法确认和解协议制作调解书。从有利于发挥当事人主动解决其纠纷的积极性，促进当事人协商解决其纠纷来讲，通过法院的审查确认，将当事人之间达成的和解协议，通过调解协议的方式加以固定并赋予其诉讼法调解的效力，既可鼓励当事人积极主动协商解决纠纷，又可保证其协议的内容符合法律的规定。所以，诉讼调解与诉讼和解之间又有一定的联系。

诉讼调解是在诉讼过程中进行的一种诉讼活动与制度规范。诉讼调解是在司法审判公权介入下，以当事人行使处分权为基础，以民事诉讼法律规范为依据，在诉讼过程中进行的一项活动，也是法律规定终结民事诉讼程序的一种方式。目前，我国的诉讼调解已经具有比较完备的制度规范，并形成了自己的特色。

（一）诉讼调解是我国民事诉讼制度的重要组成部分

与其他组织进行调解不同，诉讼调解是在民事诉讼过程中进行的一种诉讼上的活动，是我国民事诉讼制度的有机组成部分。我国《民事诉讼法》第8章列专章作了调解的规定，要求诉讼调解应当在《民事诉讼法》的规范和约束下，依照《民事诉讼法》的具体规定进行。

诉讼调解是我国人民司法制度优良传统与经验的总结，是我国民事审判制度中最具特色的一项制度。调解是我国人民司法工作的优良传统之一，也是我国长期以来坚持的一项司法政策。1963 年最高人民法院《关于民事审判工作若干问题的意见（修正稿）》中，将"调查研究，就地解决，调解为主"作为我国民事审判工作的根本方法和工作作风；① 在此基础上，于 1964 年形成了"依靠群众，调查研究，调解为主，就地解决"的十六字方针；② 1979 年最高人民法院关于《人民法院民事案件程序制度的规定（试行）》中，首次专列一项对调解作了比较系统全面的规定，奠定了我国民事诉讼调解制度的基本雏形。③ 1982 年颁布的《民事诉讼法（试行）》，在总结和吸收我国人民司法优良传统作风和我国长期民事司法政策以及司法实践经验的基础上，专列一章规定调解，并在基本原则中规定："人民法院审理民事案件，应当着重进行调解；调解无效的，应当及时判决。"1991 年颁布的《民事诉讼法》，将基本原则修改为："人民法院审理民事案件，应当根据自愿和合法的原则进行调解；调解不成的，应当及时判决。"针对前些年来，由于民事案件数量大量增加，法院审判力量相对不足，一些法院过分强调"一步到庭"、"当庭宣判"，对调解重视不够，该调不调，能调不调，调解结案率下降，上诉、申诉率上升，信访压力增大等问题，最高人民法院于 2003 年把诉讼调解规范化作为专门问题提上工作议程，成立了调研组，对法院调解工作的整体情况和存在的问题作了全面调查研究，在广泛调查研究和征求社会各界意见的基础上，于 2004 年 9 月 16 日发布《关于人民法院民事调解工作若干问题的规定》；2007 年 3 月 6 日最高人民法院出台了《关于进一步发挥诉讼调解在构建社会主义和谐社会中积极作用的若干意见》，并从构建和谐社会的角度赋予诉讼调解以新的内容，形成了我国司法调解完整的法律规范体系。

（二）调解是我国法院行使审判权的主要方式之一

自 1982 年我国《民事诉讼法（试行）》颁行以来，法律就将诉讼调解作为我国民事诉讼法律的基本原则之一。④ 调解体现了民事诉讼法的精神实质，

---

① 西南政法学院诉讼法教研室编：《民事诉讼法资料选编（第一辑）》，1984 年 4 月，第 42 页。

② 杨荣馨主编：《民事诉讼原理》，法律出版社 2003 年 4 月版，第 501 页。

③ 西南政法学院诉讼法教研室编：《民事诉讼法资料选编（第一辑）》，1984 年 4 月，第 53～54 页。

④ 有学者认为就调解在民事诉讼中应有的地位以及调解与民事和审判的关系来看，调解作为基本原则是不合适的。见张卫平著：《民事诉讼法》，法律出版社 2004 年 11 月版，第 19 页。笔者在此不专门研究民事诉讼基本原则问题，故采通说。

具有内容的根本性，贯穿于民事诉讼的全过程。根据最高人民法院《关于人民法院民事调解工作若干问题的规定》的规定，适用特别程序、督促程序、公示催告程序的案件，婚姻关系、身份关系确认案件以及其他依案件性质不能进行调解的民事案件，人民法院不予调解。该规定明确了诉讼调解的适用范围，属上述案件外，其他民事案件都可以进行调解。2004 年 9 月 16 日最高人民法院发布的《关于人民法院民事调解工作若干问题的规定》第 1 条进一步明确了调解的适用过程："人民法院对受理的第一审、第二审和再审民事案件，可以在答辩期满后裁判作出前进行调解。在征得当事人各方同意后，人民法院可以在答辩期满前进行调解。"在民事诉讼的各个环节、阶段上，在法院作出裁判之前，当事人都可以提出调解的要求，法院也可以随时主持双方当事人进行调解，诉讼中的各项活动也都围绕并促成达成调解协议而进行，对有调解可能的案件，应当尽量创造条件进行调解。

从法院行使审判权处理民事案件的结果上看，据统计，目前我国民商事案件已占到人民法院审理案件总数的 90% 以上，而各级法院特别是广大基层法院每年通过调解实现撤诉、结案的，已超过了案件总数的 50% 以上，很多法院调解结案的比例达到了 70% 至 80%。①

尽管多数调解协议能够得到当事人自觉地履行，进入强制执行程序的案件较少。但一旦发生不履行调解协议或者调解书的情况，债权人就会为在调解时作出了让步而后悔，这种顾虑一定程度上影响了当事人进行调解的积极性。为了消除当事人的顾虑，促进当事人达成调解协议，国家建立了调解激励机制，鼓励当事人选择诉讼调解。最高人民法院《关于人民法院民事调解工作若干问题的规定》规定了调解履行的两种激励机制：一是当事人可以在调解协议中约定一方不履行调解协议时承担额外的民事责任，经人民法院确认后，在发生一方不履行调解协议时，另一方当事人可以直接申请人民法院强制执行；二是当事人可以为履行调解协议设定担保，一旦不履行调解协议的情况发生，另一方可以向法院申请强制执行担保人的财产或者担保物，以保证他的债权能够及时得到实现。该规定在一定程度上有助于增强当事人参与调解的责任心，鼓励当事人诚实地进行调解活动，信守调解协议。

（三）诉讼调解制度的适用方式灵活

人民法院在主持调解的过程中，可以根据案件实际情况，灵活选择调解方

---

① 王斗斗："法院受案过半数调解结案"，《法制日报》2006 年 12 月 19 日。

式和方法，为当事人创造自由协商、互谦互让的宽松条件和氛围，增强调解工作的亲和力、透明度、效率，方便当事人参与调解。具体体现在：

1. 诉讼调解既可公开进行，也可不公开进行

根据最高人民法院《关于进一步发挥诉讼调解在构建社会主义和谐社会中积极作用的若干意见》第 12 条的规定，人民法院调解案件，当事人要求公开调解的，人民法院应当允许；办案法官和参与调解的有关组织以及其他个人，应当严格保守调解信息，当事人要求不公开调解协议内容的，人民法院应当允许。

2. 诉讼调解的期限可不受审限的限制

当事人愿意进行调解，但审理期限即将届满的，可以由当事人协商确定继续调解的期限，经人民法院审查同意后，由办案法官记录在卷。案件有达成调解协议的可能，当事人不能就继续调解的期限达成一致的，经本院院长批准，可以合理延长调解期限。当事人在诉讼过程中自行达成和解协议的，人民法院可以根据当事人的申请依法确认和解协议制作调解书。双方当事人申请庭外和解的期间，也可不计入审限。

3. 调解方案灵活掌握

根据最高人民法院《关于人民法院民事调解工作若干问题的规定》第 7 条规定，法院组织调解时，当事人各方应当同时在场，根据需要也可以对当事人分别作调解工作。诉讼调解过程中，当事人既可以面对面进行，也可以背靠背进行。诉讼调解的方案，当事人可以自行提出调解方案，主持调解的人员也可以提出调解方案供当事人协商时参考。

4. 请求调解的范围可以放开

诉讼调解可不受当事人诉讼请求范围的限制，调解协议的内容超出诉讼请求范围的，人民法院应当准许。当事人协商解决他们之间的纠纷时，通常会对各项法律关系一并解决，达成一揽子协议。一揽子协议的内容通常就会超出当事人诉讼请求的范围，如果不承认当事人这种协议，当事人之间的纠纷就很难解决。而且相关问题也会再次诉诸法院。为了方便当事人，受诉法院对此可以依法予以审查，只要不违反法律、行政法规的禁止性规定，不侵害国家、社会、他人的合法权益，就可以确认其有效。

5. 诉讼调解书的内容可以简化

最高人民法院《关于进一步发挥诉讼调解在构建社会主义和谐社会中积极作用的若干意见》第 20 条规定，各高级人民法院可以根据法律以及司法解

释的规定统一诉讼调解法律文书的格式，制作当事人答辩期满前调解同意书、继续调解申请书、委托调解书、诉讼费用决定书、调解书等诉讼调解文书模本。调解书的内容可以简化，简要记明案由和当事人诉讼请求，可以不写案件事实、审理过程和证据情况等。应当区分当事人签收生效的调解书和根据当事人签名或者盖章已经生效的调解协议制作的强制执行依据的调解书的格式。

6. 调解组织社会化

诉讼调解可以由法院单方面主持进行，也可邀请有关组织和个人参与进行。根据最高人民法院《关于进一步发挥诉讼调解在构建社会主义和谐社会中积极作用的若干意见》第 11 条的规定，人民法院可以根据法律以及司法解释的规定，建立和完善引入社会力量进行调解的工作机制。人民法院可以引导当事人选择办案法官之外的有利于案件调解的人民调解组织、基层群众自治组织、工会、妇联等有关组织进行调解，也可以邀请人大代表、政协委员、律师等个人进行调解。最高人民法院《关于人民法院民事调解工作若干问题的规定》第 3 条也规定，根据民事诉讼法第 87 条的规定，人民法院可以邀请与当事人有特定关系或者与案件有一定联系的企业事业单位、社会团体或者其他组织，和具有专门知识、特定社会经验、与当事人有特定关系并有利于促成调解的个人协助调解工作。同时，为了积极引导当事人的和解行为，当事人在和解过程中申请人民法院对和解活动进行协调的，人民法院可以委派审判辅助人员或者邀请、委托有关单位和个人从事协调活动。

邀请有关组织和个人参与诉讼调解，能够解决审判力量的不足，提高诉讼效率，确保司法公正。具体来讲，邀请有关单位和组织参与诉讼调解，一是可以弥补法院人员力量的不足。为了实现民事诉讼"定纷止争、胜败皆明、案结事了"的目标，各法院进一步加大了诉讼调解的工作力度，尽力提高调解结案的比例，增加调解结案的数量。与此同时，加大诉讼调解后，也直接造成法院工作量的急剧增加，邀请有关组织和个人参与诉讼调解，可以弥补法院人员数量上的不足，缓解审判力量不足的压力。二是可以弥补诉讼调解过程中法院审判人员专业知识、对当事人的社会影响力等方面的不足，提高调解的公正性，促成当事人达成调解协议。例如，广东省佛山市三水区法院设立了"诉讼调解协理员制度"，在法院审理民事案件时，根据案情需要，可聘请或委托具有一定法律知识，或具有特定社会经验，或与当事人有特定关系的人（如人民调解员、妇联工作人员、退休法官或其他社会人士）担任诉讼调解协理员，以其个人名义参与案件调解工作。其主持调解达成的协议，经案件审判人员审查，只要不违反法律、法规，不损害国家、集体、第三人及社会公共利益，也无重大误解或显示公平的，就制作民事调解书，经当事人签收后具有与判决同样的法律效力。① 浙江省宁波市镇海区法院在总结委托调解的成功经验后，进一步推出了特约委托调解机制。为此，法院专门成立了特约委托调解小组，聘请两名原先在民事庭工作的退休法官为特约委托调解员。法院赋予特约委托调解组和特约委托调解员明确的职权，充分保障他们在委托调解工作中的独立性。对可能进入特约委托调解机制的案件，法院严格按照法律所规定的程序进行操作。法院在向当事人送达相关法律文书时，先征求当事人的意见是否同意委托调解。当调解成功并形成书面协议后，由法院对调解内容进行合法性审查，最后由法院出具正式的司法调解书。一旦调解失败，就将案件转交给承办法官在规定的时间里开庭审理。②

二、诉讼调解的分类

（一）诉讼调解的程序阶段分类

根据诉讼调解进行的阶段的不同，可将调解分为诉前调解、立案调解、庭前调解、诉中调解（审案调解）、判前调解、二审调解、执行调解和再审调解。

1. 诉前调解

诉前调解，是指人民法院对当事人已经起诉但法院尚未立案办理的民事争议进行调解的活动。通常我们对于诉讼调解的理解，局限于受诉人民法院对具体案件立案受理取得相应的审判权以后方能展开。受这种观念的影响，那些已经起诉到法院但尚未立案受理，而纠纷本身又明显具有可调解因素的案件，法院通常只能继续推进立案受理程序，至案件到达审判业务庭之后，再经案件主办人员初步审查决定，才可能对案件进行一定的调解工作。这不仅使本来在起诉受理阶段就可能调解结案的案件被全部推到审判业务庭，增加了审判业务庭调解的工作负担，而且随着程序的不断推进，当事人之间的对立情绪也可能因此逐步加剧，增大了调解解决的难度。针对这样的问题，有的地方法院尝试开展了起诉受理阶段的诉前调解工作，取得了比较好的社会效果。如北京市朝阳

---

① "强化调解职能作用，增加定纷止争渠道：三水法院推行诉讼调解协理员制度"，《法制日报》2004 年 5 月 8 日。

② 李建平："特约司法调解组专司庭前调解"，《法制日报》2006 年 11 月 27 日。

区人民法院在全国率先创立了诉前调解的调解新机制，① 立案庭法官在立案接待过程中，对于有诉前调解可能的纠纷，提出诉前化解的建议，指导起诉人选择诉前调解。在征得当事人同意调解的基础上，暂不立案，由立案法官或特邀调解员进行调解，或者转由人民调解委员会进行调解，如果调解成功不需立案的，不向当事人收取任何费用。

2. 立案调解

立案调解，是指人民法院在案件受理后至被告答辩期满前对案件进行调解的活动。在案件受理后至答辩期满前，法院能否开展对案件的调解，民事诉讼法没有明确规定，各级法院也有一些争论，认为调解属于审判业务，只能由民事审判庭进行，立案庭只应审查立案，不能搞案件调解。但是，在第七次全国民事审判工作会议上，立案调解方式得到最高人民法院的肯定。② 司法实践中，已经有许多地方的法院都尝试采取了这种做法。据2006年11月召开的全国法院立案实务座谈会上的统计，各地法院开展立案调解的模式有三种，即"调裁结合、先调后裁"，"只调不裁"和"诉前调解"三种模式。2006年1月~10月，全国法院共调解一审民事案件1028971件，其中相当数量是在立案阶段调解结案的，有些法院立案调解结案数量占到了总量的30%至40%。③

在此基础上，一些地方的法院还出台了关于立案调解的相关规则。如2007年广东省佛山市南海区人民法院出台《佛山市南海区人民法院立案庭前调解规则（试行）》，规定对法律关系清楚、事实争议不大、法律责任比较明确、讼争财产确实存在的婚姻家庭和继承、交通事故、劳动合同、民间借贷、赡养、抚养、扶养等16类纠纷，在当事人来起诉时，法院立案工作人员告知当事人可以适用立案调解，并鼓励当事人选择调解的方式解决纠纷。如果当事人有调解意愿的，在《立案调解意向书》上签名确认后，案件优先送达，并立即被转至立案庭专司调解的法官处进行调解。立案调解必须7日结案，而且以一次调解为限。若调解不成，调解法官如实记录继续调解需要注意的问题，立即移入审判庭处理，为审判庭再次开展调解工作提供参考。立案调解成立结案的，诉讼费用减半收取。④ 宁夏回族自治区银川市兴庆区人民法院规定，对

① 陈虹伟，焦红艳："一个基层法院的制度突围"，《法制日报》2007年4月8日。
② 王斗斗："高法肯定立案调解"，《法制日报》2007年1月8日。
③ 邓克珠："法院立案调解结案数量上升"，《法制日报》2006年11月22日。
④ 游春亮，周桂颜："佛山市南海区立案调解结案的诉讼费减半收取"，《法制日报》2007年4月4日。

法律关系明确、基本事实清楚、相关证据确实、当事人各方自愿申请或特别授权委托代理，涉案标的额低于 50000 元，且不涉及抵押、担保的案件，可以通过立案调解；对已经受理但未经过基层组织调解而直接起诉至法院的婚姻家庭和继承纠纷、宅基地和相邻关系纠纷、人身损害赔偿纠纷等，还可邀请于当事人有特定关系的单位、个人或具有专门知识、特定社会经验的人协助调解。当事人各方同意在调解协议或者调解笔录上签名或盖章，经法院审查确认后，笔录或协议附卷，并由各方当事人、立案调解法官、书记员签名或盖章后，即具有法律效力。整个调解时间最快 5 分钟，最迟 5 个工作日。① 2006 年广东省东莞市中级法院制定了《东莞市中级人民法院立案调解工作规定（试行）》，规定将在立案阶段以调解结案的一审大标的案件的诉讼费规定为不超过 1000 元（一般案件按国家规定的标准）。②

在总结各地法院立案调解工作经验的基础上，为了完善立案阶段的调解工作，最高人民法院在《关于进一步发挥诉讼调解在构建社会主义和谐社会中积极作用的若干意见》的第 10 条规定，人民法院应当进一步完善立案阶段的调解制度。立案后经当事人同意，人民法院可以在立案阶段对案件进行调解。对于案情复杂并且当事人不同意调解的，或者找不到当事人的案件，应当及时移送审判庭审理。立案阶段的调解应当坚持以效率、快捷为原则，避免案件在立案阶段积压。适用简易程序的一审案件，立案阶段调解期限原则上不超过立案后 10 日；适用普通程序的一审案件，立案阶段调解期限原则上不超过 20 日。

3. 庭前调解

庭前调解，是指案件在起诉受理移交审判庭后，至开庭审理之前，法官助理审查诉讼材料，组织当事人交换证据、主持调解的一系列活动。例如，北京市朝阳区人民法院自 2005 年至 2007 年 10 月，通过法官助理的一系列工作，16512 件纠纷迅速解决，占同期全院结案的 13.1%。③

4. 庭中调解

庭中调解，是指在案件开庭审理后，负责案件审理的审判业务庭的法官，

---

① 周崇华，张昆："银川市兴庆区标的额 5 万以下快速立案调解"，《法制日报》2007 年 4 月 4 日。

② 邓建新，陈晓艳："东莞中院立新规，促当事人调解结案——大标的案诉讼费也不超过千元"，《法制日报》2006 年 11 月 13 日。

③ 李思，曹璐："北京市朝阳区人民法院用和解创造和谐"，《法制日报》2007 年 10 月 10 日。

依照《民事诉讼法》的有关规定，对于案件进行调解处理的活动。又称为审案调解，也是诉讼调解的常规形式，是通常意义上所讲的诉讼调解的最典型形式。

5. 判前调解

判前调解，是指法院在案件审理完毕至判决前对当事人争议进行再一次调解的活动。为了确实落实诉讼调解原则，鼓励当事人通过调解方式解决其纠纷，人民法院在审理程序进行完毕下达判决之前，还可以再一次征询当事人的意见，如果当事人在此阶段仍有调解的意愿，则法院可不急于下判，转而继续做当事人的调解工作。如果能够调解达成协议的，以调解方式结案；如果虽经调解仍不能达成协议的，就直接下判。这种做法也得到了最高人民法院院长肖扬的认同，他在 2007 年 2 月 28 日接受记者采访时表示，"要将司法调解贯穿于诉讼的全过程，不仅要继续加大庭前调解和诉讼过程中的调解力度，必要时也可以在下达裁判文书前进一步征询当事人的调解意见。"①

6. 二审调解

二审调解，是指一审法院判决后当事人对判决不服提起上诉时，二审法院对当事人的争议进行调解的活动。根据《民事诉讼法》第 155 条的规定，人民法院审理上诉可以进行调解，调解达成协议的，在调解书送达当事人后，原审法院的判决即视为撤销。同时，最高人民法院《关于适用〈民事诉讼法〉若干问题的意见》第 182 条、183 条、184 条、185 条分别规定了对当事人在一审中已经提出的诉讼请求，原审人民法院未作审理、判决的；必须参加诉讼的当事人在一审中未参加诉讼的；原审原告增加独立诉讼请求或原审被告提出反诉的；一审判决不准离婚的案件，上诉后第二审人民法院认为应当判决离婚的二审案件，只能进行调解，不能进行判决。二审调解是否仍然可以采取立案调解、庭前调解和庭中调解等调解手段，法律没有直接规定，最高人民法院在《关于进一步发挥诉讼调解在构建社会主义和谐社会中积极作用的若干意见》第 10 条规定，二审案件原则上不搞立案调解，或者对二审案件规定更为合理的调解期限。笔者认为，可以视具体情形而决定。

7. 执行调解

执行调解，是指在执行的过程中，由法院组织当事人进行和解和协商解决

---

① 王斗斗："依法化解矛盾纠纷，实现公平正义——访最高人民法院院长肖扬"，《法制日报》2007 年 3 月 1 日。

纠纷的活动。执行过程中的调解不同于与审判过程中的调解。执行调解是由法院组织当事人进行和解，给当事人自行和解提供一定的条件和进行相应的引导，而不是由法院主持当事人进行和解；审判过程中达成的调解协议具有结束诉讼程序和强制执行的法律效力，而法院组织当事人进行的执行调解，即使达成和解协议，其协议也不具有可诉性，更不具有可依法强制执行的法律效力。一方当事人拒不履行和解协议的，法院可根据对方当事人的申请，恢复对原生效法律文书的执行。

执行是在义务人拒绝履行生效法律文书的义务时，由人民法院的执行机构依照法律规定，运用国家强制力，采取法定强制措施，迫使义务人履行其法律文书确定的义务的过程。由于这一阶段人民法院的工作是为了实现已生效法律文书的规定的内容，所以，在此阶段，原则上法院不得再进行调解。但事实上，义务人不履行法律文书规定的义务的情况是多种多样的，有的是无理拒绝履行，有的是因为履行能力不足无法履行，有的则是因为一时困难暂时无力履行，等等。为此，我国《民事诉讼法》第207条规定了执行和解。在执行过程中，双方当事人可以自行和解达成和解协议。借助这一制度平台，对于确实不属于义务人无理拒绝履行义务的案件，法院也可以借助调解的手段，主动引导当事人通过和解的方式终结执行程序。有的地方法院也尝试开展了执行过程中的调解，如江苏省无锡市法院在执行过程中，通过召集当事人交流想法，向他们宣传法律和政策，与地方政府领导交换意见取得配合与支持等办法，为和解结案作最后努力。① 最高人民法院《关于进一步发挥诉讼调解在构建社会主义和谐社会中积极作用的若干意见》第18条也规定，民事执行案件按照执行依据的全部内容进行强制执行确有困难的，经双方当事人同意，人民法院可以组织当事人进行和解。经和解达成协议的，按照《民事诉讼法》相关规定处理。

8. 再审调解

再审调解，是指在审判监督程序中，人民法院根据案件具体情况，对当事人进行调解，如果能够达成调解协议，终结审判监督程序的情况。再审程序（审判监督程序）的宗旨包括两个方面，一方面是对当事人之间的纠纷启动再审程序再行予以审理，另一方面是对原审人民法院的审判工作进行审查和监督。根据我国《民事诉讼法》的规定，对于已经生效的法院判决和裁定，以

---

① 赵正辉："诉讼调解实现'无缝对接'"，《法制日报》2006年9月6日。

及当事人提出证据证明违反自愿原则或者内容违反法律的生效调解协议，接受再审申请的法院如果发现确有错误，可以通过再审程序依法予以纠正。没有直接作出关于再审调解的规定。但是，当事人提起的再审程序，有的是因为原审裁判有错误，有的是因为原审裁判生效后，又发现足以推翻原审裁判的新证据，对申请再审的当事人来讲，根本的问题还是实体权利的得失问题。因此，在再审程序中引入调解方式不仅是必要的，也与再审程序的宗旨与功能不相违背。为此，最高人民法院《关于进一步发挥诉讼调解在构建社会主义和谐社会中积极作用的若干意见》第19条规定，当事人申诉、申请再审的案件，在审查立案或者听证过程中，双方当事人同意调解的，人民法院可以调解，达成一致意见的，可以按照执行和解处理，终结审查程序。当事人自行达成和解协议的，人民法院审查确认后，可以按照执行和解处理。据报道，2006年广东省高级人民法院出台了《关于民事、行政再审案件审理程序的若干规定》，要求法院在审理民事、行政再审案件时，应根据当事人自愿与合法的原则，着重进行调解。广东省高级人民法院在2006年审结的141件民事、行政再审案件中，调解、和解结案率超过80%。[①]

（二）诉讼调解的参加主体分类

根据诉讼调解参加的主体的不同，可将诉讼调解分为法院调解与邀请或委托有关组织和个人参加的调解。

1. 法院单方主持调解

法院单方主持的调解，是指由法院的审判人员单独主持开展的诉讼调解活动。如前所述，法院单方主持的调解，既可以在立案阶段进行，也可以在诉讼的其他各阶段进行。

2. 邀请或委托社会组织和个人参与调解

诉讼调解虽然是在诉讼过程中进行的，是法院依法行使审判权的方式之一，但在必要时，法院也可以邀请或委托有关单位和个人参与共同进行。根据最高人民法院《关于人民法院民事调解工作若干问题的规定》，邀请有关组织和个人参与调解有主要两种形式：一是邀请协助调解，即人民法院依法可以邀请与当事人有特定关系或者与案件有一定联系的企业事业单位、社会团体或者其他组织，以及具有专门知识、特定社会经验、与当事人有特定关系并有利于促成调解的个人协助调解工作。二是邀请主持调解，即经各方当事人同意后，

---

① 邓新建，粤新："广东高院该再审思路"，《法制日报》2007年2月12日。

人民法院委托有法律知识、相关工作经验或者与案件所涉问题有专门知识的单位或者个人对案件进行调解。如技术专家、居委会、人民调解组织、行业主管部门等。通过这两种形式达成调解协议的，由人民法院依法予以确认，与法官主持调解产生相同的效果。最高人民法院在《关于进一步发挥诉讼调解在构建社会主义和谐社会中积极作用的若干意见》第 11 条中也提出，人民法院可以根据法律以及司法解释的规定，建立和完善引入社会力量进行调解的工作机制。

三、诉讼调解与人民调解的关系

人民调解制度是在中国共产党的领导下，继承发扬我国民间调解的传统，经历了革命、建设和改革各个历史阶段的实践，不断发展和完善起来的一项社会主义法律制度。它是指依法设立的人民调解委员会通过说服、疏导等方法，促使纠纷当事人在平等协商基础上自愿达成调解协议，解决民间纠纷的一种群众自治活动，是一项具有中国特色的化解矛盾、消除纷争的非诉讼纠纷解决方式，被国际社会誉为化解社会矛盾的"东方经验"。新中国成立以来，党和政府高度重视人民调解工作，使这项工作在化解民间纠纷，加强社会主义民主法制建设，维护社会稳定，实现国家的长治久安，实现群众自治及基层民主政治建设方面发挥了重要作用。据统计，截至 2009 年底，全国共建有人民调解组织 82.3 万多个，其中村（居）调委会 67.4 万个，企（事）业单位调解组织 7.9 万个，乡镇（街道）调委会 4.2 万个，行业性、专业性人民调解组织 1.2 万多个，基本实现了调解组织网络的立体多层次、平面宽领域、社会全覆盖。近五年来，全国人民调解组织直接调解、协助基层人民政府调解各类民间纠纷 2904 万余件，调解成功 2795 万余件，调结率为 96％；防止因民间纠纷引起的自杀 10 万余件，防止因民间纠纷转化成刑事案件 25 万余件，开展矛盾纠纷排查 90 万余次，专项治理各类矛盾纠纷 108 万件，制止群众性械斗 18 万余起，防止群体性上访 16.6 万余起。其中经人民调解又诉至法院的纠纷仅占调解纠纷总数的 1％，经法院裁定维持调解协议的比例高达 90.6％。① 人民调解的范围已从传统的婚姻、家庭等常见性、多发性民间纠纷，扩展到公民与法人及社会组织之间等多方面的矛盾纠纷。人民调解作为一项具有中国特色的法律制度，是诉讼程序之外化解矛盾、消除纷争的有效手段，是提高公民法制观念和

---

① 王斗斗："人民调解法让'东方之花'更加绚丽绽放"，《法制日报》2010 年 8 月 29 日。

道德水平、推进基层民主法制建设的有效途径，是新时期维护社会稳定的"第一道防线"。

（一）诉讼调解与人民调解关系的基本规定

法院的诉讼调解与人民调解委员会的调解均属于调解解决纠纷的方式，但二者之间具有明显的区别。其一，主体不同。诉讼调解是法定审判机关处理和解决纠纷的活动；而人民调解则是依法设立的调解民间纠纷的群众性组织处理和解决纠纷的活动。其二，权源不同。法院的调解基于国家审判权，是法院行使审判权的形式之一；人民调解则基于当事人的自愿选择，是民众行使其自治权的形式之一。其三，受案范围不同。人民调解主要针对民间纠纷进行调处；而法院的诉讼调解原则上包括《民事诉讼法》规定的属于法院主管范围内的所有民事案件。其四，调解的效力不同。诉讼调解的结果依法直接具有法律效力，可作为法院强制执行的依据；而人民调解的结果则只有被依法确认后才可作为法院强制执行的依据。其五，是否收费不同。诉讼调解是法院的司法审判工作，是在当事人依法缴纳诉讼费用后，法院开展的一项工作；而人民调解委员会调解纠纷则不收取任何费用，由县级以上地方人民政府对人民调解工作所需经费给予必要的支持和保障。

但是，作为处理和解决纠纷的机制，法院调解与人民调解也具有一定的联系。首先，经人民调解达成协议的案件，当事人可以直接履行，也可以通过获得司法确认而排除，而不再经法院审理，包括不再经法院的诉讼调解；其次，在人民调解委员会调解纠纷的过程中，法院也还可对其调解工作进行业务指导。此外，基层人民法院对适宜通过人民调解方式解决的纠纷，可以在受理前告知当事人向人民调解委员会申请调解。

诉讼调解与人民调解的关系，取决于国家法律对人民调解制度的规范，由法院与人民调解委员会之间的关系而决定。具体来讲，有关我国人民法院与人民调解之间关系的规范性文件主要有以下几类：

1. 1989 年 6 月国务院颁布的《人民调解委员会组织条例》

该条例规定了人民调解委员会的性质是，村民委员会和居民委员会下设的调解民间纠纷的群众性组织，人民调解委员会在基层人民政府和基层人民法院指导下进行工作。人民调解委员会的调解原则是：依据法律、法规、规章和政策进行调解；法律、法规、规章和政策没有明确规定的，依据社会公德进行调解；在双方当事人自愿平等的基础上进行调解；尊重当事人的诉讼权利，不得因未经调解或者调解不成而阻止当事人向人民法院起诉。

2. 2002 年 9 月 16 日最高人民法院颁布的《关于审理涉及人民调解协议的民事案件的若干规定》

该规定在以下几方面对法院对人民调解的关系作出了新的规定，将人民调解协议定性为民事合同。当事人应当按照约定履行自己的义务，不得擅自变更或者解除调解协议。赋予人民调解协议以可诉性。

3. 2002 年 9 月 24 日最高人民法院、司法部联合发布的《关于进一步加强新时期人民调解工作的意见》

该意见进一步明确了人民调解的重要性，强调人民法院要切实加强对人民调解委员会的指导，并明确了具体的工作内容。规定各级人民法院特别是基层人民法院及其派出的人民法庭，要深入探索研究，不断总结经验，切实加强和改进对人民调解委员会工作的指导。人民法院及其派出的人民法庭审理涉及人民调解协议的民事案件，调解协议被人民法院生效判决变更、撤销或者确认无效的，可用适当方式告知当地司法行政机关或者人民调解委员会；发现人民调解员违反自愿原则，强迫当事人达成调解协议的，应当及时向有关司法行政部门或者人民调解委员会提出纠正的建议；要积极配合当地司法行政部门，加强对人民调解员进行业务培训，提高人民调解员的法律知识水平和调解纠纷的技巧。基层人民法院及其派出的人民法庭可以通过举办培训班等方式，对人民调解员进行培训或组织旁听案件审判，可以安排人民调解员参与庭审前的辅助性工作，也可以聘任有经验的人民调解员担任人民陪审员。

2007 年 8 月 29 日，最高人民法院、司法部有关负责人就最高人民法院、司法部联合下发的《关于进一步加强新时期人民调解工作的意见》作出权威解读:① 人民调解组织要依法调解矛盾纠纷，规范制作人民调解协议书。人民法院对于常见性、多发性的简单民事纠纷，在当事人起诉时或立案前，可以引导当事人通过人民调解解决矛盾纠纷。人民法院对于进入诉讼程序的民事案件，在征得当事人的同意后，可以委托人民调解组织对案件进行调解。人民法院对于刑事自诉案件和其他轻微刑事案件，可以根据案件实际情况，参照民事调解的原则和程序，尝试推动当事人和解，尝试委托人民调解组织调解。

4. 2002 年 9 月 26 日司法部发布的《人民调解工作若干规定》

该规定在强调当事人应当自觉履行人民调解协议的基础上，规定了人民调解委员会对经调解后诉讼到法院的案件的审判工作进行配合。规定对当事人因

---

① 王斗斗:"加强人民调解最大限度增加和谐因素"，《法制日报》2007 年 8 月 30 日。

对方不履行调解协议或者达成协议后又反悔，起诉到人民法院的民事案件，原承办该纠纷调解的人民调解委员会应当配合人民法院对该案件的审判工作。

5. 2004 年 2 月最高人民法院、司法部联合发布的《关于进一步加强人民调解工作切实维护社会稳定的意见》

该意见的第三部分规定了司法审判与人民调解之间关系的有关问题，强化了对已经人民调解委员会调解的案件进行诉讼调解。人民法院审理涉及人民调解协议的民事案件一般应当进行调解。在调解过程中，经征得双方当事人同意，人民法院可以邀请人民调解员协助诉讼调解，帮助人民法院做好当事人的思想工作。明确了法院对正在人民调解委员会调解的案件进行咨询与指导，规定人民法院法官可以接受人民调解员在调解过程中遇到的有关法律问题的咨询，但不得针对正在进行调解的具体纠纷直接发表意见。

6. 2007 年 3 月 6 日最高人民法院出台的《关于进一步发挥诉讼调解在构建社会主义和谐社会中积极作用的若干意见》

该意见在第 23 条中规定，人民法院应当认真研究和探索建立诉讼程序与诉讼外纠纷解决机制的对接机制，坚持以审判工作为中心，加强对人民调解组织的指导，大力支持、依法监督其他组织的调解工作，积极推动社会多元化纠纷解决机制的建立和完善，充分发挥社会各方面缓解矛盾、解决纠纷的作用。

7. 2009 年 7 月 24 日最高人民法院出台《关于建立健全诉讼与非诉讼相衔接的矛盾纠纷解决机制的若干意见》

该意见对人民调解与诉讼机制之间的衔接关系，在原有规定基础上作出了比较大的突破性规定，如规范和完善司法确认程序，规定经人民调解委员会达成的调解协议具有民事合同性质的协议，经调解组织和调解员签字盖章后，当事人可以申请有管辖权的人民法院确认其效力；明确了确认程序的管辖法院及其适用的程序形式。

8. 2010 年 8 月 28 日第十一届全国人大常委会第十六次会议审议通过《人民调解法》

该法作为我国第一部全面规范人民调解制度的法律，在全面总结新中国人民调解工作发展经验的基础上，从制度创新、制度规范、制度保障的高度，以国家立法的形式对人民调解的性质、任务和原则，人民调解组织形式和人民调解员选任，人民调解的程序、效力等问题作出了规定，使人民调解工作进一步实现了有法可依，步入法制化、规范化的发展轨道。该法以宪法为依据，以《人民调解委员会组织条例》实施以来的实践经验为基础，既坚持了人民调解的本质属性，又按照科学发展观的要求，适应新形势、新任务，对人民调解制度进行了完善和创新。其创新点主要包括：

人民调解的群众性、民间性、自治性的性质和特征得到了坚持和巩固。人民调解是人民群众自我教育、自我管理、自我服务的一项制度，这一属性及定位是人民调解工作赖以存在的基础，也是长期以来人民调解工作保持强大生命力、深受群众欢迎的根本原因。尽管人民调解组织形式、调解领域、工作方式有许多新的发展变化，但这一性质始终没有改变，也不能改变。

人民调解的组织形式得到了进一步完善。该法规范了村民、居民调解委员会和企事业单位调解委员会的设立、组成及任期制度。同时，为乡镇、街道人民调解委员会及一些特定区域，如依托集贸市场、旅游区、开发区设立的人民调解组织和基层工会、妇联、残联、消协等群众团体、行业组织设立的新型人民调解组织保留了制度空间。

人民调解员的任职条件、选任方式、行为规范和保障措施得到了进一步明确。为提高人民调解员队伍整体素质，优化人民调解员队伍结构，该法规定了人民调解员的任职条件，要求司法行政机关定期对人民调解员进行业务培训。同时规定了人民调解员从事调解工作应当给予适当的误工补贴。在人民调解工作岗位上致伤致残或牺牲的人民调解员及其家属可以享受国家救助和抚恤，以激励广大群众积极参与人民调解工作。

人民调解的灵活性和便利性得到了进一步体现。基于人民调解的性质和特征，该法相关规定凸显了人民调解不拘形式、灵活便捷、便民利民的特点和优势，要求在充分尊重当事人权利的基础上，采用多种方式帮助当事人达成协议，避免人民调解程序司法化的倾向。

人民调解与其他纠纷解决方式之间的衔接机制得到了法律确认。为贯彻调解优先原则，充分发挥人民调解在化解社会矛盾纠纷中的基础作用，处理好人民调解与其他纠纷解决方式之间的衔接关系，该法规定基层人民法院、公安机关对适宜通过人民调解方式解决的纠纷，可以在受理前告知当事人申请人民调解。人民调解委员会对调解不成的纠纷，应当告知当事人依法通过仲裁、行政、司法等途径维护自己的权利。

人民调解协议的效力及司法确认制度得到了进一步明确。该法明确规定，经人民调解委员会调解达成的调解协议，具有法律约束力，当事人应当按照约定履行。同时，人民调解法首次通过立法确立了对人民调解协议的司法确认制度，即对经人民调解达成的人民调解协议，当事人认为必要的，可以共同向人民法院申请司法确认；经法院确认合法有效的调解协议，一方当事人不履行或未全部履行的，他方当事人可以向人民法院申请强制执行。这是近年来人民调解工作的一项重要制度创新，是运用司法机制对人民调解给予支持的重要保障性措施。

对人民调解工作的指导和保障得到了加强。该法规定，国家鼓励和支持人民调解工作，县级以上地方人民政府对人民调解工作所需经费应当给予必要的支持和保障，对有突出贡献的人民调解委员会和人民调解员按照国家有关规定给予表彰奖励。同时，明确规定了司法行政机关对人民调解工作的指导管理体制，明确了基层人民法院对人民调解委员会调解民间纠纷进行业务指导。

（二）对人民调解协议效力的认定

关于人民调解协议的效力，在我国先后发布的上述几个规定中，经历了几个不同的发展阶段。

1. 无法律拘束力阶段

1989 年 6 月国务院颁布的《人民调解委员会组织条例》规定了人民调解协议的效力，规定人民调解委员会主持下达成的调解协议，当事人应当履行。经过调解，当事人未达成协议或者达成协议后又反悔的，任何一方可以请求基层人民政府处理，也可以向人民法院起诉。即如果当事人不能自觉履行调解协议的，任何一方当事人可以起诉到法院处理原民事纠纷，在人民调解委员会达成的调解协议对当事人不再具有约束力。

2. 视同民事合同阶段

2002 年 9 月 16 日最高人民法院颁布的《关于审理涉及人民调解协议的民事案件的若干规定》，将人民调解协议定性为民事合同。规定当事人应当按照约定履行自己的义务，不得擅自变更或者解除调解协议。如果当事人一方向人民法院起诉，请求对方当事人履行调解协议的，人民法院应当受理。当事人一方向人民法院起诉，请求变更或者撤销调解协议，或者请求确认调解协议无效的，人民法院应当受理。如果当事人不能自觉履行在人民调解委员会达成调解协议的而向法院起诉的，可以起诉请求法院判决被告依据原调解协议履行，当事人可以不必请求法院重新审理原民事纠纷。

3. 通过法院判决确认调解协议的效力阶段

2002 年 9 月 24 日最高人民法院、司法部联合发布《关于进一步加强新时期人民调解工作的意见》规定，各级人民法院特别是基层人民法院及其派出的人民法庭，对在人民调解委员会主持下达成调解协议，凡调解协议的内容是双方当事人自愿达成的，不违反国家法律、行政法规强制性规定，不损害国家、集体、第三人及社会公共利益，不具有无效、可撤销或者变更法定事由的，应当确认调解协议的法律效力，并以此作为确定当事人权利义务的依据，通过法院的裁判，维护调解协议的法律效力。

4. 由人民调解委员对调解协议监督履行阶段

2002 年 9 月 26 日司法部发布的《人民调解工作若干规定》要求，人民调解委员会应当对调解协议的履行情况适时进行回访，并就履行情况作出记录；当事人无正当理由不履行协议的，应当做好当事人的工作，督促其履行。对经督促仍不履行人民调解协议的，应当告知当事人可以请求基层人民政府处理，也可以就调解协议的履行、变更、撤销向人民法院起诉。规定了人民调解委员会对已达成的调解协议的变更和撤销。如当事人提出协议内容不当，或者人民调解委员会发现协议内容不当的，应当在征得双方当事人同意后，经再次调解变更原协议内容；或者撤销原协议，达成新的调解协议。

5. 适用督促程序执行人民调解协议阶段

2004 年 2 月最高人民法院、司法部联合发布的《关于进一步加强人民调解工作切实维护社会稳定的意见》规定，对人民调解协议依法可以适用督促程序。当事人持已经生效的人民调解协议向人民法院申请支付令的，只要符合民事诉讼法第十七章规定的条件，人民法院应当支持。2007 年 8 月 29 日，最高人民法院、司法部有关负责人强调：[1] 各级人民法院特别是基层人民法院及其派出的人民法庭，要严格按照最高人民法院《关于审理涉及人民调解协议的民事案件的若干规定》，及时受理涉及人民调解协议的民事案件，并依法确认人民调解协议的法律效力。当事人持已经生效的人民调解协议向人民法院申请支付令的，人民法院应当及时审查，符合法定条件的，应当及时发出支付令。

6. 对人民调解协议通过司法直接确认其效力阶段

对人民调解组织达成的调解协议的司法确认经历了两个阶段。2009 年 7 月 24 日最高人民法院出台《关于建立健全诉讼与非诉讼相衔接的矛盾纠纷解决机制的若干意见》中，将司法确认的对象限定于人民调解组织调解达成的具有民事合同性质的协议。而《人民调解法》则明确规定，经人民调解委员会调解达成的调解协议，具有法律约束力，当事人应当按照约定履行，并规定

---

① 王斗斗："加强人民调解 最大限度增加和谐因素"，《法制日报》2007 年 8 月 30 日。

人民调解委员会应当对调解协议的履行情况进行监督，督促当事人履行约定的义务。该法第 33 条还规定，经人民调解委员会调解达成调解协议后，双方当事人认为有必要的，可以自调解协议生效之日起三十日内共同向人民法院申请司法确认，人民法院应当及时对调解协议进行审查，依法确认调解协议的效力。人民法院依法确认调解协议有效，一方当事人拒绝履行或者未全部履行的，对方当事人可以向人民法院申请强制执行。人民法院依法确认调解协议无效的，当事人可以通过人民调解方式变更原调解协议或者达成新的调解协议，也可以向人民法院提起诉讼。

（三）诉讼程序与人民调解建立纠纷解决的对接机制

诉讼程序与人民调解机制之间的科学、合理对接，不仅有利于提升人民调解的效力，也有利于对纠纷的有效调处和解决，同时这也是长期以来我国多元纠纷解决机制构建过程中一直面临的重要问题之一。最高人民法院、司法部联合发布的《关于进一步加强人民调解工作切实维护社会稳定的意见》指出："基层人民法院及其派出人民法庭与基层司法行政机关及司法所要结合本地实际，建立多种形式的联系机制，加强沟通与协作，共同研究、及时指导人民调解工作。"最高人民法院《关于进一步发挥诉讼调解在构建社会主义和谐社会中积极作用的若干意见》也提出要求，"人民法院应当认真研究和探索建立诉讼程序与诉讼外纠纷解决机制的对接机制，坚持以审判工作为中心，加强对人民调解组织的指导，大力支持、依法监督其他组织的调解工作，积极推动社会多元化纠纷解决机制的建立和完善，充分发挥社会各方面缓解矛盾、解决纠纷的作用。"2009 年 7 月 24 日最高人民法院出台《关于建立健全诉讼与非诉讼相衔接的矛盾纠纷解决机制的若干意见》，更是把促进和完善诉讼与人民调解等其他非诉讼纠纷解决机制之间的衔接问题作了专门指导和规范。司法实践中，各地方法院在探索建立司法审判与人民调解的对接机制方面，作出了如下尝试：

1. 各地方人民法院的具体做法

（1）人民调解组织进法院

目前一些地区的地方法院的做法是，在法院内设立人民调解工作机构，法院对起诉到院内的案件，如果属于适宜调解的案件，可以引导当事人先行选择到院内的人民调解工作室进行调解。

例如，北京市西城区司法局在西城区人民法院设立人民调解工作室，人民调解工作室将由司法局选派两名具有丰富人民调解工作经验的工作人员，从事与人民调解相关的法律服务工作。凡是前来法院进行诉讼的当事人，立案接待人员都要先征询当事人意见，告诉其可以申请诉前调解。如果当事人表示愿意接受调解，人民调解员将对案件的相关证据材料进行审查，及时进行调解。对于那些虽有调解意愿，但对方当事人没有到达现场的，可另行约定时间，或者经一方当事人同意单独对另一方进行调解。调解达成协议后，再由双方同时签署协议，人民法院还可以根据当事人的请求出具法院正式的调解书，送达双方当事人，以确认调解的结果。此外，如果调解工作室在调解中遇到困难，可以申请法院指导，法院将指派有关人员对案件提供建议，但不会直接参与具体纠纷的调解。[①]

上海市长宁区法院在院内设立人民调解窗口，当事人到该院起诉时，该院对案情简单的小额诉讼和邻里纠纷案件，引导当事人选择人民调解组织解决纷争。[②]

（2）法院与人民调解委员会共建调解组织

有的地方法院还与人民调解委员会合作，在院内成立专门机构开展调解工作。例如，2006 年，湖南省长沙市岳麓区司法局和岳麓区法院经协商，决定建立民事案件诉前调解机制。人民调解工作室的办公场所和办公经费由法院提供，专职调解员由法院协助司法局在热心人民调解工作的退休法官中选任，也可由司法局在有经验的人民调解员中选聘，专职调解员的工资待遇在司法局专项拨款中解决。该机制建立后，凡是适合人民调解的民事纠纷，在法院立案时，法官先行引导当事人进入人民调解室，以"圆桌"商谈的形式，免费进行调解。法院适时进行跟踪，掌握调解进程，及时对调解员进行业务指导。纠纷调解完毕，人民调解室以正式公函通知法院纠纷调解结果，法院区分不同情况分别处理。双方当事人达成调解协议后，在一方不履行时，另一方可持该调解协议向法院起诉要求予以确认；法院审查立案后，在立案阶段启动"司法确认程序"，对协议进行合法性审查。如符合确认条件，则直接下发《司法确认书》，肯定调解协议的法律效力，当事人可申请强制执行；如不符合条件，则通过民事诉讼程序，予以审查处理。[③]

---

① 李松，黄洁，刘白露："民调室搬进北京西城法院"，《法制日报》2007 年 5 月 25 日。
② 王斗斗："推动多元化纠纷解决机制建立"，《法制日报》2007 年 3 月 15 日。
③ 赵文明："长沙 人民调解室搬进法院"，《法制日报》2007 年 4 月 24 日。

（3）法院转委托人民调解组织调解

这种做法是，人民法院对于已经受理的民事案件，在审理的过程中，根据具体情况，如果发现案件适合人民调解组织先行调解的，经当事人同意，将案件委托人民调解委员会进行调解，法院通过依法确认的方式，认可人民调解委员会调解的结果。据全国总工会介绍，各地劳动争议调解工作机制的经验之一是，法院委托工会调解劳动争议案件制度。山东、辽宁、江苏、四川等省工会与人民法院共同开展了由法院委托工会组织和特邀调解员，调解进入诉讼程序的劳动争议案件工作。根据四川省的经验，法院审理劳动争议案件时，在事先征得双方当事人同意的情况下，可根据情况委托同级工会组织调解。调解期间不计入审限。如调解失败，工会组织应向法院出具调解终结书，并将形成的相关材料移交法院。经工会组织调解达成协议后，法院将依法确认其效力并制作调解书。① 江苏省80%的县（市、区）已部署和开展这项工作，截至2007年9月，全省工会组织接受人民法院委托调解以及特邀调解员协助调解的劳动争议案件1418件，调解成功868件，成功率达62.4%。②

（4）法院邀请人民调解员参与案件调解

法院邀请人民调解员协助法官调解解决民事纠纷，几乎成为个地方法院共同采取的一种模式。人民法院可以引导当事人选择办案法官之外的有利于案件调解的人民调解组织、基层群众自治组织、工会、妇联等有关组织进行调解，也可以邀请人大代表、政协委员、律师等个人进行调解。但须征得当事人的同意。

（5）法院指导人民调解委员会的工作

人民法院指导人民调解委员会的工作，既是人民法院的一项工作任务，也是我国《民事诉讼法》的一项基本原则。为了加强对人民调解工作的指导，有的地方法院设立了专门机构指导人民调解工作，从组织上加以保障。如2007年9月北京市朝阳区人民法院设立法院调解工作办公室专门负责调解工作，除总结、归纳诉讼调解经验及调解技巧，监督指导全院个审判业务部门的调解工作外，还开展对法院工作人员及人民调解组织和人员进行调解业务培训

---

① 马利民，张晓东："四川法院委托工会调解劳动纠纷"，《法制日报》2007年4月18日。

② 杨傲多："各地创新劳动争议调解机制：建立法院委托工会调解劳动争议制度"，《法制日报》2007年9月26日。

等。① 有的地方法院，从以下具体业务方面对人民调解委员会的工作进行指导：② 一是适法指导。人民调解员虽然大都接受过一定的法律培训，但对于具体问题的调解仍常感困惑，为此，法院指导人民调解委员会正确理解和运用法律开展调解工作，帮助人民调解委员会依法进行调解。二是规范指导。如法院通过在农村设立定点巡回法庭的形式，邀请人民调解员旁听，用直接、感官的方法传授调解技巧；同时，还在巡回法庭中设立特邀调解员专席，让特邀调解员参与调解，帮助法官做工作，在提高调解员技巧的同时，也使调解结果更容易为当事人所接受。在城镇，法院则采取召开座谈会的方式，总结当地当前纠纷发生的特点和问题，讲解法律问题，出具司法建议、邀请法官到现场指导调解等方式，指导人民调解委员会的工作。三是日常指导。如法院与人民调解委员会建立重点联系制度，通过一对一定人、定向、定点联系，全面帮助人民调解组织提高业务水平，并帮助其总结调解经验。

2. 《人民调解法》的制度规定

《人民调解法》的颁布，从法律层面为诉讼机制与人民调解机制之间的对接关系作了比较全面的规范。根据《人民调解法》的规定，我国法院与人民调解委员会之间的关系，主要表现在以下几方面：

（1）业务指导。基层人民法院对人民调解委员会调解工作的业务指导关系。

（2）诉前先行人民调解。基层人民法院对适宜通过人民调解方式解决的纠纷，可以在受理前告知当事人向人民调解委员会申请调解。

（3）迳行诉讼。我国人民调解实行调解自愿原则，当事人可以不经人民调解而将纠纷直接提交法院诉讼处理。

（4）调后诉讼。人民调解委员会调解不成的，当事人可以依司法途径维护自己的权利；人民调解委员会调解达成协议后，当事人申请人民法院对调解协议进行司法确认，法院依法确认调解协议无效的，当事人还可以向法院提起诉讼。

（5）司法确认。经人民调解委员会调解达成调解协议后，双方当事人可以共同向人民法院申请司法确认。

---

① 李松，黄洁，梁桥："法院系统首个调解工作办公室成立"，《法制日报》2007 年 9 月 26 日。

② 梁桥，李松，黄洁："北京门头沟法院指导民调立足'三贴近'"，《法制日报》2007 年 11 月 17 日。

（6）司法确认无效后重新调解。当事人申请人民法院对调解协议进行司法确认，法院依法确认调解协议无效的，当事人可以通过人民调解方式变更原调解协议或者达成新的调解协议。

（7）强制执行。经法院依法确认的调解协议，一方当事人拒绝履行或者未全部履行的，对方当事人可以向人民法院申请强制执行。

3. 司法确认的具体程序

关于确认程序的具体实施，根据最高人民法院《关于建立健全诉讼与非诉讼相衔接的矛盾纠纷解决机制的若干意见》的规定，当事人可以在书面调解协议选择当事人所在地、调解协议履行地、调解协议签订地、标的物所在地基层人民法院管辖，但不得违反法律对专属管辖的规定；当事人没有约定的，除《民事诉讼法》第34条专属管辖规定的情形外，由当事人住所地或者调解协议履行地的基层人民法院管辖；经人民法院委派或者委托人民调解组织调解达成的调解协议的申请确认案件，由委派或委托人民法院管辖。

当事人共同向有管辖权的人民法院申请司法确认，既可以以书面形式提出也可以用口头形式提出；一方当事人提出申请，另一方表示同意的，视为共同提出申请。

当事人提出申请时，应当向人民法院提交调解协议书和双方当事人签署的承诺书，承诺书应当明确载明以下内容：双方当事人出于解决纠纷的目的自愿达成协议，没有恶意串通、规避法律的行为；如果因为该协议内容而给他人造成损害的，愿意承担相应的民事责任和其他法律责任。

人民法院审理申请确认调解协议案件，参照适用《民事诉讼法》有关简易程序的规定，由审判员一人独任审理，双方当事人应当同时到庭。在审理过程中，法院应当面询问双方当事人是否理解所达成协议的内容，是否接受因此而产生的后果，是否愿意由人民法院通过司法确认程序赋予该协议强制执行的效力。

有下列情形之一的，人民法院不予确认调解协议效力：①违反法律、行政法规强制性规定的；②侵害国家利益、社会公共利益的；③侵害案外人合法权益的；④涉及是否追究当事人刑事责任的；⑤内容不明确，无法确认和执行的；⑥调解组织、调解员强迫调解或者有其他严重违反职业道德准则的行为的；⑦其他情形不应当确认的。

当事人在违背真实意思的情况下签订调解协议，或者调解组织、调解员与案件有利害关系、调解显失公正的，人民法院对调解协议效力不予确认，但当事人明知存在上述情形，仍坚持申请确认的除外。人民法院依法审查后，决定是否确认调解协议的效力。确认调解协议效力的决定送达双方当事人后发生法律效力，一方当事人拒绝履行的，另一方当事人可以依法申请人民法院强制执行。

四、诉讼调解与行政调解的关系

行政调解是指行使国家行政职权的组织和机构，基于行政管理职权，调解和解决与本行政机关职能相关的民事纠纷的活动。目前，关于行政调解的具体内容，散见于各行政职能管理部门颁行的行政法规与规章中，而对调整行政调解与诉讼调解之间的关系问题，尚未有具体明确的法律规定。

（一）行政调解的优势不应忽视

行政调解与诉讼调解虽然都是国家机关主持进行的调解活动，但两者之间有着很大的不同。诉讼调解是由法院主持进行的调解，诉讼调解的性质是司法权对民事纠纷的调解，调解结果具有法律的强制执行力，当事人不履行调解协议时，执行机关可以对其强制执行。而行政调解是由行政机关主持进行的，行政调解的性质是行政权对民事纠纷的调解，调解结果大多不具有强制执行的效力，如果当事人不能自觉履行调解协议的，任何一方当事人都可以起诉到法院请求处理原民事纠纷，在行政机关达成的调解协议对当事人不再具有约束力，当事人向法院提起的诉讼仍然是民事诉讼。如发生道路交通责任事故后，交警就交通责任事故的损害赔偿对当事人双方进行调解后，一方当事人如果不履行，另一方当事人可以依法向法院提起诉讼，但原赔偿调解协议不再有效，法院将依法对该交通事故进行审理，进行调解。

行政调解与人民调解相比，具有明显的不同：第一，主持调解的组织不同。人民调解是由非政府的民间组织主持的调解，而行政调解则是由国家行政机关主持进行的调解。第二，调解的事项不同。人民调解主要调解民间纠纷，而行政调解则根据行政机关性质的不同，调解事项的内容也不同，一般与其行使的行政职权有关。如卫生行政调解主要调解医疗纠纷，公安机关的调解主要针对违反治安管理，对他人权益造成侵害但情节较轻的行为；人民调解通常主要针对公民之间的纠纷进行调解，而行政调解则不仅可以调解公民之间的纠纷，也可以调解公民与法人、法人与法人之间的纠纷。第三，行政调解的专业性较强。与人民调解相比，行政机关进行调解必须与其依法行使的行政管理职权相关，所以，其调解具有一定的专业性特征，更具权威性。第四，行政调解具有规范性。行政调解与人民调解相比，通常有比较规范的调解制度。如回避制度、期限规定等等。

行政调解是一种国家调解，是行政机关行使行政管理权的过程中，依照法律、法规和规章的规定，对与其行政管理职权有关的民事纠纷所进行的一种调解活动，调解的结果也应当具有比人民调解更高的效力。但从我国现行的各种规定看，实际情况并不是如此。行政调解的效力与国家公权介入调解活动的性质和地位不完全相符，不仅不适当地贬低了行政调解，不利于行政调解制度的进一步规范和发展，也不利于纠纷的有效处理。

（二）目前缺乏行政调解与诉讼调解的衔接机制

2007年6月由最高人民法院中国应用法学研究所主办、福建省莆田市中级人民法院承办的"多元化纠纷解决机制座谈会"认为，各种纠纷解决机制的分工、配合与衔接的问题，仍然需要继续共同探讨和研究。[①] 目前，各地方在构建"大调解"机制时，大都只是强调了诉讼调解与行政调解之间的联动、对接关系，但没有形成具体执行的规范和制度。如有些地方构件的"大调解"主要是传统人民调解的拓展和延伸，是人民调解的扩大化、制度化和规范化；有些地方主要是确定了人民调解、行政调解、司法调解之间关系的原则，只是把司法行政调解作为行政调解，或者只是把公安行政调解纳入到行政调解的范围，不能涵盖行政调解的全部或主要方面，如"党委政府统一领导、综治维稳统筹协调、司法行政主办实施、相关部门协作联动"，"党委政府统一领导、司法行政牵头实施、相关部门协作联动"等等。[②]

2005年10月30日厦门市人民代表大会常务委员会颁布了《关于完善多元化纠纷解决机制的决定》。该规定提出，人民法院应当发挥在多元化纠纷解决机制中的促进保障作用，加强对各类非诉讼纠纷解决主体的支持与指导，探索和推动各种诉讼替代解决方式，加强诉讼与非诉讼纠纷解决方式的衔接。这一地方立法，对于诉讼调解与行政调解之间的关系，作出了一种具体操作层面的设计构想，但仍未提出具体的实施规范。

---

① 参见黄斌："探索建立多元化纠纷解决机制"，《法制日报》2007年7月1日。

② 参见蒋德："四升四降背后的新闻——南通建立社会纠纷大调解机制纪实"，《法制日报》2006年12月6日；邓红阳，赵红旗："河南构建大调解工作体系：人民调解行政调解司法调解衔接"，《法制日报》2007年1月9日；马利民，张晓东："人民调解行政调解司法调解不应各自为政——四川构建三大调解衔接机制"，《法制日报》2007年9月25日。马竞："河北：三位一体基本建立"，《法制日报》2007年4月13日；徐伟："三调联动破解调解难题"，《法制日报》2007年11月30日。

据报道，北京市石景山区法院在调解工作中，总结了道路交通事故损害赔偿前置指导模式。① 在交通损害赔偿案件中，肇事车辆被公安交通部门暂扣后，肇事方普遍有急于了结的心理，但是肇事车辆一旦发还，则人去车不见影，造成送达难、执行难的问题。2007 年初，石景山法院本着"便捷、快速、高效"的处理原则，采用公安交通部门行政调解与法院诉讼调解衔接的方式，成立了专门审理交通损害赔偿纠纷的办案小组，建立区公安交通部门对法院纠纷信息的即时通报机制，道路交通事故损害赔偿前置指导模式。具体做法是，法院每周一上午安排一名法官和一名书记员到交通队现场办公，为交通事故当事人提供法律咨询和指导。如果当事人提出要进行诉讼，告诉当事人到法院立案时应该提交哪些材料和如何提出诉前保全或诉讼保全肇事车辆，以避免执行阶段的风险。但这种"道路交通事故损害赔偿前置指导模式"，是建立在因为行政调解达成的协议不具有强制执行力的基础上的，是为了避免当事人在调解达成后又反悔，再向法院起诉后的送达难或执行难，而在行政调解阶段提前介入，提前告知当事人如果起诉应该准备的事宜，避免执行阶段的风险。所以这种做法并不是行政调解与诉讼调解的对接机制，不是行政调解前置，而是法院的提前介入。

实践中，有的地方开展了一些法院调解与行政调解联动机制的尝试。如沈阳市中级法院制定了《建立联动调处纠纷机制的实施意见》，规定法院在审理案件时，可以根据案件需要，邀请司法行政、人事、劳动保障、国土规划、房产、卫生、工商、版权、知识产权部门及工会、共青团、妇联等单位予以支持和配合，协助进行调解、协调、和解工作，充分利用社会力量解决社会纠纷；在重大、疑难案件的调解过程中，必要时可以邀请党政机关领导协助调解，共同引导当事人达成合情、合理、合法的调解协议。② 但归根结底，这种调解模式还是法院调解的一种方式而已，仍然不能充分发挥行政机关调解民事纠纷的自身优势。

五、诉讼调解之节制

随着我国构建和谐社会力度的不断加大，近几年，诉讼调解得到了空前的

---

① 李飞，石宣："类案调解的突破——北京石景山区法院加强调解工作调查"，《人民法院报》2007 年 12 月 18 日。

② 霍仕明："沈阳建立联动调处纠纷机制 法院与相关部门一起出头露面 法院调解纠纷如鱼得水"，《法制日报》2006 年 12 月 14 日。

重视，诉讼调解工作也得到了比较大的发展。但是，在此过程中，也需要正确认识和把握以下一些重要问题，以保证诉讼调解制度和我国民事司法制度的改革健康发展。

（一）运动化调解之防止

在构建社会主义和谐社会的过程中，诉讼调解制度被赋予了新的使命，重新焕发了青春，法院对诉讼调解也呈现出了空前的积极性与热情。有的地方以大规模集中行动的方式开展诉讼调解工作，或者通过竞赛评比的方式推动诉讼调解,[①] "几乎每一个基层法院都将诉讼调解以及相关问题作为最重要的调研项目（许多调研项目的设计具有明显强调调解的预设目的）和课题。有些法院还像开展大生产一样，展开了各种竞赛活动，例如诉讼调解技能大赛，法院内部有审判员之间的竞赛，不同地区的法院之间竞赛，相互攀比调解率，诉讼调解似乎已经蔚然成风。"[②] 运动化调解的做法虽然轰轰烈烈、有声有色，也容易出成绩、出政绩，但也会使诉讼调解误入歧途，以致有些地方的法院为了追求调解结案率，出现以劝压调、以拖压调、以判压调、以诱促调等强制调解的现象，使某些当事人有机可乘。据统计，某地法院民商事案件调解结案而申请法院强制执行的占结案总数的 40% 左右，严重影响了法院调解的权威性，损害了当事人的合法权益。[③] 而且，"数字出官，官出数字"在我国已是一个众所周知的事实，法院的统计数字也不同程度地存在同样的问题,[④] 在政治压力、政绩压力之下，诉讼调解可能会演变成一种数字游戏，形成"马太效应"[⑤]。诉讼调解不能成为一种政治口号，更不能演变成为一种政治运动。诉

---

① 据报道，江西省九江市中级人民法院通过开展"百日调解竞赛"等活动，"大力倡导调解结案，建立了全面调解、重点调解、奖励调解等新机制，形成了诉前调解重指导、诉中调解重方法、诉后调解重释疑的调解新模式，并积极探索行政案件调解的新思路，推行执行中的和解，将调解贯穿于在信访接待、立案、庭前、庭审、判决前、执行等诉讼过程的每个阶段、每个环节和每个节点上。"李青，王毅，康洪雷："九江法院用调解策略泯恩仇"，《法制日报》2007 年 11 月 12 日。

② 张卫平："一味强调诉讼调解不利于社会和谐"，《南方周末》2007 年 5 月 17 日。

③ 张开建："应重视假借调解规避债务"，《人民法院报》2003 年 9 月 4 日。转引自王亚新，傅郁林，范愉，徐昀，朱芒，吴英姿，王赢，邓轶著：《法律程序运作的实证分析》，法律出版社 2005 年版，第 218 页。

④ 赵书桂："结案率统计要真实科学"，《法制日报》2001 年 12 月 18 日。

⑤ 马太效应（Matthew Effect），是指好的愈好，坏的愈坏，多的愈多，少的愈少的一种现象。1968 年，美国科学史研究者罗伯特·莫顿（Robert K. Merton）提出这个术语用以概括一种社会心理现象：任何个体、群体或地区，一旦在某一个方面（如金钱、名誉、地位等）获得成功和进步，就会产生一种积累优势，就会有更多的机会取得更大的成功和进步。此术语后为经济学界所借用，反映贫者愈贫，富者愈富，赢家通吃的经济学中收入分配不公的现象。

讼调解是法院行使审判权的方式之一，是民事诉讼法律的一项制度，必须长期坚持遵守，并体现在日常的审判工作中。运动式调解的活动，不仅不符合审判工作的规律，也容易损害当事人的合法权益。在运动当中，办案法官为了迎合运动的需要，会千方百计、想法设法谋取调解结果，甚至不惜牺牲法律的规定和当事人的利益，搞强迫调解或者变相强迫调解。

（二）政策性推动之适度

为了大力推动诉讼调解，2004 年 9 月 16 日最高人民法院发布了《关于人民法院民事调解工作若干问题的规定》，2007 年 3 月 6 日最高人民法院在《关于进一步发挥诉讼调解在构建社会主义和谐社会中积极作用的若干意见》要求，人民法院应当根据实际情况，建立科学合理的调解激励机制，提高法官调解的积极性和主动性。调解工作成绩应当纳入个人考评的范围。① 各级法院从上到下也都出台了一些具体的推动和鼓励性的措施与政策。② 从一些统计数据可以看出这种政策推动导引的作用和影响：1989 年全国法院民事、经济案件的调解率为 68% 和 76%，到 2001 年下降到 36.7% 和 30.4%；2002 年民事审判和经济审判合并以后，民事案件的调解率为 31.9%；③ 到 2006 年底，各级法院特别是广大基层法院每年通过调解实现撤诉、结案的，已超过了案件总数的 50% 以上，很多法院调解结案的比例达到了 70% 至 80%。④ 诉讼调解结案率大幅度提升的这几年，正好是我国从政策层面开始高度重视调解工作，并制定颁布一系列政策文件的开始。近年来，调解结案率不仅成为衡量一个法院，也成为衡量一个审判员工作业绩的一项"硬指标"，调解结案率高的审判员不但可以得到更多的工作业绩奖金，也可以在职务晋升方面处于优势，由此具有"羊群效应"。这些政策虽然能够在一定程度上调动法官开展调解工作的积极

---

① 2007 年 2 月 28 日，最高人民法院院长肖扬在接受记者采访时表示：要进一步建立健全激励法官积极主持调解的有效工作机制，并在树立先进典型以及晋级任职等方面对那些为调解事业作出突出贡献的人员，给予更多的关注。王斗斗："依法化解矛盾纠纷实现公平正义——访最高人民法院院长肖扬"，《法制日报》2007 年 3 月 1 日。

② 一些地方也纷纷出台了一些诉讼调解的规定，如山东省高级人民法院 2001 年出台了《山东省人民法院民事诉讼调解工作规范性意见》，辛红："山东为诉讼调解立规"，《法制日报》2001 年 9 月 3 日；北京市丰台区司法局与丰台区人民法院联合发布《关于加强和指导人民调解工作的意见》，"丰台区实现人民调解与诉讼程序接轨"，《法制日报》2001 年 10 月 14 日；湖南省靖州苗族侗族自治县法院制定了《民商事诉讼调解规则》，"民商事纠纷七成和气结案"，《法制日报》2002 年 10 月 22 日，等等。

③ 孟绍群，范玲莉："司法调解一股挡不住的潮流"，《法制日报》2005 年 8 月 24 日。

④ 王斗斗："法院受案过半数调解结案"，《法制日报》2006 年 12 月 19 日。

性，引导和鼓励法院不断总结调解经验，提高调解的水平和能力，更好地处理民事纠纷。但如果不适当地拔高调解在审判工作中的地位，赋予调解一些不必要的政治理想，将调解推向一种极致，则必然适得其反。在 2007 年 4 月召开的全国民事审判工作座谈会上，最高人民法院黄松有副院长强调，调解和判决都是人民法院审理民事案件的方式，不存在孰轻孰重的问题。不是说哪个案件必须调解，哪个案件必须判决。一些法院对调解定指标、攀比调解率，造成强迫调解、违法调解。① 虽然最高人民法院《关于进一步发挥诉讼调解在构建社会主义和谐社会中积极作用的若干意见》也指出，调解激励机制既要体现对调解工作的肯定和鼓励，也要注意避免片面追求调解率。但是面对如此强大的政策推力，如果缺乏必要的制度约束，法院为了迎合这种政策的需要，法官欲借此满足个人发展的更大空间，两者结合起来共同作用，必然出现违法调解的现象发生。② 调解给社会带来的正面效应，就会因为其可能发生的负面效应而抵消。

（三）诉讼调解效率与效益之兼顾

据报道，2007 年 4 月新的《诉讼费用交纳办法（试行）》规定，调解结案减半收费。这在客观上导致了越重视调解工作，诉讼收费就越少的情形，以致于一些法院和法官对调解工作出现了畏难情绪，认为诉讼调解是吃力不讨好，个别法院诉讼调解结案的比例大幅下降。③ 有的地方政府还不同程度地存在向同级法院下达经济指标、无偿调用诉讼资金的做法，④ 更加剧了那些经济欠发达地区法院在诉讼调解与法院诉讼效益之间的矛盾。而这个问题地方法院是无力解决的，必须要由高层统筹协调，不应让经济指标限制调解的发展。

与对案件的直接判决相比，调解无论是在工作难度上，还是在所花费的时间上，无疑都更为复杂和费时。随着多元化纠纷解决机制的不断完善，经过非诉讼纠纷解决机制筛选后，起诉到法院的案件的难度和当事人的对抗性将会更强，诉讼调解的难度又会有所提升。如果仍坚持要求保持以往的调解结案率，

---

① 王斗斗："不能以损害司法效率换取调解率"，《法制日报》2007 年 4 月 10 日。

② 针对有些地方法院为了盲目追求调解结案率而损害当事人合法权益导致司法不公的情况，江苏省高级人民法院和江苏省司法厅联合发布《关于进一步规范法官和律师相互关系维护司法公正的暂行规定》中明确规定："法官不得违反规定，强迫律师要求当事人撤诉或者接受调解。"丁国锋："法官不得强迫律师撤诉调解"，《法制日报》2007 年 12 月 24 日。

③ 王斗斗："个别法院调解结案比例骤降"，《法制日报》2007 年 7 月 5 日。

④ 蒋德，季胜增："政府向法院下达经济指标，违法！"《法制日报》2003 年 7 月 2 日。

只能通过延长调解的时间来争取实现调解结案，诉讼拖延问题也因此难以避免。为此，最高人民法院《关于进一步发挥诉讼调解在构建社会主义和谐社会中积极作用的若干意见》第13条规定，当事人愿意进行调解，但审理期限即将届满的，可以由当事人协商确定继续调解的期限，经人民法院审查同意后，由办案法官记录在卷。案件有达成调解协议的可能，当事人不能就继续调解的期限达成一致的，经本院院长批准，可以合理延长调解期限。这项规定为诉讼调解工作提供了一个相对宽裕的时间空间，可以使法官有比较充裕的时间，开展诉讼调解的工作。与此同时，在各项诉讼制度的规定上，也应当为调解配套保留一定的制度空间。

笔者认为，要正确对待和处理调解与判决的关系，既不能忽视调解或以经济效益决定调解的适用，也不应过分夸大调解的作用，对不能调解的案件也一味调解，浪费司法资源。要使诉讼调解能够真正发挥出在纠纷解决机制中的独特作用，就必须兼顾社会效益与司法效率。原最高人民法院副院长曹建明2007年1月5日在第七次全国民事审判工作会议上讲，"调判结合，案结事了"，主要是强调民事审判方法的统一和目标的一致，不能搞调审分立，甚至搞调审对立。调解不能定指标，不能久拖不决，不能以损害司法效率换取调解率。①

（四）诉讼调解公正之保证

由于诉讼调解可以在当事人行使处分权的基础上进行，其结果与诉讼相比具有更大的灵活性，因此，也为一些心怀叵测的当事人提供了可利用的空间和余地，如果其再借助于强势外力施加一定的影响，本身就缺乏完善制度保障的独立审判权必然会受到干扰和影响，某些当事人通过判决不能获取的利益就有可能借助诉讼调解而实现。

我们从近期《人民法院报》开展的"头条好新闻竞赛"刊载的一则正面宣传法院调解工作的案例来分析。②据报道，1995年，重庆市云阳县新津乡政府将位于该乡石松村5、6、7组的江南煤厂扩建后，于2001年11月有偿转让给吕作武、姚智生等6人合伙经营。经过长年累月的开采，矿区地下水位逐年下沉，直接影响到附近93户300余名农民的生产和生活用水，双方纷争不断，矛盾日益升级。赔偿无望的农民屡屡采取极端措施，群情激愤地封堵煤厂窑

---

① 王斗斗："调解不能定指标不能久拖不决"，《法制日报》2007年1月8日。
② 张智全："云阳调结一起水资源侵权案"，《人民法院报》2007年11月28日。

门，既严重影响了煤厂的正常生产经营活动，又成为当地社会稳定的一大隐患。当地党委、政府多次组织双方协商解决，均无结果。2006 年 6 月，300 余名农民推举 5 名诉讼代表向法院起诉，要求煤厂和乡政府立即停止对水资源的侵害，并赔偿百余万元的损失。云阳法院受理该案后，依法对原告的诉讼费予以免交。在审理过程中，办案法官坚持"农民要生存、企业要发展、政府要担责、农民生存是第一大事"的指导思想，多次深入现场了解实际情况，同时积极查找矿井地下水位真正下降的原因。为降低诉讼成本，切实减少司法鉴定和损失程度评估所产生的近 15 万元巨额费用，办案法官决定多做调解工作，着力化解当事人之间的矛盾，恢复双方之间的和谐关系。办案法官在庭前、庭中和庭后耐心疏导，情理并用，释法说理，积极引导原告提高认识，互谅互让，然后再提出调解方案供原、被告选择。在调解中，各方当事人各执一词，态度非常强硬。原告方提出二被告必须给每户农民修建一个水池，需要工程费用高达 100 余万元的方案；二被告则表示对农民人均补偿 300 元，赔偿总额10 余万元的方案。双方针锋相对，情绪激烈，矛盾十分尖锐。面对随时都有可能陷入僵局的调解，办案法官不厌其烦地耐心劝说，一次又一次地做他们的思想疏导工作。经过不懈努力，今年 6 月，双方当事人最终握手言和，心平气和地达成了调解协议：二被告根据原告各户生产、生活用水受影响的程度，按照 320 元/每人、360 元/每人、390 元/每人三个标准分别对原告各户进行赔偿；被告乡政府承担赔偿款两万元，由被告江南煤厂先行垫付；其余赔偿款由被告江南煤厂承担。

从以上报道的内容中，我们可以清楚地发现以下几个问题：第一，本案是因工业生产造成原告 93 户 300 余名村民生活、生产用水严重影响的环境侵权行为引起，涉及的被告包括当地乡政府和当地煤厂；第二，原告提出赔偿要求100 余万，而调解结果总额按调解方案确定的最高标准计也不足 12 万，最终结果与被告当初提出的人均补偿 300 元的方案几乎相同；第三，原告要求被告停止侵害，调解结果对此未予回应；第四，法院为降低诉讼成本考虑，对原告等人所受损害不予评估鉴定；第五，法院采取的主要调解措施是"办案法官在庭前、庭中和庭后耐心疏导，情理并用，释法说理，积极引导原告提高认识，互谅互让，然后再提出调解方案供原、被告选择。"法院只是单向地给原告做工作，要求受害人提高认识，互谅互让，看不出法院是如何给侵权人做工作，让他们把"农民生存是第一大事"落实到具体调解工作中去。

《民事诉讼法》在基本原则部分和法院调解的具体程序规定中，都明确确定了调解合法的原则，但上述案件中的法院在调解过程中的做法是，为了不给侵权人增加诉讼负担（该项鉴定费依法应由被告承担），对受害人的经济损害不作评估认定，致使案件的基本事实不清，双方之间权利义务的确定失去了必要依据；为了侵权人的利益，对受害人遭受到的生产、生活危险不作停止侵害的处理，让受害人在诉后继续生活在生产、生活用水严重受影响的状况下；按照侵权人单方提出的赔偿意见，配合侵权人做受害人的工作，最终让他们被迫接受侵权人提出的条件。

限于报道的内容，笔者无从知道该煤厂是否属于依法应当关停的小煤窑，相关的法律手续是否齐全，其中有无官商勾结的违法违规行为。但是，一个不争的事实是，法院调处的结果完全违背了法律的基本精神，属于严重不公的调解结果。更让人感到震惊的是，对这样一起案件的报道，竟然是在《人民法院报》参加"头条好新闻竞赛"的稿件。

从上述案件反映的情况，即使是一个乡政府和一个小煤厂，也会对法院的调解活动产生很大的影响力，这值得引起我们的警惕。判决的相对刚性以及审级监督制度的制约，使得某些地方的强势集团和神通广大的能人、名人、贵人，难以通过判决实现其非法要求，而诉讼调解的相对宽柔以及诉讼调解的一审终审性，如果不加以严格规范和制约，则很容易成为他们追逐不正当利益的制度通道。为了维护基本的法律尊严，保持民众对司法的必要信心，体现基本的社会公平与正义，诉讼调解一定严格恪守调解合法原则，不能成为某些组织和个人达到其非法目的的手段或工具。

（五）诉讼调解功能之有限性

在重视通过诉讼调解解决社会问题的同时，我们也应当清醒地看到，诉讼调解只是一种解决各种社会问题的法律手段，其本身具有一定的局限性，不能给诉讼调解附加其不能承受之重。

1. 诉讼调解不能解决纠纷发生的深层次原因和社会问题

诉讼调解是由法院进行的一项纠纷解决活动，根据我国《宪法》的规定，法院是行使审判权的机关，不是国家权力机关，也不是对国家和社会事务进行组织和管理的行政机关，不能解决纠纷发生的深层次原因和社会问题。如果纠纷的发生涉及社会公共事务管理方面原因，如农村土地征用、城镇房屋拆迁、国有企业改制、劳动和社会保障、环境保护等方面的纠纷，诉讼调解难以做到有效解决。

2. 诉讼调解不具有降低纠纷增量的功能

诉讼调解虽然在某些情况下，具有"解决一个案，教育一大片"的辐射影响功能，但是，由于诉讼调解处于社会纠纷的末端环节，无法直接前伸到社会纠纷未发生阶段，对纠纷发生原因的影响力极其有限，因此，不能把诉讼调解作为解决纠纷增量的主要机制。

3. 诉讼调解对纠纷的解决受制于审判制度与司法规律的制约

诉讼调解作为司法审判工作的一种形式，必然要受制于审判制度与司法规律的影响和制约。如诉讼调解必须以当事人主动起诉为前提，法院不能主动介入到起诉的纠纷中去，虽然诉讼调解可以不受当事人诉讼请求范围的限制，但诉讼调解必须以事实为根据以法律为准绳。

也许这样的情况在全国不在少数。据悉，2003 年广东国土资源信访量呈不断上升之势，信访反映问题非常集中。统计资料显示，2003 年广东省国土资源厅共受理来信 2512 件，接待来访 1086 批、3324 人次，同比分别增加 92%、53% 和 65%。特别是群众进京上访呈大幅上升之势，全年进京上访量首次进入全国前 10 名。据悉，群众来信来访反映的问题主要集中在：违反国家规定设立各类开发区、非法批地、违法占地，征地补偿安置标准低、补偿费被随意克扣或截留、拖欠情况严重，补偿安置费用不到位以及探矿权、采矿权纠纷等，此类问题占了总信访量的 90% 以上。几种突出的形式有：第一，当地政府擅自制定公路征地补偿标准，造成补偿不合法或不合理。如英德鱼湾镇征用文南等 5 个村委会 200 多亩耕地时只核减农业税，不作征地补偿；博罗龙华镇征用仕塘村果园 27 亩，每亩只补 5000 元。第二，公路建设规划设计不合理，占用农田过多。如开阳高速公路征用水口镇一个村的全部菜地，引发农民多次上访。第三，征地后暂不给补偿，待地块开发后卖掉再补，造成征地后农民成了没地、没钱、没工作的"三没"人员，如清远源潭镇征地 3000 亩建陶瓷工业园，目前征地款仍没有完全兑现。① 对于这些社会问题，或者因为当事人未向法院起诉，法院无法介入，或者因为纠纷超出法院主管的范围，法院无法管辖；或者因为纠纷涉及社会公共管理事务方面的问题，法院无法进行全面彻底地解决。

---

① 成因，谢申照，张晓锋，钟志勇："广东去年违法占地等信访量猛增，进京上访量首入全国前十"，《南方都市报》2004 年 5 月 22 日。

（六）法院自设专门调解组织之慎行

为了显示对诉讼调解的重视，强化诉讼调解的工作力度，有些地方法院设立了独立于审判业务庭室的专门的调解机构。虽然从调解的直接效果上讲，这些专门机构的设立，可以为诉讼调解提供更为有效的组织保证，为当事人提供更为方便的调解条件，增加调解成功的机会，对于提高法院的诉讼调解率，具有一定的积极意义。但专门调解机构的设立，也会使诉讼调解演变成为诉讼的前置程序，增加违法调解和强制调解的可能性，以前各地方法院设立经济纠纷调解中心过程中出现的各种弊端，很可能重演。

从理论上讲，法院专设调解机构，也从形式上把调解与审判对立了起来，违反了调解的制度原意，违背了法院作为审判机关的基本性质。

（七）邀请人大代表参与调解应依法

为了提高调解的效果，增强调解的说服力，在诉讼调解的过程中，法院通常会邀请有关人员参与到调解工作中去。有关人员被邀请参与诉讼调解，既可以弥补法院审判人员专业知识的不足，也可以通过被邀人员的社会影响力，促成当事人达成和自觉履行调解协议。

在具体实行过程中，有些地方的法院邀请人大代表参与诉讼调解。如"福建省泉州市两级法院邀请人大代表参与诉讼调解，既可利用人大代表在当地具有较高威望和影响力，促进案件纠纷的解决，而且也有利于人大代表监督。据报道，邀请人大代表参与调解时，庭前，承办法官就要把案件争议的焦点、社会影响、当事人对立程度、调解中可能出现的困难，告诉参与调解的人大代表，征求他们的意见；庭中，承办法官要处理好人大代表对审判监督和支持的关系，提高调处的成功率；庭后，承办法官还要及时向参与庭审的代表反馈处理的情况。"[1]

如果出于被邀人员对诉讼所涉及的专业问题具有一定的知识水平和特定社会经验，或者对调解所涉及的纠纷双方当事人具有一定的影响力，法院邀请人大代表参与纠纷的调解，未尝不可；但如果仅仅是因为被邀请人是人大代表而邀请其参与诉讼调解，则另当别论。《全国人民代表大会和地方各级人民代表大会代表法》第21条规定："县级以上的各级人民代表大会代表根据本级人民代表大会常务委员会的统一安排，对本级或者下级国家机关和有关单位的工

---

① 张亦嵘，郭洪鹏："人大代表参与调解实现解纷与监督的双赢"，《法制日报》2007年9月24日。

作进行视察。代表按前款规定进行视察，可以提出约见本级或者下级有关国家机关负责人。被约见的有关国家机关负责人或者由他委托的负责人员应当听取代表的建议、批评和意见。代表可以持代表证就地进行视察。县级以上的地方各级人民代表大会常务委员会根据代表的要求，联系安排本级或者上级的代表持代表证就地进行视察。代表视察时，可以向被视察单位提出建议、批评和意见，但不直接处理问题。"根据该条的规定，人大代表如果到有关单位进行视察，应当由人大常委会统一安排；人大代表也可以持代表证就地进行视察，人大代表视察时，可以向被视察单位提出建议、批评和意见，但不直接处理问题。因此，如果法院专门邀请人大代表参与诉讼调解，既不属于人大常委会统一安排的视察，也不是人大代表持代表证进行的视察，不符合法律关于人大代表行使其权利的规定。而且，人大代表被邀请以代表的身份参与具体纠纷的处理，违反了法律对人大代表不直接处理具体问题的规定。从报道的内容看，人大代表被邀请参与调解工作时，法院对人大代表的待遇明显有别于其他人被邀请参与诉讼调解的正常情况，这种区别对待被邀请人的做法缺乏法律依据。从接受人大代表监督来讲，法院的这种做法，也不符合法律关于审判权监督的相关规定。因此，邀请人大代表参与诉讼调解必须严格依照法律规定进行，不能成为一种违法的政治作秀。

（八）律师参与调解应鼓励

对律师参与纠纷调处的利弊得失，实务界有两种完全不同的意见和看法。在有些地区，律师被积极鼓励参与和解，在当事人聘请律师作为诉讼代理人的案件中，律师参与促成当事人双方达成和解中发挥了积极作用。如北京市朝阳区人民法院在 2005 年至 2007 年 10 月，律师参与或主持和解案件 2339 件，一定程度上实现了"双赢"之效。[1] 然而，有些法官却认为，律师的作用是造成调解率降低的一个原因，个别律师在代理民事诉讼过程中，为了个人经济目的，挑辞架诉，破坏了调解所需的和平、互谅的气氛。[2]

笔者认为，对于律师在诉讼调解和纠纷解决中的地位和作用的认识不同，主要还是观念的不同和认识上的偏差，以及不同地区法院诉讼调解的方式方法不同。虽然具体个案可能有所不同，但对于律师参与诉讼调解这种形式来讲，笔者认为利大于弊。

---

① 李思，曹璐：" 北京市朝阳区人民法院用和解创造和谐 "，《法制日报》2007 年 10 月 10 日。

② 孟绍群，范玲莉：" 司法调解一股挡不住的潮流 "，《法制日报》2005 年 8 月 24 日。

1. 律师参与调解有利于保障诉讼活动依法进行

律师参与调解可以监督和制约法院的诉讼调解行为，消解法院在诉讼调解过程中来自外界的部分压力和干扰，保障诉讼活动依法进行。在没有律师参与调解的案件中，法院或者主持调解的法官，如果遭遇来自外界的压力和干扰，往往难以拒绝，但如果有律师参与，法院在诉讼调解过程中，则相对比较容易阻却一般的外界压力和干扰。同时，由于受到律师比较规范的专业的监督与制约，不仅可以从根本上提升法院诉讼调解的能力和水平，而且诉讼调解活动的过程往往比较规范，结果也往往比较公正。

同时，律师参与调解活动是现代司法程序的需要，虽然我国长期将调解作为法院行使审判权的方式之一，但有关调解的方式方法还停留在对优良司法传统的继承层面，还是把调解看成主要是一种耐心细致的思想工作。在建设社会主义法治国家的进程中，要使调解制度完全融入现代司法制度中，使调解不仅合情、合理而且还要合法，真正发挥其不可替代的积极作用，规范的现代司法程序运作中就不能排除具有专业知识和技能的、善于谈判和维权的律师的参与。只有这样，诉讼调解才能焕发新的生命力，也才能将诉讼调解打造成现代司法的利器，使诉讼调解制度真正跻身于现代司法制度的行列。

2. 律师参与调解会使当事人更加容易接受调解

许多情况下，当事人因顾虑不能公正保护其合法权益而回避采用调解的方式解决纠纷。在没有律师参与调解的情况下，当事人对法院的调解工作容易误解为是法院帮助对方当事人讲话，是迫使自己让步的做法，而且大多数情况下，当事人对于自己在纠纷中的权利边界和底线没有一个正确的了解，对于诉讼调解是否会使自己的部分权利因此而丧失也没有把握。因而，出于自我保护的心理，当事人会拒绝进行调解，或对调解没有诚意，敷衍应付。如果有本人聘请的律师的参与调解，通过律师的帮助和指导，当事人对调解会有更加正确的认识，在调解过程中也会感到信息全面、交流畅通，对调解的结果也会有一个正确的预测，更加容易接受调解的结果。同时，由律师帮助法院向当事人作说服劝解工作，会使调解更容易成功。

3. 律师参与各种纠纷的处理已经取得较好效果

据公开资料显示：在河北，近年来上访人员反映的问题80%以上涉法涉诉。为充分发挥律师法律知识丰富的特长，该省积极组织律师参与信访工作，帮助有关部门处理涉法信访问题，共有2000余名律师进驻省信访局和各市、县（市、区）信访局参与接待涉法信访。初步统计，全省律师参与解决涉法信访案件 6200 件，解答法律咨询 31980 多人次，提供法律援助 1600 多件。仅秦皇岛、唐山、张家口、邯郸、邢台 5 个市律师就接待上访群众 5490 人次，参与处理涉法涉诉上访案件 1741 件，化解不稳定事件 379 起，有 43.2% 的上访群众表示不再上访，有 37% 的信访案件转入法律程序。在重庆，自 2005 年 6 月 1 日重庆律师参与全市各级党委政府涉法信访接待工作以来，仅在市信访办就接待并为 5400 余人次的来访群众提供了法律咨询或法律援助，处理各类涉法案件 1759 件。重庆市信访办钟处长说，通过律师工作化解平息的信访占市信访办信访总量的 10%，引入司法程序或仲裁、行政复议等正常渠道依法解决的占 20%。在 2003 年就组织律师参与信访接待的万州区，有 57 名万州区律师义务参与接待群众来访 413 件次、1115 人次，占信访群众到区政府来访总量的 5%，将上访问题引入诉讼程序的有 287 件次，占律师接待总量的 69.55%，通过律师信访接待窗口为久拖不决而长期上访的群众提供法律援助 47 件次，使一部分上访老户息访息诉，收到了息访息诉的良好效果。在安徽，近年来，该省各级司法行政机关与信访部门建立了多种形式的律师参与信访接待机制，组织律师积极参与信访接待，已有 1000 多名律师能每年参与信访接待一两次。据统计，目前，安徽参与信访工作的律师事务所达到了 300 多家，参与接待的律师 2000 多人次，向有关部门和信访人提供法律意见或建议 5000 多件，解决涉法信访案件近千件。① 在北京市朝阳区司法局，2003 年 10 月，区政府不仅组建了法律顾问团。而且，几年来，律师们共为区政府及有关部门的 53 项重大涉法事件，提供了 100 余次法律论证和建议，起草和修改合同 40 余件；共参加区领导信访接待 273 次，参与接待来访群众 2470 批次 14208 人。同时，律师积极参与重大疑难案件的调解，仅 2007 年 1 至 11 月就调解纠纷 4942 件。区政府司法局还主动与律师事务所签约，进驻奥运场馆建设拆迁用地现场，设立"法律服务站"，24 小时免费接待群众的拆迁咨询，向前来咨询的上千名村民宣讲国家的有关政策法规。但律师的活动并没有扩大或者激化矛盾，相反，不仅奥运场馆建设用地拆迁最终顺利完成，3000 多拆迁户无一户上访，而且在当时朝阳区的拆迁工作中，是惟一一个没有上访、零投诉的拆迁工程。②

---

① 吴刚，张有义："律师参与信访依法化解难题"，《法制日报》2007 年 4 月 15 日。
② 于呐洋："北京'朝阳经验'奏出和谐音符"，《法制日报》2007 年 12 月 21 日。

第五章

仲裁机制的完善

第一节　仲裁机制解决纠纷的优势与缺陷

一、仲裁在纠纷解决机制中的优势

仲裁，是指当事人双方在争议发生前或者争议发生后达成协议，自愿将其争议交专门设置的第三方主体进行裁断的一种纠纷解决制度。从理论上讲，与诉讼这一纠纷解决机制相比，仲裁解决机制具有以下明显的优势：

（一）仲裁机制的自愿选择有利于当事人达成调解协议或接受裁决结果

仲裁机制的自愿选择表现在：首先，当事人是否愿意以仲裁方式处理和解决相互间的纠纷，完全由当事人自主决定。其次，当事人在争议发生前后，均可以协商约定将纠纷提交仲裁机构裁决，还可以不受当事人所在地或争议财产所在地的限制，约定选择共同信任的某个特定的仲裁机构解决纠纷。此外，当事人可以选择自己信任的仲裁员进行仲裁，将自己的意愿和主张通过选定的仲裁员进行充分的陈述和表达，从而对仲裁的结果有更为透明的预期。因此，当事人双方对仲裁这种纠纷解决的方式和仲裁结果比较容易接受，仲裁裁决的执行更多地是靠自觉而不是靠强制，从而使解决纠纷的方式更温和。而诉讼仅是原告一方依法提起的纠纷解决方式，受理诉讼的法院一般也只能是依法确定管辖权（除协议管辖外）的法院，除非双方在诉讼中能够达成和解或调解协议，诉讼判决总是对其中一方不利的结果，会在其心理上引起逆反的心理，不愿意执行判决。

（二）仲裁程序的简便快捷和低成本有利于减轻当事人的负担

较诉讼程序的法定性来说，仲裁程序规则要相对简单和灵活。例如，仲裁可以开庭进行，经当事人协议同意，也可以不开庭而由仲裁庭根据仲裁申请书、答辩书以及其他材料作出裁决。而且，仲裁实行一裁终裁的制度，没有诉讼中的上诉、再审等程序，可以防止程序上的拖延，也可以避免当事人的缠讼。同时，由于仲裁的一裁终裁性以及开庭程序的简便灵活性，客观上减少了多重程序运作中给当事人必然带来的各种负担和成本支出。

（三）仲裁人员的专业性和仲裁机构的独立性有利于纠纷的公正解决

法院在审理专业性问题时，由于法官知识结构的缺陷，常常过度依赖鉴定结论和专家证人，[①] 对各种专门性问题也只能借助于常人的认识进行间接判断。而在仲裁过程中，当事人可以选定仲裁事项所涉的专业性问题领域中的高级专家担任仲裁员，对仲裁所涉及的专业性问题直接进行判断分析。仲裁制度针对不同案件选定相关领域高级专家直接处理和解决争议的优势，不仅极大地提高了仲裁的效率，避免了因对专业性问题的争议可能引发的多次重复鉴定，也能够极大地提升仲裁对专业性问题纠纷的裁判质量和水平。同时，仲裁机构独立于行政机关，独立于法院，仲裁机构之间相互也没有隶属性，可以使仲裁活动不受任何机关、团体和个人及其他非法因素的介入和干涉，保障了仲裁过程能够严格依照法律的规定和当事人的意志进行，促进了仲裁裁决的公正性。

（四）仲裁过程的保密性有利于保护当事人的各种隐密

民事商纠纷中通常涉及到当事人在工商业活动中不愿为同行和社会所知悉的私密内容，如营销策略、原材料采购渠道、定价依据等，这些内容有些并不构成法律意义上的商业秘密。如果将纠纷提交法院处理，诉讼当事人或许没有充足的理由要求法院不公开审理，而公开审理又使得当事人担心泄露其在工商业活动中的各种隐秘。但在仲裁过程中，我国《仲裁法》明确规定，除当事人协议公开的外，仲裁不公开进行。这种仲裁规则为当事人保守其工商业活动的私密提供了必要条件，也使得当事人可以更安心地选择仲裁，解决其纠纷。

（五）仲裁效力的法律保障有力于保证仲裁裁决的执行

与其他的民间纠纷处理解决机制相比，仲裁虽然也是一种民间性质的纠纷解决机制，但是，仲裁却有着其它的民间纠纷解决机制所不具有的法律效力。根据我国《仲裁法》和《民事诉讼法》的规定，仲裁机构依法作出的仲裁裁

---

① 例如在医疗纠纷案件中，法官的主要工作就是根据《医疗事故处理条例》做赔偿金额方面加减乘除类的事。参见陈晓英，张鑫，徐伟："医疗事故鉴定暗箱已开问题尚存"，《法制日报》2005 年 8 月 31 日。

决书和在仲裁机构主持下达成的调解协议，当事人必须履行，一方当事人不履行的，另一方当事人可以申请法院强制执行。仲裁协议或仲裁裁决的法律效力并不低于法院调解协议或判决的法律效果，由国家强制力保证执行仲裁结果，可以使当事人放心地选择仲裁这一纠纷解决机制。

二、仲裁制度存在的主要问题与不足

2007 年全国仲裁委员会受案统计表明，过去一年仲裁机构的受案增长率仅为 0.3%，标的额增长率为 3.9%，表面看起来是双增长，但这是按 200 家仲裁机构统计的，如果按 185 个仲裁机构来统计，实际上是负增长。[①] 这一数据表明，与我国诉讼案件的逐年大幅增长相比，仲裁虽然从理论上讲具有上述明显的优势，但基于我国现实状况，仲裁仍存在某些不足，这使得仲裁机制并没有成为纠纷解决时的首选。

（一）仲裁的体制缺陷使得其公正性受到影响

从法律性质来说，仲裁机构属于民间组织。但是，根据我国《仲裁法》的规定，我国仲裁委员会由所在市的人民政府组织有关部门和商会统一组建，仲裁委员会设立初期，政府参照有关事业单位的规定解决其编制和经费，仲裁委员会的主任也由政府任免等。甚至有些地方的仲裁委员会主任由省政府副秘书长兼任，几位副主任分别由副市长和省工商局、省法制办和省司法厅的副厅级领导担任，委员则几乎都是省级各有关部门的"长字号"人物，其中绝大多数为行政机关的厅级或副厅级官员。[②] 仲裁机构与行政机构交织在一起，仲裁职能来源于行政职权，仲裁权以管理权作后盾，权威性以行政权力为依托，在仲裁活动中就不能避免行政权取代仲裁权的问题发生。仲裁机构官民不分的状况，致使在仲裁实践中行政干预、长官意志、地方保护主义的现象，在某些地方仍然比较突出，影响了仲裁的公正性和公信力。

此外，按照仲裁规则，在具体的案件中，当事人各方选择的仲裁员如果不能对首席仲裁员的选择达成协议时，案件的最终处理结果依法实行少数服从多数的原则。因此，在仲裁庭无法达成一致意见的情况下，由仲裁委员会主任指定的首席仲裁员的意见实际上往往决定了仲裁案件的最终结局。由于上述体制

---

① 卢云华同志在 2008 年全国仲裁工作座谈会开幕式上的讲话，http://www.jnac.org.cn/show.php? id=494 访问时间 2008 年 7 月 1 日。

② 谭兵："我国现行仲裁制度滞后的原因解读和出路探究"，陈光中，汪建成，张卫平主编：《诉讼法理论与实践——司法理念与三大诉讼法修改（2006 年卷）》，北京大学出版社 2006 年版，第 833 页。

的缺陷，首席仲裁员如果是该仲裁机构的专职仲裁员，而专职仲裁员又是当地政府管辖下的事业单位的人员，外界对案件的干预就可能通过首席仲裁员进入到仲裁过程，并决定仲裁结果。

（二）对仲裁受案范围的限制了仲裁机制发挥作用

诉讼基本不受争议案件的范围限制，除法律规定不予受理的案件外，一般民商事纠纷都可以通过诉讼途径得到解决。较诉讼而言，根据我国《仲裁法》第2条的规定，可以申请仲裁处理的纠纷仅限于平等主体的公民、法人和其他组织之间发生的合同纠纷和其他财产权益纠纷。虽然仲裁对处理和解决各种专业性纠纷具有独特的优势和作用，但所有非合同纠纷和各类人身权益方面的纠纷，不能通过仲裁方式加以解决。法律对仲裁受案范围的限制，制约和限制了仲裁在纷繁复杂的社会纠纷中允分发挥其重要作用，在某种程度上也影响了仲裁制度的发展空间。

（三）民众对仲裁的公信力担忧

这种担忧来自于以下方面的原因，这其中既包括制度上的原因，也包括现实中的原因：

其一，缺少审级的监督。虽然一裁终裁会较少程序上的运作，节省时间和费用，但由于缺少类似诉讼中上诉审的监督，当事人必然心存担忧。案件在诉讼过程中，要经过两级法院的审理才能宣告终结，一审法院及其法官对于案件的审理，因为要接受二审法院的审查和监督，客观上会增强一审审判者的责任心，提高案件审判的质量。而在仲裁过程中，由于实行一裁终裁制度，当事人或许会担心，缺少上诉审的压力，仲裁员不用考虑其裁决被上诉审查而使其责任心有所保留。一锤定音固然来得痛快，但也极具风险，尤其是在司法不公与司法腐败的社会大环境不甚理想的背景下，当事人对仲裁制度是否能够独善其身更是平添了一些忧虑。

其二，对仲裁权威性的顾虑。由于法院判决在实践中的执行难已经成为一个严重的社会问题，人们对于民间性质的仲裁裁决能在多大程度上得到执行难免心存疑虑，这使得人们在选择仲裁时开始变得迟疑。

第二节　仲裁的司法监督之反思

根据我国《仲裁法》和《民事诉讼法》的规定，司法对仲裁的监督，主要有两种形式：一是仲裁当事人向仲裁机构所在地的中级人民法院申请撤销仲裁裁决；二是被申请执行人向执行法院申请不予执行仲裁裁决。

根据上述两法的规定，法院对仲裁监督的方式主要是：（1）只能基于当事人的申请进行，法院不依职权主动进行；（2）只能在仲裁作出裁决之后进行，不能在仲裁过程中进行监督；（3）只能根据当事人举证证明且符合法定条件的内容，裁定不予执行或者撤销仲裁裁决。除非法院认定仲裁裁决违背社会公共利益的，法院可主动审查并裁定不予执行或者撤销仲裁裁决；（4）法院应当组成合议庭审查，并以裁定形式作出决定。

但是，关于法院如何审查仲裁裁决、审查的程序以及审查后不予执行的结果如何处理等问题，《仲裁法》和《民事诉讼法》或者未予规定，或者规定的并不明确，甚至是违背仲裁的本质属性。

一、全面审查制度的审查范围过宽

根据我国《民事诉讼法》第213条的规定，对依法设立的仲裁机构的裁决，一方当事人不履行的，对方当事人可以向有管辖权的人民法院申请执行。受申请的人民法院应当执行。被申请人提出证据证明仲裁裁决有下列情形之一的，经人民法院组成合议庭审查核实，裁定不予执行：（1）当事人在合同中没有订立仲裁条款或者事后没有达成书面仲裁协议的；（2）裁决的事项不属于仲裁协议的范围或者仲裁机构无权仲裁的；（3）仲裁庭的组成或者仲裁的程序违反法定程序的；（4）认定事实的主要证据不足的；（5）适用法律确有错误的；（6）仲裁员在仲裁该案时有贪污受贿，徇私舞弊，枉法裁决行为的；（7）人民法院认定执行该裁决违背社会公共利益的。

从《民事诉讼法》的上述规定可见，我国法律对于仲裁裁决是否予以强制执行，实行全面审查原则。法院既可以对仲裁程序是否违反法定程序进行审查，也可以对仲裁裁决认定的事实的主要证据是否充分进行审查，还可以对仲裁裁决适用的法律进行审查。法院对仲裁裁决的全面审查，实际上使法院对仲裁裁决取得了类似上诉审的权力，引发了法律上的各种问题。

首先，法院审查的制度混淆了仲裁与诉讼的区别，与仲裁一裁终局的制度不符。仲裁与诉讼是两种不同的纠纷解决制度，虽然法律授权法院对仲裁裁决进行司法审查监督的权利，但是，这种监督毕竟不同于法院系统内部的审级监督。从事实认定到法律适用、从程序问题到实体问题，都由法院对仲裁裁决进行全面审查，在某种程度上是对仲裁的不信任，是重审判轻仲裁的表现，将会在事实上危及仲裁一裁终局的制度，并使法院成为仲裁的上诉审机构，从根本上否定仲裁制度。而且，由于法院要对仲裁裁决进行全面审查，必然使得仲裁要向诉讼靠近，仲裁诉讼化就将成为仲裁的发展趋势，从而大大降低仲裁简单快捷的优势，对仲裁的异化也就不可避免，仲裁制度的发展将步入歧途。

同时，全面审查的制度将考验法院的工作负担能力。例如，2004 年北京仲裁委共受理案件数量达 1911 件，审结案件 1596 件；① 2005 年武汉仲裁委受案数量为 5013 件。② 如果大量的仲裁案件败诉一方都要求在事实认定、法律适用、程序等比较广泛的问题都提请法院审查，法院无疑就要对仲裁事项的全案进行全面审查，这将会给法院的工作带来极大的负担，而且，仲裁机构大都设置在经济较为发达的地区，这些地区的法院大多仅诉讼案件就已经不堪重负，如果再加上对仲裁裁决的全面审查工作就更加难以负担。

因此，对仲裁裁决可能存在的事实判断、证据认定、法律适用上的错误，应当通过完善仲裁制度，提高仲裁员的素质等途径解决，而不能通过在仲裁制度之上叠加审判的方式来解决。否则，我国的仲裁制度将会变成仲裁加审判的混合物，或成为审判的附庸。法律赋予法院对仲裁裁决全面审查的权力，其主观动机应当说有利于监督和保障仲裁依法公正进行，从效果上讲也会在一定程度上促进仲裁的公正进行。但是，这种监督和促进以牺牲仲裁的独立性为代价，必然会殃及仲裁的基本存在价值，也会造成仲裁与诉讼之间关系的不对等。

二、审查法院的层级设置与所行使权限的重要程度不符

《仲裁法》第 58 条规定，可撤销仲裁裁决的条件包括：（1）没有仲裁协议的；（2）裁决的事项不属于仲裁协议的范围或者仲裁委员会无权仲裁的；（3）仲裁庭的组成或者仲裁的程序违反法定程序的；（4）裁决所根据的证据是伪造的；（5）对方当事人隐瞒了足以影响公正裁决的证据的；（6）仲裁员在仲裁该案时有索贿受贿，徇私舞弊，枉法裁决行为的；（7）该裁决违背社会公共利益的。《民事诉讼法》第 213 条规定的对仲裁裁决不予执行的条件，不仅范围覆盖了《仲裁法》第 58 条规定的内容，而且还包括仲裁裁决认定事实的主要证据不足的、适用法律确有错误的情形。与可撤销仲裁裁决的条件相比，后者的条件不仅范围比较窄，而且规定比较具体、明确，更易裁断。因为认定事实的主要证据是否充足，涉及裁判者的自由裁量权，其审查判断的难度

---

① "北京仲裁受理案件数量涉案增长率金额全国第一"，《北京日报》2004 年 12 月 27 日。

② 余凯，易庭华，张翔："武汉仲裁委去年案件数量和标的额在全国名列前茅"，《湖北日报》2006 年 3 月 16 日。

相对更大；而适用法律是否正确的情况更为复杂，也对审查者的水平和能力有更高的要求。①

但是从行使不予执行审查权与行使撤销仲裁裁决审查权的法院来看，权限与法院的层级关系并不相对应。因为根据《民事诉讼法》和最高人民法院《关于人民法院执行工作若干问题的规定》的规定，对仲裁裁决的执行，由被执行人所在地或者被执行财产所在地的法院执行，其级别管辖参照各地法院受理诉讼案件的级别管辖的规定确定。根据上述规定，对不予执行仲裁裁决的审查可能是基层法院，也可能是中级以上地方法院，但根据《仲裁法》第58条的规定，行使撤销仲裁裁决审查权的只能是仲裁机构所在地的中级法院。

由此可见，行使一项条件具体、规定明确、更易判断的审查权的法院必须是中级法院，而行使一项范围更广、自由裁量权更大、法律水平要求更高的审查权的法院，却既可以是中级以上的法院，也可以是基层法院。而且，当事人申请撤销仲裁裁决的，要由仲裁机构所在地的中级法院的审判业务组织组成合议庭进行，而当事人申请不予执行的，则可以由基层法院的执行机构组成合议庭审查处理。这种状况导致不同层级法院之间权力行使的倒置，也违反了我国《人民法院组织法》关于法院层级设置的基本精神。

三、否定被不予执行的仲裁裁决的法律效力缺乏法理依据

仲裁机构对仲裁案件作出发生法律效力的生效法律文书后，如果一方当事人不履行该仲裁裁决，并向执行法院请求对仲裁裁决不予执行，执行法院经审查，认为符合法定条件的，可裁定不予执行。《民事诉讼法》第213条规定："仲裁裁决被人民法院裁定不予执行的，当事人可以根据双方达成的书面仲裁协议重新申请仲裁，也可以向人民法院起诉。"根据该条的规定，在仲裁裁决经法院审查后裁定不予执行的，当事人既可以申请重新仲裁，也可以向法院提起诉讼，法院据此取得对该案件的管辖权。笔者认为，该条规定缺乏必要的法理依据。分析如下：

首先，仲裁裁决不予执行并不影响仲裁裁决的法律效力。仲裁机构作出的

---

① 其实，法院审查的制度并不能保证案件证据的充分可靠。《民事诉讼法》规定的仲裁裁决认定事实的主要证据不足和适用法律确有错误，很容易被仲裁败诉一方当事人作为申请不予执行的理由，而就事实判断和证据认定来说，对仲裁事项，尤其是专业技术性比较强的仲裁事项而言，作为专业人员的仲裁人员的日常生活经验和专业判断能力与法院的法官必然有所区别，如何能保证仲裁人员对具体问题的理解和认识与法官的理解和认识保持一致呢？又如何能保证法院的理解和认识就一定更技高一筹？

生效法律文书即使依照法律可以被执行法院裁定为不予执行，但是，执行法院的裁定也只具有对该仲裁裁决依法不予强制执行的效力，而不具有否定仲裁裁决具有法律的效力。也就是说，从法律上讲，不予执行的仲裁裁决仍是合法有效的生效法律文书。这样说来，仲裁裁决被申请执行的法院裁定不予执行，并不能排除当事人依照法律规定向其他法院申请执行。我国《民事诉讼法》规定的有权对仲裁裁决实行强制执行的法院，包括被执行人所在地的法院，也包括被执行财产所在地的法院。如果被执行人和被执行的财产不在同一地区，当事人向其中一个法院申请强制执行后，被接受申请执行的法院裁定不予执行仲裁裁决，从理论上讲，当事人可以转而向另一个有执行权的法院申请执行。

其次，对仍然有效的仲裁裁决不能再行处理。根据一事不再理的原则，对于一个已经有权机关作出发生法律效力的裁判的案件，当事人不能再行申请原裁判机关或者其他裁判机关重新裁判，其他的裁判机关也无权对原裁判机关已经依法受理的案件再行受理，更不能在其他裁判机关就具体案件已经作出生效裁判的情况下重新进行处理。所以，在仲裁裁决被撤销之前，不仅法院无权进行重新审理，即使原仲裁机构也无权再次仲裁。

最后，即使原仲裁裁决被依法撤销也并不能使法院自动取得对该案件的管辖权。把纠纷提交仲裁机构进行仲裁，是法律赋予纠纷当事人的一项救济选择权，即使接受仲裁机构的仲裁庭作出了错误的裁决，也不能因此而剥夺当事人的这一救济选择权利，也不能因为仲裁裁决的错误，而否定当事人在仲裁之前达成的仲裁协议的法律效力。当事人意思自治是仲裁的基石，仲裁协议如果不损害社会公共利益，不违反法律、行政法规的强制性规定时，应当尊重和保障当事人的意思自治。除非当事人之间改变了原来已达成的通过仲裁解决纠纷的协议，否则，任何组织和个人都不得强制当事人必须将纠纷提交诉讼；而在当事人没有就纠纷解决达成新的协议之前，原已达成的仲裁协议对双方当事人始终具有约束力，任何一方也不得违反该协议，将纠纷提交诉讼解决。如果规定仲裁裁决被不予执行时当事人可以提起诉讼，就会给当事人一方提供不守诚信之约的制度方便，从而强使守约一方当事人被迫走上诉讼之路。

四、不予执行裁决的裁定没有给当事人以必要的救济权

我国《民事诉讼法》第140条规定的可以上诉的裁定，仅限于不予受理、对管辖权有异议和驳回起诉等三种裁定，执行法院不予执行仲裁裁决的裁定，不属于可上诉的裁定，当事人无权提出上诉。同时，根据《民事诉讼法》第202条、204条的规定，执行异议包括两种情形，一是当事人、利害关系人认

为执行行为违反法律规定的，可以向负责执行的法院提出书面异议，当事人、利害关系人对法院作出的裁定不服的，可以自裁定送达之日起 15 日内向上一级法院申请复议。根据全国人大常委会法制工作委员会民法室编撰的《中华人民共和国民事诉讼法条文说明、立法理由及相关规定》的介绍，此种情况下赋予当事人的异议权，主要是针对法院或者执行人员素质不高、执法水平低、执行方法简单、执行行为不规范、造成效率不高；有的执行人员消极不作为，甚至办关系案、人情案、油水案，给执行工作造成障碍；执行人员失职渎职、索贿受贿问题时有发生等拖延执行、消极执行、违法实施执行等问题。[①]不包括法院对仲裁裁决不予执行的情况。二是在执行过程中，案外人对执行标的提出书面异议后，案外人、当事人对法院作出的裁定不服的，认为原判决、裁定错误的，依照审判监督程序办理；与原判决、裁定无关的，可以自裁定送达之日起 15 日内向法院提起诉讼。而对仲裁裁决不予执行的裁定，不是基于执行标的存在的问题，而是针对裁决本身的错误作出的，也不属于该条规定的范围，当事人无权据此依照审判监督程序办理，也无法向法院提起诉讼。

根据上述分析，无论是在对可上诉裁定的规定方面，还是对执行异议裁定可申请复议、可申请再审、可另行起诉方面，法律均未给当事人必要的程序救济权利。不予执行仲裁裁决的裁定将给当事人的权利实现造成根本的影响，但依照现行法律的规定，却不给当事人以必要的救济权利，不仅违反了法律的正当程序原则，而且严重损害了当事人的合法权益。

五、不予执行与撤销裁定之间存在制度上的重复

前已述及，不予执行并不能从根本上否定仲裁裁决的法律效力，实际上只能发生仲裁裁决在被申请执行法院中止执行的法律效力。主张不予执行的一方当事人，还必须另行提起撤销仲裁裁决的申请，达到其从根本上否定仲裁裁决的目的，而撤销仲裁裁决的裁定本身其法律效力就包括被撤销的仲裁裁决在所有法院不予执行的效力，其效力已经覆盖了不予执行裁定的法律效力。而且，在现有的执行中止制度中，《民事诉讼法》第 232 条第 1 款第（五）项规定的"人民法院认为应当终止执行的其他情形"，为裁决案件执行过程中被申请执行人提出的对仲裁裁决的异议，已经预留了制度空间。法院可以根据此项规定，在被申请执行人对仲裁及其仲裁裁决书提出确有理由的异议时，裁定中止

---

① 见全国人大常委会法制工作委员会民法室编：《中华人民共和国民事诉讼法条文说明、立法理由及相关规定》，北京大学出版社 2007 年版，第 403 页。

执行，告知异议申请人根据《仲裁法》第 58 条的规定，向有管辖的法院提出撤销申请，然后，根据有管辖权的法院作出的撤销裁定或者驳回申请裁定，执行法院决定是否终结执行或者恢复执行。因此，不予执行与撤销裁决两项制度的并存，既造成了制度上的重复和混乱，也增加了法院和当事人不必要的负担。

应该说，对仲裁裁决的不予执行是一国法院对外国仲裁裁决的审查方式。根据我国已加入的《承认和执行外国仲裁裁决公约》（《纽约公约》）的规定，一国的仲裁机构所作的仲裁裁决，需要在他国得到执行时，他国的司法机关有权进行审查并决定是否予以承认，并在此基础上决定是否执行。它的本意是因为一个国家或一个地区由于司法管辖权的因素，不能由本国的司法机关直接对另一国家或地区的仲裁机构所作出的裁决直接行使撤销权，而采取的一种较为温和的、间接的否定仲裁裁决在本国法律效力的　种方式。而对于本国自己的仲裁裁决，司法机关依法拥有当然的监督权，因而可以直接运用撤销仲裁裁决的方式解决同样的问题，不必采用这种对外国国家或地区仲裁裁决的间接否定的方式。因此，世界上绝大多数国家，特别是仲裁制度较为发达的国家和地区，对国内（区内）仲裁裁决的监督都只采用撤销制度。如美国、英国、德国、比利时、瑞典、荷兰、意大利、中国澳门、中国台湾等。①

六、撤销裁决的制度缺乏必要的程序保障

撤销仲裁裁决，体现了司法对仲裁的法律监督，反映了国家对于仲裁与诉讼之间关系的制度安排，其运作的结果将可能从根本上否定仲裁裁决的效力，剥夺当事人通过仲裁获得的纠纷解决结果，因此，应当建立比较严格的规范的程序机制。但是，从我国现行的法律看，撤销仲裁裁决的规定体现在《仲裁法》中仅有 4 条法律规定，即第 58 条规定了受理撤销裁决的管辖法院和可撤销的条件；第 59 条规定了当事人申请的撤销裁决的期限；第 60 条规定了法院审查撤销裁决申请的期限；第 61 条规定了撤销程序的中止和恢复。而我国《民事诉讼法》对撤销仲裁裁决这一重大问题则没有作任何规定。

上述规定不仅条文少，《仲裁法》仅规定了撤销仲裁裁决的申请由仲裁委员会所在地的中级法院管辖，法院在审查时组成合议庭进行，没有关于法院应如何审查的具体程序规定，《仲裁法》没有关于当事人能否参加法院的审查活

---

① 冯百友、王陆梅："应当废除对国内仲裁裁决'不予执行'的司法监督制度"，载韩健，林一飞主编：《商事仲裁法律报告》（第一卷），中信出版社 2005 年版，第 32～33 页。

动的规定，最高人民法院仅规定"一方当事人向人民法院申请撤销仲裁裁决的，人民法院在审理时，应当列对方当事人为被申请人。"① 不仅如此，法律也没有规定当事人对法院撤销或者不撤销仲裁裁决的任何救济权利，最高人民法院还通过司法解释排除了检察机关对已生效撤销仲裁裁决的抗诉，② 也排除了当事人不服法院撤销仲裁的裁决可以申请再审。③ 对撤销仲裁这一如此重要的法律制度，程序规范如此匮乏，当事人的各项程序参与权利如此欠缺，不仅与撤销审查制度的重要性不相适应，也难以防范和避免法院对该项审查权的滥用和错误行使。

第三节　仲裁机制的完善建议

按照立法机关的工作计划，对《仲裁法》的修改即将提上议事日程。为了使《仲裁法》的理念和规则进一步适应我国社会经济发展和纠纷解决的需求，有必要对仲裁制度进行改进。通过以上分析，笔者认为，在仲裁委员会的组织性质、人员管理、仲裁制度和规则等方面都有必要进行规范。

一、回归仲裁的民间性质

仲裁机构是一个民间组织，这一点不仅是仲裁本身的民间性质所决定的，也是仲裁能为世界各国当事人所接受的重要原因，以及《承认和执行外国仲裁裁决公约》等国际公约的缔约国法院承认并执行外国仲裁裁决的前提条件。具有民间性质的仲裁裁决所实现的价值是具有国家职能性质的国家机关垄断并强制实施的司法裁判所无法替代的。因此，必须回归仲裁的民间性质，保证仲裁法律地位的真正落实，这已经完全不是一个思想认识层面的问题，也不仅仅是一种体制上的完善与改革的措施，而是我国仲裁制度生死存亡的必须抉择。

为了做好重新组建仲裁机构工作，国务院办公厅 1994 年 11 月 13 日、

---

① 参见最高人民法院《关于审理当事人申请撤销仲裁裁决案件几个具体问题的批复》（1998 年 7 月 21 日）。

② 参见最高人民法院《关于人民检察院对撤销仲裁裁决的民事裁定提起抗诉人民法院应如何处理问题的批复》（2000 年 6 月 30 日最高人民法院审判委员会第 1121 次会议通过法释〔2000〕17 号）；最高人民法院《关于人民检察院对不撤销仲裁裁决的民事裁定提出抗诉人民法院应如何处理问题的批复》（2000 年 12 月 13 日法释〔2000〕46 号）。

③ 参见最高人民法院《关于当事人对人民法院撤销仲裁裁决的裁定不服申请再审人民法院是否受理问题的批复》（1999 年 2 月 11 日法释〔1999〕6 号）。

1995 年 5 月 26 日先后发出《关于做好重新组建仲裁机构和筹建中国仲裁协会筹备工作的通知》（国办发［1994］99 号）、《关于进一步做好重新组建仲裁机构工作的通知》（国办发［1995］38 号），要求第一届仲裁委员会的组成人员，由政府法制、经贸、体改、司法、工商、科技、建设等部门和贸促会、工商联等组织协商推荐，由市人民政府聘任，但其后各届仲裁委员会的组成人员，应当按照《仲裁法》第 12 条的规定组成，即仲裁委员会的主任、副主任由法律、经济贸易专家和有实际工作经验的人员担任，仲裁委员会的组成人员中，法律、经济贸易专家不得少于三分之二。笔者认为，还应当进行以下两方面的工作：

（一）进行社团登记

在仲裁委员会的登记管理问题上，根据现行《仲裁法》的规定，设立仲裁委员会应当经省、自治区、直辖市的司法行政部门登记，但是，这种规定不符合我国民间组织管理的做法。应当回归仲裁机构的本位，改变现行的仲裁委员会登记制度，根据仲裁委员会民间组织的性质属性，应当将其纳入到我国民间组织管理的途径，作为一种专业的民间社团组织向民政部门进行登记，按照民间组织管理的规范进行相应的调整。

（二）与行政关系脱钩

与行政机构真正脱钩、去行政化是落实仲裁机构民间组织性质的焦点问题，也是我国仲裁机构背离民间组织性质方面存在的主要问题。要改变现行仲裁机构的行政色彩过浓的状况，可考虑从仲裁机构与行政机关"脱钩"入手，禁止党政机关干部在仲裁委员会办事机构中兼职主持日常工作，禁止行政机关工作人员在仲裁委员会办事机构中担任工作人员，整顿行政部门与仲裁机构人、财、物不分的状况，禁止行政机关向仲裁机构分流或安插人员，侵占、挪用仲裁机构财产。禁止行政部门随意插手仲裁机构内部管理事务，影响机构的独立运作。[①] 同时完善和强化其民间组织管理的必要机制和一系列管理规范。根据中组部、人事部《关于印发〈关于加快推进事业单位人事制度改革的意见〉的通知》（人发［2000］78 号）精神，对仲裁机构要"改变用管理党政机关工作人员的办法管理事业单位人员的做法"，允许仲裁机构实行"形式多样、自主灵活的分配激励机制"，将仲裁机构真正建设成自主管理、自负盈亏的中介服务组织。

---

① 王红松："积极稳妥推进仲裁体制改革"，《法制日报》2007 年 2 月 25 日。

二、取消专职仲裁员

现在的仲裁机构内部有相当数量的专职仲裁员（或称为驻会仲裁员），他们一般比较熟悉仲裁程序，有充足的时间解决仲裁程序中需要及时处理的事项，有利于快速结案。但也应当看到，专职仲裁员的存在也有许多的弊病，影响我国仲裁事业的健康发展。

（一）使仲裁走向管理行政化、机构法院化的误区

中国的仲裁机构普遍都拥有一定数量的专职仲裁员，他们是导致仲裁机构人员扩张的主要因素之一，这也是中国各仲裁机构人数远远高于国际上同类仲裁机构的原因之一。大量专职仲裁员的存在，不仅增加了仲裁机构的负担，也改变着仲裁机构的服务性质和功能，使其逐步走向行政机构化的道路。专职仲裁员的大量存在，在某种意义上使得仲裁员在职业群体上和法官相类似，容易形成定式思维，导致仲裁诉讼化倾向。在具体的仲裁实践中，有些仲裁机构几乎每案都有一至二名驻会仲裁员参与仲裁，有时甚至仲裁庭全部由专职仲裁员组成。这种状况限制和影响了其他的更为符合案件审理条件的仲裁人员参与对仲裁案件的处理，消解了仲裁处理纠纷的实质性优势，使得仲裁与诉讼一样，仲裁员审理与法法官审理雷同。

（二）影响仲裁的公正性

从仲裁实践看，除当事人放弃亲自选定仲裁员的情况外，各方当事人共同选定首席或独任仲裁员的可能性较小，因此，仲裁机构代为指定仲裁员的情况最为常见，而且代为指定的仲裁员通常也是对案件结果有决定性影响的首席或独任仲裁员。在代为指定仲裁员的情形下，仲裁委员会的主任通常会优先考虑选择本会的专职仲裁员，而某些企图利用专职仲裁员施压影响和干预案件审理的当事人，也乐于指定专职仲裁员担任本案仲裁庭的仲裁员。因此，代为指定仲裁员，使即将成立的仲裁庭存在着某种先验的多数意见，在仲裁庭观点有分歧时，专职仲裁员的身份可能使得其他仲裁员不便充分表达意见。而按照少数服从多数的原则作出仲裁裁决时，专职仲裁员的意见实际上决定了案件的处理结果。

（三）为地方保护主义等非法干预提供了制度通道

在现行的管理体制下，专职仲裁员是当地政府管理下的事业单位的工作人员，个人命运前途、仲裁机构的财物供给都需要仰仗当地政府的关照。这使得专职仲裁员担任仲裁的案件中，地方保护主义、长官意志以及当地其他强势集

团和个人可以利用这一制度通道对案件施加一定的影响，甚至可以通过专职仲裁员担任首席仲裁员和独任仲裁员的方便，达到操纵和控制案件处理结果的目的。

专职仲裁员的存在也妨碍了仲裁监督机制的完善，专职仲裁员在仲裁机构中多半位居管理或者领导阶层，运动员与裁判员身份竞合，使得仲裁的内部监督难以落实，尤其是使得监督仲裁委员会主任指定仲裁员的权利方面，更是一个盲区。

上述因素的共同作用，必将使我国仲裁的权威性、公正性和社会公信力大打折扣，也必将危及仲裁事业的健康发展。因此，建议取消专职仲裁员，仲裁员全部由仲裁机构以外的专业人士担任。通常情况下，只有那些具有较高专业能力与道德水准，能够赢得社会尊重的人士，才会被仲裁机构聘为仲裁员，而被选定在具体案件中担任仲裁员，更是对他的人格与专业能力的一种肯定和褒奖，因此，他们应该更为恪守职业道德和仲裁纪律，能够排除各种外界干扰，依据事实根据法律公正裁判案件。而且如果仲裁员不是仲裁机构的成员，也不在同一地方和同一单位工作，不隶属于某一国家机构，外界对于仲裁案件的压力和影响就很难影响到仲裁员，起码不能影响到所有的仲裁员，可以确保仲裁人员独立自主地开展仲裁活动。

三、适当扩大可仲裁的事项，建立专业化仲裁机构

我国《仲裁法》第2条、第3条、第77条规定："平等主体的公民、法人和其他组织之间发生的合同纠纷和其他财产权益纠纷，可以仲裁。""下列纠纷不能仲裁：（一）婚姻、收养、监护、扶养、继承纠纷；（二）依法应当由行政机关处理的行政争议。""劳动争议和农业集体经济组织内部的农业承包合同纠纷的仲裁，另行规定。"上述规定一方面排除了许多可仲裁事项，制约和限制了仲裁功能的发挥；另一方面，却将不应仲裁的事项没有完全排除。① 因此，建议在我国《仲裁法》修改时，应当对我国可仲裁的范

---

① 如我国《仲裁法》对能仲裁的事项作了原则规定，对不能仲裁的事项作了列举，其立法意图似乎表明，除列举排除事项之外的其他任何涉及财产权益的争议应该都是可以仲裁的，但从各国仲裁立法与实践看，涉及反托拉斯法、证券交易法、知识产权法、破产法等既涉及财产权益又涉及公共利益的事项，各国并不完全将其视为当然可仲裁的事项，特别是涉及知识产权法和破产法的争议，只有部分国家在有限的范围内承认其可仲裁性，我国《仲裁法》的规定显然与国际普遍的立法和实践相悖。于喜富：《国际商事仲裁的司法监督与协助——兼论中国的立法与司法实践》，知识产权出版社2006年版，第235页。

围，进行必要的扩大，同时，根据国际惯例，明确规定和适当增加不可仲裁的事项。

仲裁机制与包括诉讼在内的其他纠纷解决机制相比，其最大的优势在于纠纷解决的专业性，因此，最适合解决专业性较强的民商事纠纷，而且仲裁不受类似诉讼管辖的限制。目前，我国有 200 家左右的仲裁机构，除个别的专业仲裁机构外，其他的都大同小异，类型几乎一样，有些地方的仲裁机构因为案件少，仲裁业务难以开展，但由于法律对可仲裁事项范围的限制又使许多专业性较强的纠纷不能在仲裁机构进行仲裁，造成案件的负担极不均衡。因此，我们应当在适当扩大仲裁范围的基础上，借鉴有关国家专业裁判所制度的经验，建立各种专业化的仲裁机构，发挥各专业仲裁机构的特色与专长，为各种专业性纠纷提供更为专业、高效和公正的纠纷仲裁解决途径。

四、废除对裁决的不予执行制度，完善撤销裁决的程序机制

鉴于不予执行制度与撤销审查制度存在制度上的重复，不予执行的裁定可被中止执行的裁定所包括，而且不予执行制度存在的上述法理上的缺陷，建议在《仲裁法》修改时，废除对仲裁不予执行的司法审查制度，同时，完善撤销裁决的程序机制，在继续保留撤销仲裁裁决案件由仲裁机构所在地的中级人民法院管辖的基础上，增加以下程序规范：

（一）审查撤销仲裁裁决实行言辞审理和开庭审理的程序制度

现行法律没有对撤销仲裁裁决的程序形式作具体规定，而从字面内容分析，应当是采用书面审形式，但无论是法律还是相关的司法解释，都没有规定法院在审查撤销仲裁裁决的申请时是否应当调取仲裁的案卷材料。这种状况表明，法院在审查撤销仲裁裁决申请的过程中，可以仅凭当事人的申请书和答辩书，通过书面审理的方式即可作出是否撤销仲裁裁决的决定。法院如此行使撤销仲裁裁决的审查权未免失之草率，因此应当实行开庭审理的形式，通过言辞辩论的方式，审查和判断对仲裁裁决应否撤销的问题。

（二）增加保障当事人的参与权和救济权的程序制度

法院审查判断对仲裁裁决是否撤销的问题，事关当事人的利益，应当允许当事人参加审查判断活动，使当事人有充分的机会陈述自己的理由、展示自己的证据，使当事人全面了解法院审查裁定仲裁裁决时所依据的各种事实和证据的内容及其认定理由，赋予当事人必要的程序权利，尊重和保护当事人的正当程序利益，保证对仲裁裁决的审查和撤销依法公正进行。同时，对于法院审查判断仲裁裁决后作出的裁定，也应当赋予当事人以必要的救济权利，这不仅是保护当事人合法权益的现代法治原则所必需，也是对于监督和保障法院审查监督活动依法公正进行之必需。

第六章

多元化纠纷解决机制的具体应用研究

——以医疗纠纷为例

第一节 医疗纠纷概述

一、背景情况

人吃五谷杂粮不可能不生病，而有了病就需要与医生和医院打交道，我们每一个人一生中都有可能成为患者或者患者的家属。但令人遗憾的是，在寻求医疗救助的过程中，经常发生一些纠纷和争议，而且这种状况渐呈愈演愈烈之势。2002年中华医院管理学会就医疗纠纷和侵权事件的发生状况，对全国326所医院进行了多项选择式的问卷调查。调查结果显示，医疗纠纷发生率高达98.4%。在被调查的326家医院中有86%至96%的医院发生过因医疗纠纷导致病人滞留医院、不住院或不缴纳医疗费用的现象。在引发医疗纠纷的医院内部因素选项中，选择"由于医务人员服务态度不好，引发纠纷"的有49.5%；选择"因服务质量和技术水平存在问题引发纠纷"的有31.1%。[①] 据中国医师协会最近针对100家医院的统计数据显示，近三年来，平均每家医院发生医疗纠纷66起，发生患者打砸医院事件5.42起，打伤医师5人。[②] 据湖北省卫生厅不完全统计，1999年元月至2001年7月，全省发生围攻医院、殴打医务人员的暴力事件568起，有398名义务人员被打，32人致残。[③] 湖南长沙具有硕士学历的工程师患者彭世宽因对湖南省中医学院附一医院客座教授王万林运

---

① 杜海岚："遏制医疗纠纷上升势头——326所医院问卷调查综述"，《法制日报》2002年2月21日第五版。

② http://www.66163.com/Fujian w/news/fjrb/gb/content/2007 – 03/14/contene_ 1079224. htm

③ 周昆："遵守规则，就是保护自己"，《中国青年报》2002年4月17日第八版。

用自创的"筛选法自体骨髓移植"手术导致治疗失败的不满，将医生王万林杀死，自己被判处死刑的惨案，使日趋紧张的医患关系更加触目惊心。①

对于目前的这种医患关系状况，不仅患者一方不满意，医方也不满意。据统计，医护人员对我国的医患关系表示满意的仅占 2.7%；病人及其亲属也仅有 13.2% 表示满意；对目前的医患关系现状不满意的医护人员已经达到 62.3%。②

随着社会的发展和科学技术的进步，人们对医疗卫生的需求将日益增长，医疗卫生工作在人们的社会生活中的作用更加重要。但是，相应的医疗纠纷的处理制度与解决机制却远未完善，甚或在高层就医疗纠纷的一些基本问题都还存在认识层面上的冲突与矛盾，如国务院《医疗事故处理条例》第 49 条第 2 款规定："不属于医疗事故的，医疗机构不承担赔偿责任。"而最高法院则认为《医疗事故处理条例》的规定，仅限于构成医疗事故的赔偿责任，因医疗事故以外的原因引起的其它医疗赔偿纠纷，适用民法通则的规定，也应当予以赔偿。③ 虽然最高法院民一庭负责人就审理医疗纠纷案件的法律适用问题答记者问时，将此问题解释为不是法律适用依据不统一，而是法律、法规在适用范围上分工配合的体现。④ 但是其中的问题却是显而易见的。首先，将医疗纠纷人为地划分为医疗事故纠纷与非医疗事故纠纷，或许在医学领域或医疗行政管理方面有一定的意义，在效果上也起到了遏制行政法规对医疗机构的偏袒，维护民众权益的作用，但这种医疗行为纠纷划分的方法缺乏应有的法理依据，更不应以此为据作为确定适用不同法律规范的理由。其次，相对于非医疗事故纠纷，医疗事故纠纷对患者实际造成损害的医疗过错行为的情节较为严重，对患者造成的损害也相应比较大。但是，由于法院在处理因医疗事故引起的人身损害赔偿纠纷时适用的是《医疗事故处理条例》，在处理非医疗事故纠纷时则按照《民法通则》和最高人民法院《关于审理人身损害赔偿案件时同法律若干问题的解释》、《关于确定民事侵权精神损害赔偿责任若干问题的解释》等规范处理。其结果是，同样是医疗纠纷但赔偿责任却分别根据不同的规范进行赔

---

① 李小荣："迟到的真相：硕士患者杀医案调查"，《南方周末》2001 年 12 月 13 日第十五版。

② http://www.66163.com/Fujian w/news/fjrb/gb/content/2007－03/14/contene_1079224.htm

③ 参见《最高人民法院关于参照〈医疗事故处理条例〉审理医疗纠纷民事案件的通知》和"最高人民法院民一庭负责人就审理医疗纠纷案件的法律适用问题答记者问"，《人民法院报》2004 年 4 月 12 日。

④ 王连印："最高人民法院民一庭负责人就审理医疗纠纷案件的法律适用问题答记者问"，2004 年 4 月 12 日《人民法院报》。

偿，在相对严重的医疗事故纠纷中患者能够获得的赔偿范围和数额，反而低于在相对较为轻微的非医疗事故纠纷患者所能得到的赔偿，构成医疗事故的赔偿额反而没有不构成医疗事故（所谓医疗责任）的赔偿额高。

《中华人民共和国侵权责任法》（以下简称《侵权责任法》）的颁布实施，在一定程度上扭转了法律适用上的混乱局面，但并未从根本上扭转医疗纠纷处理的行政化势头，同时也引发了其他方面的问题。如《侵权责任法》改变了最高人民法院《关于民事诉讼证据的若干规定》第4条"因医疗行为引起的侵权诉讼，由医疗机构就医疗行为与损害结果之间不存在因果关系及不存在医疗过错承担举证责任"的规定，规定"患者在诊疗活动中受到损害，医疗机构及其医务人员有过错的，由医疗机构承担赔偿责任。"这一改变加大了患者的举证责任，增加了患者索赔的难度，使得某些能够通过医疗诉讼等正常途径处理和解决的医患纠纷，因举证的不能和困难，患者可能转而寻求其他非正常途径解决争议，促使"医闹"等现象发生。诊疗行为是一种专业性技术活动，其专业知识和技能非一般患者所能知悉，医疗诊治行为的过程又是医方的单方面行为，患者无从举证，医疗过程中的所有资料都在医院保留，患者难以获得。因此，要求患者就医疗机构及其医务人员的诊疗行为存在过错负责证明是非常困难的。在现实生活中，除去患者与医方之间因知识结构等形成的信息不对等因素，仅从提供有形的病历资料和对现场实物进行封存等方面看，虽然《侵权责任法》第61条规定，医疗机构及其医务人员应当按照规定填写并妥善保管住院志、医嘱单、检验报告、手术及麻醉记录、病理资料、护理记录、医疗费用等病历资料，患者要求查阅、复制的，医疗机构应当提供。但医院方如果不填写、不如实完整地填写病历资料，或者不按规定封存现场实物，仅构成违反卫生部、国家中医药管理局的《医疗机构病历管理规定》和《病历书写基本规范（试行)》等规章规定的行政违法行为，依法只能承担相应的行政责任，且只是在医疗行为构成医疗事故的情况下，才由卫生行政部门对上述行为给予一定的行政或纪律处分，并不因此而减轻或者免除患者的举证责任。最高人民法院《关于民事诉讼证据若干问题的规定》第75条规定，有证据证明一方当事人持有证据无正当理由拒不提供，如果对方当事人主张该证据的内容不利于证据持有人，可以推定该主张成立。《侵权责任法》第58条也规定，医院方违反法律、行政法规、规章以及其他有关诊疗规范的规定，隐匿或者拒绝提供与纠纷有关的病历资料，伪造、篡改或者销毁病历资料的，推定医疗机构有过错。可是，对于患者来讲，他根本无从知晓在诊疗过程中医院方有无制作某项病历资料，更无从了解该项病历资料的内容是否确实是在诊疗过程中形成的，他又如何证明医院方持有某项证据？医院方是否修改了原始的病历资料？医院方伪造了某项病历资料呢？与患者相比，法院更是通过间接途径了解案件事实的，对于医方是否存在过错，在没有相应事实佐证的基础上难以直接作出推定。据统计，医疗纠纷中，60％的医疗机构曾涉嫌伪造或篡改病历资料。① 如果依照《侵权责任法》的规定，医疗纠纷中就应当有60％的案件是原告胜诉的，这显然与实际情况不符。

医疗纠纷不能得到有效预防与遏制，不断涌现的大量的医疗纠纷不能采取科学和切实可行的措施予以处理与化解，必将阻碍和影响了医疗卫生事业的健康发展，也危及每个社会成员的切身利益。

二、医疗纠纷的界定

（一）医疗行为的概念

简单地说，医疗纠纷是指因为医疗行为而发生的争议，所以，研究医疗纠纷的处理和解决，首先必须厘清医疗行为的概念。对于什么是医疗行为，学界有不同的认识，概括地讲，主要有广义和狭义两类不同的学说。

狭义的医疗行为是指有关疾病之诊断治疗，疾病之预防、畸形之矫正、助产、堕胎及各种基于治疗目的及增进医学技术之试验行为。如有学者认为，医疗行为是指一类以医疗为目的，以医学知识与医学技术为行为的准则，直接作用于人体，对人体具有一定侵袭行为且本身具有风险性的职业行为的总称。② 我国台湾地区行政院卫生署1976年4月6日卫生署医字第10778号函就医疗行为所作的解释为："凡以治疗、矫正或预防人体疾病、伤害、残疾或保健目的，所为之诊察及治疗，或基于诊察、诊断结果而以治疗为目的所为之处分，或用药等行为或一部之总称，谓为医疗行为。"③

我国大陆与台湾学者提出了广义医疗行为的概念，即医疗行为包括：临床性医疗行为；实验性医疗行为；诊疗目的性医疗行为；非诊疗目的性医疗行为。④ 临床医疗行为是指医疗方法或医疗技术经动物或人体实验证实其疗效后，在治疗患者疾病过程中实施的医疗行为；实验性医疗行为是指新的医疗方

---

① 陈扬："广东卫生厅副厅长：多数医疗纠纷病历涉嫌篡改"，《新快报》2010年4月2日。

② 陈惠良，卢顺珍："论医疗行为的法律界定"，《福建政法管理干部学院学报》，2006年第1期。

③ 黄丁全 著：《医师法》，月旦出版社1995年11月，第77页。

④ 艾尔肯："论医疗行为的判断标准"，《辽宁师范大学学报（社会科学版）》，2006年第4期。

法或医疗技术，于动物实验成功后初期试用于患者的治疗，而其疗效尚未被证实或尚无完全成功把握的医疗行为。实验性医疗行为又可细分为治疗性试验医疗行为及研究性试验医疗行为。前者指以直接治疗疾病为目的，所采取的实验性新医疗方法或旧医疗技术；后者指纯粹为科学研究目的，对于自愿接受所实施的新医疗方法或新医疗技术而言。① 在现实生活中，患者与医疗机构之间不仅存在医务人员通过诊察对疾病作出判断并予以治疗的行为，而且也存在与之相关的其他的行为，如预防接种、医疗整形美容、变性手术、计划生育手术等，这些行为虽然也对人体有一定的危害性，但并不是一种以治疗为目的的医疗行为。在某些实验性诊疗行为中，医师在对患者使用危险性与疗效性均属未知的新药物或新治疗技术的情况下，其目的主要是为了医学试验，而并非是出于诊疗目的。

笔者赞同广义的医疗行为的定义。因为随着社会的发展和医学技术的进步，人们的医疗要求与医学提供的医疗服务的范围日益广泛，许多以往没有的医疗活动现已逐步进入人们的日常生活，如计划生育手术、医疗美容手术、器官移植手术、变性手术等。这些医疗活动均以医学知识为支撑，以对人体的直接作用为手段，将其纳入到医疗行为的范畴，既有利于医学事业的健康发展，也有利于公众合法权益的保护。

（二）医疗行为的界定

在具体把握过程中，医疗行为的界定应当符合以下条件：

1. 医疗行为是发生在医疗机构及其医务人员与患者之间的一种行为

此处所称医疗机构是指符合法定条件，取得国家主管行政机关执业许可的从事疾病诊断、治疗活动的医院、卫生院、疗养院、门诊部、诊所、卫生所（室）以及急救站等医疗机构。因此，非法设立的诊疗机构不属于合法的医疗机构，不受法律对于医疗机构的保护，其与患者之间发生的关系也不属于医患关系，因其诊疗活动给患者造成伤害按照民事侵权行为处理。如非法行医的情况、谎称具有特异功能用所谓气功为患者治疗的情况，或者利用封建迷信手段为患者"消灾解难"的情况等。需要注意的是，在这些情况中，虽然患者是在各种蛊惑影响之下，主动上门请求发功者、施法者予以治疗的，或者与非法行医者达成了某种医疗协议，但因其主体不具法定行医资格或条件，对其行为的非法性的认定不会因此而受影响。

---

① 黄丁全著：《医师法》，月旦出版社 1995 年 11 月，第 83 页。

此处所称医务人员是指取得法定从事医疗卫生工作的资格，在医疗机构从事医疗卫生技术工作的人员。根据我国《执业医师法》、《护士管理办法》以及卫生部的有关规定，医务人员按其业务性质可分为四类：（1）医师，即依法取得执业医师资格或者执业助理医师资格，经注册在医疗、预防、保健机构中执业的专业医师，包括执业医师和执业助理医师。（2）药剂人员，包括中药、西药技术人员。（3）护理人员，包括护师、护士、护理员。（4）技术人员，包括检验、理疗、病理、口腔、同位素、营养等技术人员。医疗行为的主体应以我国《执业医师法》及《护士管理办法》规定的医务人员为限。据此有学者认为，按照这一标准凡不具备合法医师资格的人员，即使他使用药膏或单方、验方为患者治病，客观上也确实具有一定的疗效，但因其不具备行医的主体资格，其行为不能归入法律意义上的医疗行为。其责任的承担可结合其所受患者财物等情况及周围群众反映等各种情况综合考虑。如果行为人以治愈患者为目的的无偿或收取少量医药费，为患者提供药材或按摩推拿、针灸、拔火罐等服务的互助友爱行为，本着弘扬社会主义精神文明的态度，法律应予允许。如果行为人治疗行为发生意外，也不应以非法行医论处。如果行医人以营利为目的，打着祖传秘方之类的幌子，收取高额费用为患者治疗，法律对此应予禁止，如果行为人的治疗行为给患者带来损害，则按非法行医的有关规定承担相应的法律责任。①

需要特别说明的是，在我国的商业眼镜店中，商家为了为消费者提供眼镜销售服务，也从事一定的验光活动。那么，验光行为是否属于医疗行为呢？验光就是通过主觉或他觉检查出眼睛准确的屈光度数，以此作为配眼镜的依据。现行验光的方法有三种：第一种是显然验光，验光时不用散大瞳孔，而是依据患者自觉视力的好坏来决定屈光度数。一般眼镜店多采用此种方法，其特点是比较简单、速度快、可以大量进行，此法适用于 40 岁以上的人，但对 12 岁以下的小孩、远视、散光、假性近视等项目容易有误差。第二种验光方法即散瞳验光法。散瞳验光就是验光前采用散瞳药把瞳孔散大到对光反射完全消失，然后再验光。这种方法优点多，准确数大，医院内眼科常采用。对于调节痉挛引起的假性近视，一旦散瞳，调节作用消失，假性近视也恢复，不必配戴眼镜。再则青少年眼睛的调节作用很强，如果不散瞳，验光误差的度数是很大的。第三种是从上世纪 70 年代发展至今的电脑验光，它属于客观验光法。用于这种

---

① 艾尔肯："论医疗行为的判断标准"，《辽宁师范大学学报》（社会科学版）2006 年第四期。

验光的机器是光学、电子、机械三方面结合起来的仪器，其原理与视网膜检影法基本相同。另外采用红外线光源及自动雾视装置达到放松眼球调节的目的。采用光电技术及自动控制技术检查屈光度，并可自动显示及打印出屈光度数。此法操作简便，速度快，适用于对群体查体或门诊大量的验光，特别是对门诊的诊断性验光及检查治疗眼疾病前后的屈光改变情况。既不需要散瞳又能迅速测出屈光的度数，是验光技术的一大进步。这类国产自动验光仪商标和名称不一，目前在各地眼镜店里种类繁多，大量使用有的称为光学仪器，有的称为医疗器械，说明书隐含其意。只有国外进口的自动验光仪的产品说明书明确提示："该仪器必须经由专业医师操作使用"。可见，使用自动验光仪判断屈光度数必然属于医学界的活动，与医疗活动中的诊断手段向类似。在现行的商业眼镜店中也使用医疗器械（验光仪）或药物的方式，有的还使用扩瞳类药物，对近视患者进行的验光作出屈光数的诊断，完全符合诊疗活动的特征，卫生行政立法以及卫生行政管理机关都应当将其纳入医疗行为的管理范畴。事实上，有的地方的卫生行政管理机关也已经采取过一些管理措施，不准无医师资格和相应验光技师资格的人使用验光仪和治疗仪，眼镜店凭患者在医院的验光处方订做眼镜（隐型眼镜），要求标明验光程序，以保证验光的准确性；在眼镜店向消费者提示并制作警示牌，严禁为假性近视和 12 岁以下儿童配戴眼镜等。[①]

2. 医疗行为是一种专业技术行为

医疗行为是依法取得执业资质的机构和人员所进行的一项专业技术性工作，须遵守特定的专业技术规范和标准。这也是判断一项医疗行为是否合法、妥当的依据之一。根据卫生部《医疗机构管理条例实施细则》附则中对诊疗活动的解释："诊疗活动是指通过检查、使用药物、器械及手术等方法，对疾病作出判断和消除疾病，缓解病情，减轻痛苦，改善功能延长生命，帮助患者恢复健康的活动。"

在就诊过程中，患者不仅要与医务人员发生关系，也可能会与医疗机构的其他人员发生关系；不仅可能与医疗有关的器械发生接触，也可能会与医疗无关的器械与物品发生接触，如医疗机构内的各种公共设施；不仅要接受医务人员的医疗技术服务，也可能接受医疗结构提供的其他服务，如餐饮服务。但是，医疗纠纷必须是因医疗行为引起的纠纷。因此，患者在就诊的过程中发生的以下几种情况不能认定为医疗纠纷：

---

① 杨于忠："验光是否属于诊疗行为的问题探讨"，《中国卫生法制》2005 年第 3 期。

1. 患者在医院因为车辆停放的问题与医院的保安或门卫发生冲突而产生的纠纷；

2. 患者在就诊过程中，因为医院的建筑物、公共设施发生脱落、倒塌、坠落等造成患者人身或财产损害而发生的纠纷；

3. 或者在就诊过程中，接受医院的餐饮服务或其他非医疗性质的服务，发生侵权纠纷或者合同纠纷；

4. 患者在就诊过程中，因为医务人员的服务态度、医疗收费计算等问题，与医务人员发生争议或冲突，患者提出人身或财产损害赔偿要求的，都不属于医疗行为。

（三）医疗纠纷的分类

根据不同的标准，医疗纠纷可以作各种不同的分类：

1. 根据医疗纠纷可能导致的严重程度的不同，可以将医疗纠纷划分为医疗事故纠纷与非医疗事故纠纷。根据《医疗事故处理条例》第 2 条的规定，医疗事故是指医疗机构及其医务人员在医疗活动中，违反医疗卫生管理法律、行政法规、部门规章和诊疗护理规范、常规，过失造成患者人身损害的事故。根据其严重程度的不同，医疗事故共分为四级。与医疗事故的构成要件法定相区别，非医疗事故的构成，由法官根据自由裁量权就医疗机构是否存在过错进行判断，并根据人身损害赔偿的相关规定作出相应处理。

2. 根据医疗行为疗效的不同，可将医疗纠纷分为临床医疗行为的纠纷和实验性医疗行为的纠纷。后者包括纯粹实验性和实验性兼治疗性的医疗行为导致的医疗纠纷，如器官移植、美容整形、性变换手术等。区分这两种医疗纠纷的意义在于，试验性医疗行为带给患者的风险比临床医疗行为更大，医师的说明义务要求更为严格。[①]

3. 根据医疗纠纷可能导致的法律责任的不同，可以将医疗纠纷划分为民事责任医疗纠纷，行政责任医疗纠纷与刑事责任医疗纠纷。

第二节 现行医疗纠纷解决机制反思

一、单一的国家公权的纠纷解决主体

从我国的现行规定看，有权处理医疗纠纷的机关和组织主要有法院和卫生

[①] 柳经纬、李茂年著：《医患关系法》，中心出版社 2002 年 10 月第一版，第 14 页。

行政管理机关。该两类主体均属国家公权机关，它们对医疗纠纷所作的裁决均有国家强制力作后盾，具有一定的国家权威性。然而，医疗纠纷与一般的民事纠纷相比具有较高的专业技术特征，对于此类纠纷的处理，裁判者的权威性不仅需要国家公权的强制力作后盾，更需要科学技术与专业能力的支持。因此，从纠纷解决的主体而言，除了司法和行政机关外，有必要吸纳医疗专业学会和专业人员参与。

虽然在诉讼中通过引入专家证人的方式可以获得诉讼所需要的专业技术帮助，但是，对于诉讼要证明的医疗专业问题而言，这样的信息量毕竟还是有限的。对于一个发生了争议的医疗专业问题而言，在有限的诉讼时间内，在严格的诉讼证据规则下，要做到准确地认识和把握并不容易，更何况诉讼中的有些问题或许本身在医学界就是一个长期争议的问题。当然，我们不能期望任何纠纷的解决结果都证明一个真理，因为"法律的目标是司法，而不是要实现无限的理解，目的是要在合理的短时间内找到合理的可靠答案。"① 但是，在医疗纠纷解决的问题上，与其间接地借助医疗专业技术人员的帮助，何不把专业性问题就直接交给专业技术人员去判断呢？

医学一直被人们认为是一个不完善的科学，具有高度风险性。以医疗诊断为例，临床医生和教育家约翰·巴拉确定出了现实世界中的三种诊断方法：一种是常识性诊断，按照这种诊断方法，几乎不可能出错。另一种是错误不可证明性诊断，主要是指一般性、不具体的症状，如头痛或背痛。这很大程度上依赖于医生所作的参考和所持信念的大致框架。一个一般的医务人员可能把病人的脖子痛称作肌肉拉伤，或神经末端疼痛，整形外科医生可能称之为疼痛变性炎症，神经学家可能称之为精神神经病，精神病医生可能称之为歇斯底里转换反应。第三种诊断为证据性（错误可证明性）诊断，比如肿瘤在活组织检查的基础上诊断出的情况。其中，错误不可证明性诊断是法庭上很多争执的根源。除了极少数的例外，医学诊断就是概率问题。② 虽然医学早已脱离了经验主义医学，进入了实验医学科学的阶段，但是对于某些新型的病症，经验主义仍然是科学处于阴云密布时期的向导。③ 更何况在法律范畴对事实清楚的要

① ［美］肯尼斯·R·福斯特，彼得·W·休伯著，王增森译：《对科学证据的认定——科学知识与联邦法院》，法律出版社 2001 年版，第 74 页。

② 同上，第 70 页，第 72 页。

③ ［法］克洛德·贝尔纳著，夏康农，管光东译：《实验医学研究导论》，商务印书馆 1991 年 5 月第一版，第 226 页。

求，在科学上或许反而是一种超越科学的主张。如中国人常说"是药三分毒"，因此在科学上要得出某种药物完全不具风险的证明几乎是不可能的，对于零风险的证据要求永远都不可能满足。因此，从专业技术角度而言，把医疗专业技术问题交由专业技术人员判断是最恰当不过的，它不仅能够实现判断过程的效率，也能够最大程度地接近科学与真实，使得判断获得最大限度的权威性与公正性。①

二、行政主导色彩浓厚

基于长期计划经济体制下对于医疗卫生事业的管理模式，我国对于医疗纠纷的处理呈现出比较浓厚的行政行为色彩。这种行政主导医疗纠纷解决的状况主要表现在：

（一）医疗事故的具体分级标准由卫生行政部门制定

根据《医疗事故处理条例》第49条的规定，医疗事故的等级是当事人获得医疗损害赔偿主要依据之一，而这一等级标准却由行政部门垄断，排除了法院的司法判断。

（二）行政机关直接规定某些医疗行为不属于医疗事故

《医疗事故处理条例》一方面在第2条对什么是医疗事故作了明确规定，并在第24条中规定"医疗事故技术鉴定，由负责组织医疗事故技术鉴定工作的医学会组织专家鉴定组进行。"另一方面又在第33条中规定"有下列情形之一的，不属于医疗事故：（一）在紧急情况下为抢救危重患者生命而采取紧急医学措施造成不良后果的；（二）在医疗活动中由于患者病情异常或者体质特殊而发生医疗意外的；（三）在现有的医学科学技术条件下，发生无法预料或者不能防范的不良后果的；（四）无过错输血感染造成不良后果的；（五）因患方原因延误诊疗导致不良后果的；（六）因不可抗力造成不良后果的。"行政机关代行专家判断权，排除了专家对于这些情形是否也可能构成医疗事故的判断权。

（三）医疗纠纷的处理通常辅以一定的行政处理

如对构成医疗事故的，医疗行政管理部门对于医疗机构将给予警告、责令

---

① 事实上，医疗纠纷处理上的复杂性超乎我们上述的简单分析。同样一个医疗纠纷问题，在医学专家和法律专家的眼中可能被看成不同的东西，得出截然不同的结论。著名司法鉴定和卫生法学专家、北京大学教授孙东东就认为，"医疗事故鉴定存在的问题主要是专家不懂得鉴定本身是一种证据，需要运用法律规则才能鉴定，而通常把医疗事故开成了学术研讨会。"见陈晓英，张鑫，徐伟："医疗事故鉴定暗箱已开问题尚存"，《法制日报》2005年8月31日第五版。

限期停业整顿、吊销执业许可证等，对有关医务人员可以责令暂停一个月以上一年以下的职业活动或者吊销其执业证书；对于医疗机构及其医务人员的其他违反《医疗事故处理条例》的行为，行政机关也可以给予一定的行政处理，甚至对于卫生行政部门和参加鉴定工作的人员违反《医疗事故处理条例》的行为，也有相应的处理的规定。

（四）构成医疗事故的医疗纠纷民事损害赔偿由行政法规确定

《医疗事故处理条例》列专章对医疗事故的赔偿作了规定。医疗纠纷涉及患者的人身损害赔偿问题，医疗事故等级与人身损害程度有联系也有区别，医疗事故等级对于人身损害程度的确定基于一般人身医学功能状况，没有考虑特殊主体、特殊工作岗位与行业对身体功能的特殊要求，更没有考虑精神损害的情况。此外，《医疗事故处理办法》第 49 条第 2 款规定："不属于医疗事故的，医疗机构不承担赔偿责任。"以行政法规的形式剥夺当事人获得民事赔偿权利。

三、医疗事故鉴定仍然缺乏公正性

（一）医疗事故鉴定由医学会垄断，其主体因缺乏中立性而失去公信力

根据《医疗事故处理条例》的规定，有权进行医疗事故鉴定的主体是各地医学会，但根据医学会章程的规定，"本学会依法维护医学科学技术工作者的合法权益，为会员和医学科技工作者服务"，难以体现公正维护患者利益。如果说 2002 年 9 月《医疗事故处理条例》实施以前，医疗事故鉴定权一直由卫生行政机关把持，医疗事故鉴定是"老子鉴定儿子"，那么 2002 年 9 月以后，医疗事故鉴定权移交各地医学会，由于鉴定程序仍不透明，医疗事故鉴定实际上变成了"兄弟鉴定兄弟"。据 2003 年 1 月 8～10 日在南京召开的中华医学会全国医疗事故技术鉴定工作研讨会透露的信息，目前一个相当突出的问题是一些医学会的编制、办公用房、办公设备、启动经费和办公经费缺乏，这些问题不解决，将直接影响鉴定工作的开展。① 而且在医疗事故鉴定中也确实存在着这样的"潜规则"：可认定也可不认定为医疗事故的医疗纠纷，鉴定组一般会本着"放医院一马"的原则，尽量鉴定为不构成医疗事故；对于一些给

---

① 朱秀恩："医疗事故技术鉴定若干法律问题探析"，《中国司法鉴定》2003 年第 3 期。

患者造成严重后果、医院过错很明显的纠纷，则避重就轻地降低事故等级。①

（二）医疗事故鉴定程序不规范，难以保障公正

如：当事人提交材料后，无法知道对方提交什么材料，尤其是处于弱势地位的患者一方，更无法确定医方是否提交了充分、真实的材料，而且不知道医学会是否将全部材料交与鉴定人员；如：医学会组织医患双方从专家库中随机抽取参加坚定的专家时，患者只能根据医学会提供的匿名代码进行，无从了解专家的姓名及其专长，也无法行使回避的权利。而且，即使患者提出回避的要求，根据现行规定也没有必要的救济制度。此外，整个鉴定过程是在一种封闭状态下进行的，有悖于鉴定所要求的公开、客观原则，其作出的鉴定结论也是以医学会的名义作出的，法庭无法审查鉴定人的鉴定资格，也无法对鉴定结论进行审查质证。

（三）医患双方的责任不公平，且不能防范医疗机构规避法律责任

根据《医疗事故处理条例》第28条第2款的规定："医疗机构无正当理由未依照本条例的规定如实提供相关材料，导致医疗事故技术鉴定不能进行的，应当承担责任。"第30条第2款规定："双方当事人应当按照本条例的规定如实提交进行医疗事故技术鉴定所需要的材料，并积极配合调查。当事人任何一方不予配合，影响医疗事故技术鉴定的，由不予配合的一方承担责任。"根据上述规定，如果医疗机构拒绝向鉴定机构提供相关材料，导致医疗事故技术鉴定不能进行的，其结果只是"应当承担责任"，但究竟承担什么责任并不明确，鉴定机构据此不能作出不利于医疗机构的鉴定结论；如果患者拒绝配合鉴定机构进行鉴定的，鉴定机构则可能作出不利于患者一方的鉴定结论。而且，从风险评估角度看，如果医疗机构意识到其医疗行为可能构成医疗事故，为了避重就轻，它完全可以以没有按照要求书写和妥善保管病历资料，或者未按规定封存、保管病历资料和实物等借口拒绝向鉴定机构提供相关证据材料，通过这种欺诈方式让鉴定机构不能作出构成医疗事故的鉴定结论，从而规避和不承担因医疗事故引起的民事赔偿和行政处罚（甚或刑事责任）等多重法律责任，而主动选择承担《医疗事故处理条例》第56条规定的责任程度相对较低的责令改正和对负有责任的主管人员和其他直接责任人员给予行政处分或者纪律处分的责任，使得患者的合法权益也

---

① 李广明："两岁幼儿死后陈尸殡仪馆十年 医患双方为鉴定展开'拉锯战'"。《法制日报》2007年6月13日第八版。

因此落空。庆幸的是卫生部在 2004 年 6 月和 2005 年 1 月给黑龙江省卫生厅的两次批复①中，明确了医疗机构不配合医疗事故技术鉴定、不如实提供相关材料和不配合相关调查，导致医疗事故技术鉴定不能进行的，应当判定医疗机构承担医疗事故责任。但是，根据《行政法规制定程序条例》第 31 条第 1 款、第 32 条、第 33 条的规定，"行政法规条文本身需要进一步明确界限或者作出补充规定的，由国务院解释。""国务院各部门和省、自治区、直辖市人民政府可以向国务院提出行政法规解释要求。""对属于行政工作中具体应用行政法规的问题，省、自治区、直辖市人民政府法制机构以及国务院有关部门法制机构要求国务院法制机构解释的，国务院法制机构可以研究答复；其中涉及重大问题的，由国务院法制机构提出意见，报国务院同意后答复。"《医疗事故处理条例》只能是国务院或者国务院法制机构有权进行解释，包括卫生部在内的国务院各部门无权解释。因此，严格意义上讲，卫生部的上述两次批复依法不具有法律效力。实际上，卫生部代国务院就上述问题用批复的形式作出专门修正，也从一定程度上证明了行政法规自身存在着明显错误与缺陷。

（四）医疗事故技术鉴定的局限性也影响了其实际意义与作用

根据现行规定，医疗事故技术鉴定分为首次鉴定和再次鉴定，任何一方当事人对首次医疗事故技术鉴定结论不服的，可以自收到首次医疗事故技术鉴定之日起十五日内，向原受理医疗事故争议处理申请的卫生行政部门提出再次鉴定的申请，或由双方当事人共同委托省、自治区、直辖市医学会组织再次鉴定。但是，两次医疗事故技术鉴定却只把是否构成医疗事故作为鉴定的对象，而是否构成医疗事故并不是医疗机构承担民事责任的惟一依据。如果患者的生命或者身体健康因为医疗机构的医疗过错行为受到了侵害，无论医疗机构的医疗行为是否构成医疗事故，医疗机构都应当对患者受到的侵害承担赔偿责任。

---

① 2004 年 6 月 25 日卫生部《关于如何认定不配合医疗事故技术鉴定方责任的批复》规定，在医疗事故技术鉴定中，如果患方不予配合，影响医疗事故技术鉴定，造成医疗事故技术鉴定无法进行的，可以视其放弃医疗事故技术鉴定；如果医疗机构不予配合，影响医疗事故技术鉴定的，承担医疗事故责任。2005 年 1 月 21 日卫生部《关于医疗机构不配合医疗事故技术鉴定所应承担的责任的批复》规定，医疗机构违反《医疗事故处理条例》的有关规定，不如实提供相关材料或不配合相关调查，导致医疗事故技术鉴定不能进行的，应当承担医疗事故责任。患者向卫生行政部门提出判定医疗事故等级及责任程度请求的，卫生行政部门可以委托医学会按照《医疗事故分级标准（试行）》，对患者人身损害的后果进行等级判定，若二级、三级医疗事故无法判定等级的，按同级甲等定。责任程度按照完全责任判定。

如果当事人最初以医疗机构的医疗行为构成医疗事故为由向行政机关申请解决，经两次鉴定不构成医疗事故，当事人又以医疗赔偿纠纷案件向法院提起诉讼后，法院为了审查确定医疗机构是否存在医疗过错，还需要再进行一次鉴定。因此，应当对现行医疗事故鉴定进行必要的改良，不论是行政机关委托还是审判机关委托的鉴定，鉴定机构都应当对是否构成医疗事故以及是否存在医疗过错均作出判断，以方便当事人寻求其他法律救济，也可避免不必要的重复和浪费。

四、医疗纠纷的协商解决机制存在一定漏洞

医患双方通过协商和解，解决医疗纠纷，与其他纠纷解决机制相比，无疑具有成本低、程序简、效率高、易执行等有利因素，有利于医患纠纷的妥善处理和解决。但是，现行医疗纠纷协商解决的制度设计却存在明显的缺陷和不足。其一，是否所有的医疗纠纷（包括严重的医疗事故纠纷）都可以通过协商方式解决，没有明确规定。其二，缺乏必要的监督制约机制，医疗机构可能通过协商和解方式，规避行政责任和相关责任人员的刑事责任。由于对和解的范围没有作具体限定，和解的过程又缺乏必要的监督与制约，医疗机构可能把构成医疗事故的医疗行为用和解的方式予以处理。而且，越是严重的医疗事故，医疗机构越是愿意通过与患者及其家属达成和解协议的方式解决。虽然，《医疗事故处理条例》第 14 条、第 56 条规定，发生医疗事故的，医疗机构应当按照规定向所在地卫生行政部门报告；发生重大医疗过失行为的，医疗机构应当在 12 小时内向所在地卫生行政部门报告；未在规定时间内向卫生行政部门报告重大医疗过失行为的和未按照规定向卫生行政部门报告医疗事故的，由卫生行政部门责令改正，情节严重的，对负有责任的主管人员和其他直接责任人员依法给予行政处分或者纪律处分。但是，《医疗事故处理条例》同时还规定，医疗事故技术鉴定结论是对发生医疗事故的医疗机构和医务人员作出行政处理、进行医疗事故赔偿和追究责任人员刑事责任的依据。如果发生医疗事故后，医疗机构积极主动地通过较大数额经济赔偿的手段，诱使患者及其家属与之达成和解协议，使得患者不要求行政机关或者法院进行医疗事故鉴定及其处理的，则《医疗事故处理条例》所规定的医疗过失和医疗事故的报告制度、重大医疗过失和医疗事故的责任追究制度等，均因医疗机构用上述手段买通患者及其家属放弃医疗事故的主张，而全部落空，无从实现。

五、行政解决机制与司法解决机制之间缺乏必要的衔接

虽然卫生行政机关与司法机关的法定职责不同，但在处理医疗民事纠纷的问题上，两机关应当具有相同的作用。而且，从行政管理的角度而言，卫生行政管理机关应当具有比司法机关更多的职责与任务。因为司法权的被动性和司法裁判性，决定了它在医疗纠纷的处理中应当坚持不告不理原则，且只限于对当事人提出的医疗纠纷民事损害赔偿问题进行处理，而行政机关则不仅可以应当事人申请调处医疗行为引发的损害赔偿纠纷，还可以对医疗机构以及医务人员存在的违反卫生行政法律、法规、规章的行为作出处理。但是，现行规定却将行政机关调处医疗纠纷的范围仅限于发生医疗事故引起的民事赔偿，排除了行政机关对于不构成医疗事故的医疗纠纷的处理，使得与医疗事故引起的损害赔偿纠纷相比，占更大数量的非医疗事故引起的损害赔偿纠纷不能通过行政途径加以解决。这种制度安排的弊端在于：

（一）行政机关与司法机关主管医疗纠纷的范围不同，缺乏必要的法理依据

对于行政机关来讲，相对严重的医疗事故引起的损害赔偿纠纷可以调处，但却无权处理情节、程度相对较轻的非医疗事故引起的损害赔偿纠纷。

（二）徒增当事人救济程序的繁琐

一般来说，由于当事人通常不具有医疗专业知识，受条件所限也无法全面了解和掌握医疗机构实施医疗行为时的所有情况和资料，为了最大限度地维护自身的合法权益，他们最好的选择就是先主张医疗事故损害赔偿，如若不成则退而求其次，再主张非医疗事故损害赔偿。但是，如果他们依法先向行政机关提出医疗事故责任请求，而行政机关经委托鉴定后认为不构成医疗事故的，他们就不能在该行政程序中继续主张非医疗事故的损害赔偿请求，而必须另行启动司法程序寻求救济。

第三节　域外情况

医疗纠纷问题同样困惑着其他国家。1999 年 11 月 30 日，美国医学研究所（IOM the Institute of Medicine）的一份报告《犯错的是人——建立一个更为安全的保健系统》指出，美国每年估计有 98000 人死于可以预防的医疗差错。随后英国官方也报道，每年有 40000 名住院病人死于医疗差错，大约

占医疗差错的3.7%。澳大利亚和瑞典的卫生行政部门也发现，医疗差错是发病率和死亡率的重大原因。① 德国是一个医疗技术比较发达的国家，医疗水平也享有较高的信誉。但据德国卫生部门公布的统计资料显示，德国每年的医疗事故总数仍达到10万起，其中2.5万起甚至会导致病人死亡。② 这说明，有关医疗纠纷的处理问题早已成为一项世界性问题。目前，许多国家在这一领域已经积累了丰富的经验，对于我国积极应对这一问题具有重要的借鉴意义。

一、日本的医疗纠纷处理

（一）当事人之间对话协商解决

对话协商可以坦诚直接、面对面地解决问题，具有简单易行、节省时间和费用少的优点。当事人对话协商时，争论的焦点不在于责任的有无，而是纠纷的责任程度和赔偿金额的多少。通常，对话协商结果会形成一个对双方当事人具有约束力的协议。除对协议进行公证外，该协议不具有法律效力；如果当事人违反协议拒绝履行义务，另一方不能要求法院强制执行，而需要向法院重新提起诉讼。目前日本通过这种方式解决纠纷的比例不大，一般只有在责任非常明确的情况下才会采用此方式。③

（二）医疗纠纷审判庭解决

为了适应医疗纠纷案件的审理，日本在通常民事诉讼的基础上，改革法院内部机构，设置了与专利审判庭和交通审判庭类似的特别审判庭——医疗纠纷审判庭，聘请医学专家参与审理医疗纠纷案件。

日本的医疗纠纷的法律责任类型有民事责任、刑事责任和日本厚生劳动省的认证委员会的处罚。民事责任是医疗纠纷追究的主要责任形式，在日本，医疗纠纷的民事责任是根据侵权行为法、契约法或二者责任竞合来判决的，其中主要根据民事侵权行为法进行判决。在近几年日本的医疗事故诉讼中，民事侵权行为诉讼占49%，契约诉讼占35%，侵权和契约责任竞合诉讼占16%。在

---

① The Quality Interagency Coordination Task Force（QuIC），Doing What Counts for Patient Safety: Federal Actions to Reduce Medical Errors and Their Impact（Report to the President），February 2000. 转引自高也陶，吕略钧，陈进清著：《中美医疗纠纷法律法规及专业规范比较研究》，南京大学出版社2003年版，第1页。

② 陈美雅："医疗纠纷诉讼外解决机制比较研究"，《法律与医学杂志》2006年第3期。

③ 郑渊，雷晓坤："日本的医疗纠纷处理与防范机制及其对我国的启示"，《中国医院管理》2004年第12期。

日本，对医疗事故提起刑事诉讼的案例很少，从 20 世纪 40 年代到 1993 年，日本的医疗刑事案件总数大约只有 100 件。随着医疗责任保险数量的增加，对医疗事故的刑事诉讼逐渐减少。日本厚生劳动省的认证委员会被授权可以调查医生，在下列情况下，该委员会可以取消或暂停医生许可证：（1）医生的开业行为受到药物滥用或精神不稳定的影响；（2）医生已经受到刑法或其他法律的惩罚；（3）委员会认为医生参与了刑事或医疗欺诈行为。认证委员会在约束医生方面发挥了很大作用，从 1992 年 1 月到 1998 年 8 月，全日本有 151 名医生被处罚；10 名被永久性地取消了行医许可证；29 名的许可证被暂停1～3 年；112 名的许可证被暂停不到 1 年。①

（三）医疗纠纷处理部处理

医疗纠纷处理部设置在医师协会内，是伴随着 1973 年医生赔偿责任保险的导入而产生的，日本医师协会、都道府县（相当于中国的省）医师协会内部设立了旨在解决医疗纠纷的医疗纠纷处理委员会。该委员会的处理方法是事前和损害保险公司签订集团保险合同，用约定的保险金来解决医疗纠纷。若医疗纠纷的患者一方在保险金的范围内能够接受和解并达成协议，这类医疗纠纷就不必由法院处理，而可以委托医疗纠纷处理委员会予以解决；若有患者不满意这种处理方法，也可以选择向法院提起诉讼，通过审判的方式来解决医疗纠纷。

在处理医疗纠纷时，一般日本医师协会和保险医师协会相互配合、共同处理，并配备律师充当顾问。首先，受理来自医疗单位的有关医疗纠纷的申请，然后要求有争议的医疗机构提供争议患者的诊疗记录、X 光照片胶卷等资料，听取医生对医疗事故的陈述。另外，也认真听取患者对于医疗事故的不满以及医疗事故发生经过的陈述和解决医疗纠纷的意见。其次，在完成上述工作的基础上，对医生和患者双方所陈述的不同事实进行调查和确认。日本医师协会和保险医师协会为了从医学角度论证医疗事故中医疗过失是否存在，设置了由各科专门医生组成的论证委员会。②

---

① 郑渊，雷晓坤："日本的医疗纠纷处理与防范机制及其对我国的启示"，《中国医院管理》2004 年第 12 期。

② ［日］植木哲著，冷罗生，陶芸，江涛等译：《医疗法律学》，法律出版社 2006 年版，第 47 页。

二、美国的医疗纠纷处理①

（一）医疗纠纷的诉讼解决

统计研究结果表明，美国医疗责任纠纷 90% 是通过法庭外的方式来解决的。选择法庭诉讼或庭外解决完全是医患双方自己的决定。在一起医疗纠纷发生后，当事的医患双方一般会自己对案情先作一些调查。在对事件的性质有了一定的了解后，当事人就要考虑下一步是要选择法庭诉讼还是庭外解决。

虽然医疗纠纷处理的法律程序和其他的民事诉讼案件类似，但由于医疗损伤本身的特点，又使得这类案件有独特之处，比一般民事案件在诉讼程序上更为复杂，法庭和陪审团需要更多的时间和努力去确定、理解和分析有关的证据，通常需要采取许多独特的、额外的步骤来保证决策过程的正确。另外，必不可少的专家举证更是提高了诉讼的费用。所以，在法律上通常鼓励当事的医患双方在法庭外解决纠纷。

（二）医院本身的内部调查

一起医疗损伤发生后，医院本身也要从内部对所发生的事件进行调查，其目的在于及时发现问题并改进，以提高医护人员的素质及工作质量。最常见的医院内部调查是通过所谓同行评审的程序进行的。几乎所有的州都有与同行评审相关的法律，这些法律的规定大同小异，基本的概念是医院应建立自己的同行评审部门和制度，该部门一般由本院的一些医生和护理人员组成，如果发生了任何医疗护理上的问题，该部门都应当进行内部调查。所有调查的内容和结果都是保密的，这种保密性是受法律保护的，即使在法庭上，病人的律师和法庭也无权从同行评审部门强行取得调查的内容和结果。值得一提的是，很多医院在职工内部设立主动报告的系统，每当发生了医护人员自己认为有损自己或者病人的事件时，医护人员都必须以书面形式向医院报告。报告的内容可以是非常广泛的，例如，最常见的情况就是病人摔倒，不论是病人自己有意自伤还是医护人员粗心大意没有尽到职责，第一个发现的医护人员都必须填写一份报告描述所发现的情况，这种由医护人员自己主动报告的材料也属于同行评审的范畴，如果上述摔伤的病人起诉医院要求赔偿，病人和他的律师也是无法向医院取得上述报告的复印件。但如果发生上述病人摔伤的事件，医护人员也必须

---

① 除特别注明外，该部分内容主要参考了刘娟、王朝曦（MD. PH. D Occupational Health Program Harvard School of Public Health），宋文质（北京大学公共卫生学院）共同撰写的"美国处理医疗损伤责任纠纷的法律程序"一文，载《中国医院》2006 年第 11 期。

按照职业行为规范，在病历中记载下来，病人及其律师可以要求医院提供病历的复印件。

为防范医疗事故的频发，美国专门成立了"医疗机构资格鉴定联合委员会"（The Joint Commission on Accreditation of Health Care Organization），负责评估美国近五千家医院的品质，其中一项新规定，要求医院主动将医疗过失告知病人。根据规定，未与病人讨论有害医疗过失的医院，在委员会的调查人员查出确有过失后，可能丧失医院鉴定合格资格，该评鉴结果对医院能否加入医疗保险体系有重大影响。他督促医院自觉加强医院的规范管理，提醒医生努力提高自身医技专业水平与诊疗质量，可在源头上减少医疗纠纷的发生。[①]

（三）诉前处理程序

美国的诉前处理程序的目的是筛除大量不必要通过诉讼解决的医疗纠纷上法庭，促进法庭外解决，以降低法庭不必要的工作负担。在经过庭前程序之后，如果不能达成令双方满意的结果，案件还可以在法庭上解决。

以马萨诸塞州为代表的一些州的法律规定，任何一起与医疗纠纷有关的案子在法庭上接受审理之前，都必须先经过一个特定法庭的裁决。特定法庭的主要作用在于判断病人一方所提供的证据是否充足，能够在法庭上进一步审理。如果病人所提供的证据不足，该特定法庭有权解除病人提起的诉讼。在特定法庭作出解除案件诉讼的判决之后，如果原告不服，需在判决之后三十天内向民事法庭缴付6000美元的起诉费，然后才可继续在法庭上提起诉讼。缴付的起诉费是不能退还的。如原告拒绝支付起诉费用，法庭则不会接受该案件的审理。如果特定法庭的判决认定所提供的证据充足，原告可直接在民事法庭上提起诉讼，不要缴纳起诉费。

医疗责任纠纷的特定法庭的组成包括一个法官、一个律师和一个医生。案件呈递到特定法庭之后，当事双方要向法庭提供各自的证词，法庭采用与民事法庭相同的判断标准进行。

与马萨诸塞州的法律相比，另外一些州并不设立专门的特定法庭对案件来进行筛检。以加州为代表一些州的法庭直接规定当事人双方必须先经过庭外谈判调解，并力图达成法庭外解决。如果庭外调解解决不了的，当事人才可以起诉到法庭。

以佛罗里达州为代表的一些州的法律则规定，当事双方可以选择，并鼓励

---

① 戴维："国外的医疗纠纷处理"，《国际医药卫生导报》2002年第5期。

使用庭外仲裁的方式来解决他们之间的医疗责任纠纷。如果任何一方拒绝庭外仲裁，都会受到不同程度上的变相惩罚。具体来讲，双方自愿选择庭外仲裁，非经济赔偿数额的上限规定为 25 万美元。当病人一方因仲裁的赔偿上限太少，而拒绝接受另一方庭外仲裁的建议并直接起诉到法庭时，法律规定病人所能得到的最高非经济赔偿为 35 万美元。也就是说病人必须以比较昂贵的法庭诉讼费用和所能得到的最高赔偿数目来决定是否值得直接进行法庭诉讼。如果医院一方拒绝接受病人庭外仲裁的建议，那么病人所可能得到的赔偿数目就没有上限的规定了。所以，医院也不得不考虑拒绝庭外仲裁的后果。

虽然美国多数州的法律在不同程度上都针对医疗责任纠纷设立特别的诉前处理程序，并希望由此减轻法庭的负担，但是以纽约州为代表的少数一些州则废除了诉前处理程序的规定，允许病人直接向法院提起诉讼。纽约州曾经在1972 年开始试行了一种医疗责任纠纷的诉前处理机构，就是所谓的"医疗疏职审查小组"，类似于马萨诸塞州的特定法庭。该小组由一个法官、一个律师和一个医生组成。每一个医疗损伤的案件在送到法庭之前都要先经过该小组的审理。这种机构设立的目的在于促进法庭外解决并降低诉讼费用和赔偿数额。1987 年，纽约州的法庭行政管理办公室对上述机构的运行成效进行了一次调查评估。评估的结果显示上述机构并没有达到预期的效果。相反，设立医疗疏职审查小组的最大作用是拖延结案的时间。同时，该小组并没有能够有效地提高诉讼外解决的比例并降低赔偿的数额。因此，到 1991 年纽约州废除了医疗疏职审查小组这一诉前审理程序。

三、德国的医疗纠纷处理

在德国，对于医疗事故引起的纠纷，当事人除了通过法院寻求解决的途径外，采用最多的还是庭外解决的方式。[①]

（一）法院审理医疗纠纷案件

在德国，虽然私立医院作为医疗纠纷诉讼被告的比例近年来呈增长趋势，但是，以医疗纠纷诉讼的主要被告还是以公立医院为绝大多数。在医疗纠纷中，医生和患者引起争议的开端往往是患者是否有权请求阅览自己的诊疗记录。发生医疗事故的病人或其家属可以对引发事故的医生进行民事以及刑事诉讼。不过，在德国目前在医疗过失侵权案件中，一般还是要由原告方对过错进

---

① 陈美雅："医疗纠纷诉讼外解决机制比较研究"，《法律与医学杂志》2006 年第 3 期。

行举证，除非被认定为"重大医疗过失"，一般都要求病人一方提出可靠的证据以证明医生进行了错误的治疗。复杂的证明过程不仅让许多病人或者家属疲惫不堪，也使得诉讼过程费用昂贵，且胜诉率较低，统计资料显示，法院裁决的案件中只有大约10%判定病人一方胜诉。①

（二）通过鉴定、调停机关予以解决

德国自1975年以来，为了解决法院诉讼方式处理医疗纠纷存在的费时较长、消耗财力较大等不足，由各州的医师协会和保险公司合作成立了解决医疗纠纷的调解机关和鉴定机构。该类机构在德国没有统一的名称。各地鉴定和仲裁机关虽然都由医疗方面的专家和法律专家组成，但是组成的人数不尽相同，原则上参与纠纷的关系者只有医生和患者，但是关系者的近亲属、代理人也可以参与纠纷的处理。另外，医疗保险机构的负责者也可以参与有关程序。具体程序内容和费用等问题，均有各州自行制定的条例予以规定。②

（三）医疗事故调解处解决

医疗事故调解处是德国设立的专门负责医疗事故庭外解决的机构，由各州的医师协会联合设立，是一个独立的机构，职责是从调解民事纠纷的角度来处理医疗事故，以判断医疗事故中医生有无责任、责任大小以及赔偿数额。

该调解处的工作人员由法律人士和医师组成。调解处在接到病人关于医疗事故的陈述报告后，经病人和医生的双方同意，根据情况组成一个专家小组，而该小组中必定有一名医师与涉嫌造成事故的医师从事相同的专业，以保证对事故发生的过程进行专业鉴定。调解处对事故的最后处理意见只是建议性的，并不具有法律效力。如果当事人中任何一方不同意该处理意见，仍可诉诸法院。

四、瑞士的医疗纠纷处理机制

瑞士全国26个州都有医学会，联邦也设有医学会。医学会属于非盈利性组织，最高权力机构是会员代表大会，日常工作由执委会主持。学会的宗旨主要有二，一是组织学术交流，二是维护医生的合法权益。其他工作还包括制定一些工作规范，组织专业培训，帮助医生处理一些利益关系等。对医疗事故的处理，如患者抱怨大夫，医学会会派人去调查，根据调查结果，向病人作出解

① 陈美雅："医疗纠纷诉讼外解决机制比较研究"，《法律与医学杂志》2006年第3期。
② ［日］植木哲著，冷罗生，陶芸，江涛等译：《医疗法律学》，法律出版社2006年8月第一版，第59~69页。

释。如确属医生做得不对，医学会有权处理违规医生，有严重问题的医生将被开除，终身再也不得从事医生职业。

在瑞士，各州政府下面都有一个医疗事故调查委员会。联邦卫生部所属的医疗事故调查委员会由 15 位委员，主席是一位法官，秘书长是律师，成员由医学各专业的医师（包括私立、公立医院）、药师、律师等多方人士组成，医生有 1/5 来自医学会。委员会中还有社会公众的代表。委员会又设有 6 人组成的执委会，对医疗事故经过调查审理后，提出处理方案，最后经调查委员会全体委员投票表决。

至于医疗事故的处理是否要通过法庭解决，取决于病人的投诉。对严重的医疗事故，根据有关法律规定，由法官决定医生是否承担刑事责任。①

第四节　我国医疗纠纷解决机制的构想

一、医疗纠纷解决机制构建的基本理论

纠纷的解决除了双方自行协商外，都要有第三方主体参与居中处理。在人类社会早期，社会公共权力阙如，社会控制能力低下，个人间的纠纷往往由双方以自决或和解的方式自行加以解决。从结构上分析，自决与和解都呈现一种"双方组合"的结构形态，纠纷的解决依赖于组合双方的交互作用（包括使用暴力和妥协让步）。然而，和解往往难以实现，自决又容易演变成弱肉强食。因此，随着社会控制能力的提升，社会力量必然介入纠纷解决过程，以引导和促进纠纷的解决，从调解到仲裁，直至诉讼的出现，社会力量对纠纷解决过程的介入不断深入和常态化，并最终实现了社会纠纷解决机制的结构性变革，由纠纷双方当事人组合而成的"两方组合"演化为由纠纷双方与社会力量扮演的第三方共同组合而成的"三方组合"。② 居中处理的第三方要获得争议双方的信任，服从其对纠纷的处理，接受其对纠纷作出的处理结果，一般都应当具备以下的基本条件和要求：第一，独立性。即居中处理的第三方对纠纷能够独立进行判断，不受任何一方的干扰和影响，在对纠纷做出判断和决定后，也不会因此给自己带来不利的结果。第二，中立性。即居中解决的第三方主体与纠

① 黄泽民："以人为本　医患互信——瑞士医疗事故处理考察札记"，《当代医学》2002 年第 10 期。

② 汪习根：《司法权论》，武汉大学出版社 2006 年 5 月第一版，第 70 页。

纷的任何一方当事人都没有利害关系，纠纷解决的结果也不会使其获得或丧失某种利益。

对于当事人来讲，把纠纷交由第三方居中解决，意味着：首先，当事人享有选择不同的纠纷解决途径的权利，法律不得强行排除当事人选择某种纠纷解决途径，或者强行规定当事人只能选择某种纠纷解决途径。其次，当事人选择不同的纠纷解决主体和纠纷解决程序，意味着把不同的控制权让渡于不同的纠纷解决组织。如果选择诉讼方式解决纠纷，就意味着争议双方不仅把争议处理的进程控制权让渡于司法机关，而且也把该争议的结果控制权让渡于司法机关；如果当事人选择其他纠纷解决程序，争议的双方虽然会让渡一部分对于进程的控制权，但并不一定同时让渡对结果的控制权，如果双方达不成统一的意见，则该类纠纷解决过程就注定要以失败而告终。除国家规定强制管辖和处理纠纷的情况外，其他组织的调处纠纷，首先应当得到双方的同意和接受，否则，无法进入该纠纷解决程序。最后，该纠纷解决方法还能够得到双方的信任，否则就会造成程序的重复和资源的浪费。

然而，不论任何主体参与的任何纠纷解决程序，都应当符合以下基本原则：第一，和平原则。即纠纷的解决有规范的程序规则保障，而不能通过诉诸武力或其他非法方式进行。第二，自愿原则。即纠纷至少是在当事人一方自愿提交的基础上进行的，非经当事人的申请，任何机构（包括法院和行政机关）都不得主动行使其权力介入到纠纷中。第三，参与原则。即当事双方都有权参与纠纷处理组织对其问题的处理过程，并有权表达他的意见和要求。第四，公平原则。即双方当事人能够平等地行使权利和履行义务的程序保障，并受到纠纷解决者的平等对待。第五，可理解原则。即应根据理性的规则和原则以及听证或审理时提供的信息，以明白晓畅的语言作出裁决。第六，及时原则。即在确保纠纷解决程序能够充分展开、争议问题能够深入透彻讨论的基础上，用尽可能短的时间给予问题以最终的解决。① 第七，止争原则。即该纠纷解决程序应该能够最终解决纠纷，使争执问题不能再行提起。当然，从单个的纠纷解决机制来看，除了仲裁和诉讼以外，其他纠纷解决机制通常不具有这一属性，但

---

① 笔者认为，在可容忍的范围内，必要的时间的拖延不仅是解决纠纷所必需的，而且也能给予争议双方以更多的时间作充分深入的反省，有利于纠纷的解决。因为人们都不希望在无充足时间收集信息并思考其意义的情况下草率地作出裁决。当然，拖延解决争执会妨碍人们安排其生活，也会促使人们把问题"私了"。

是，从某一类纠纷解决的程序组合角度而言，都可以达到止争的效果。①

二、医疗纠纷解决机制的主体构成设想

我国目前的医疗纠纷解决机制现状是外设性的制约机制较多，自治性的自律内控机制不足。其主要思路是从外部对医疗行为如何监督制约的想法着眼，希望达到控制医疗行为规范发展的效果。但是，这种单一外设性制约机制，实际上难以达到对医疗行为科学规范的目的，因为外设制约机制的刚性规范不能涵盖医疗行为的道德性活动。我国古代医家就有"医本仁术"之说，医疗活动不仅需要不断发展的医学科学作保证，还需要医务人员具备自身的职业道德和从业良心。而道德的规范主要是靠人们严格自我遵守和抑制，自我良心的谴责和社会舆论压力，以及历史传承的习惯势力等维系的，道德的外在要求需要经过个体的良心转换而发生作用。② 因为医疗行为不仅追求最佳的治疗效果，更追求人的尊严与尊敬。正基于此，早在公元前5世纪左右，人类就已经制定了"希波克拉底誓言"，用以规范医务人员的医疗行为。在西方，医疗法规的大部分长期以来都被用在医疗礼仪的范畴，且制定有各自的医疗道德规范，如英国的《医学专业规范法典》、希腊的《希腊医生的专业规范》、美国的《医学专业规范法典》等。③ 此外，世界医师协会也拟定了《职业责任和义务宣誓书——关于人性及博爱的医学契约论》、日内瓦《医生誓言》、《国际医学伦理法典》等。我国也于1988年12月由国家卫生部制定颁布了《医务人员医德规范及实施办法》。然而，任何刚性的规范都无法全面涵盖医疗行为的全部内容，因为任何外界的压制和矫正都难以直接触及个体的道德本身。所以，对于医疗行为的规范如果只是寄希望于完善的外部纠纷解决机制是不现实的，还需要自治性的自律内控机制补缺。

美国学者罗伯特·C·埃里克森把社会控制体系概括归纳为五大方面：第一种控制方式为行为者自我控制，其基本规则为个人伦理；第二种控制方式为对方控制，其基本规则为合约；第三种控制方式为社会力量控制，如同行、舆论等；第四种控制方式为组织控制，其基本规则为组织规则；第五种控制方式

---

① 参见［美］迈克尔·D·贝勒斯：《法律的原则——一个规范的分析》，中国大百科全书出版社1996年版，第34~37页。

② 卓泽渊：《法学导论》，法律出版社2003年8月第四版，第85页。

③ 高也陶、吕略钧、陈进清：《中美医疗纠纷法律法规及专业规范比较研究》，南京大学出版社2003年12月第一版，第93~95页。

为政府控制，其基本规则为法律。① 分析我国现行的医疗行为控制体系，不论是否健全，我们已经建立有上述第一种、第二种和第五种控制方式，制定了从业者的基本行为规范和道德约束，国家也相应建立了具体处理医疗纠纷的法律制度，患者可根据与医疗机构之间建立的诊疗关系保护自己的合法权益。但是，对医疗行为的社会力量控制和组织控制仍较薄弱。

笔者认为，能够成为医疗纠纷解决主体的组织范围比较广泛。既包括专司处理纠纷的组织，也包括附带处理纠纷的组织。如法院和仲裁机构就属于专司处理纠纷的组织，而行政机关则只是在执行其行政公务的过程中附带性地处理某些纠纷。同时，既包括以国家公权为背景的纠纷处理组织，也包括非以国家公权为背景的纠纷处理组织，如行业自律性质的医学会和仲裁机构等。把医疗纠纷的处理开放给各种社会主体参与，不仅有利于调动各种社会资源参与医疗纠纷问题的处理，而且也能够更多地吸纳社会公众对医疗卫生事业的智慧和诉求，促进国家医疗卫生行政及司法工作的民主化。

具体来讲，可以参与医疗纠纷解决的主体应当包括以下几类：

（一）审判机关

医疗纠纷不单纯是一个专业技术问题，它还涉及到宪法和法律对于公民生命健康权利的保障与维护问题，也间接影响国家社会医疗卫生事业的发展。同时，医疗纠纷也是一个民事权益的争议。因此，根据我国《宪法》和《人民法院组织法》的规定，该类纠纷可以由法院依照我国《民事诉讼法》的规定予以审理和裁判。

然而，由于人类生命结构与功能的高度复杂性、疾病发生与发展的多样性以及人类认识的局限性，生命科学和医学还存在许多未知领域，从而影响医疗的实际效果，使得医疗行为具有专业性、高风险性、医疗技术水平的局限性、医疗后果的不确定性（包括患者个体的差异性）等特点。因此，审理医疗纠纷案件，具有较强的专业技术要求。法院在审理医疗纠纷案件的过程中，普遍反映"案件处理难度大，审理周期长"，② "让司法部门头疼不已"，③ 有些案

---

① ［美］罗伯特·C·埃里克森著，苏力译：《无需法律的秩序——邻人如何解决纠纷》，中国政法大学出版社 2003 年 8 月第一版，第 158~165 页。

② 见江苏省高级人民法院民一庭："关于医疗损害赔偿纠纷案件的调查报告"，《人民司法》2002 年第 10 期。

③ 见成都市武侯区人民法院、西南政法大学法学理论学科医疗纠纷课题组："找寻法律本身——成都市武侯区人民法院医疗纠纷案件调查报告"，《西南政法大学学报》2006 年第 5 期。

件甚至历时十四年仍未有定论。① 在具体的案件中，法官能做的也只是"加减乘除"，以"鉴"定案。

（二）行政机关

虽然目前医疗纠纷的处理笼罩了太多的行政色彩，影响了医疗纠纷的公正处理，但是行政处理仍具有其他处理方式所没有的得天独厚的优势。如从2003年1月1日起，广东省卫生厅开始实施《广东省医疗技术准入管理暂行办法》，凡技术力量不足的医院要给病人做开颅、心脏、器官移植等高难度手术，必须获得审批，否则将承担医疗事故的全部风险和责任。此外，该办法通过单位申请、专家评价、卫生行政部门认定的形式加强医疗技术准入管理，对于国内尚未使用的探索使用技术、需要在限定范围和具备一定条件方可使用的限制使用技术（高难、高新技术），须进行严格的技术评估申请和评审，否则不得开展。② 具体来说，行政机关调处医疗纠纷的优势在于：

1. 行政机关处理医疗纠纷的范围广泛、程序简捷。虽然《医疗事故处理条例》第37条规定，发生医疗事故，当事人申请卫生行政部门处理的，行政机关有权进行处理。但是，基于该条例只是一部规范医疗事故的行政法规的事实，它并没有排除行政机关对因非医疗事故引发的医疗纠纷进行处理的权力。因此，从法理上讲，卫生行政机关应当有权对医疗纠纷引起的各种民事纠纷进行调处。而且，与诉讼解决方式相比，行政机关的调处还具有程序简便、方式灵活、时间快速等优势。

2. 行政机关具有处理医疗纠纷的专业优势。与包括法院在内的其他任何国家公权机关相比，医疗卫生行政管理机关有比较多的医学专业人士，其中许多人还有从事各科医疗工作的实际经验，具有较丰富的医疗卫生专业知识与素养，能够自主判断医疗纠纷中涉及的医学专业问题，比较准确地把握医疗过失与非医疗过失之间的区别。而且医疗行政管理机关还可以调动其他部门的专业人力资源，参与到医疗纠纷的处理过程中去，保证医疗纠纷的公正处理。

3. 行政机关具有处理医疗纠纷的技术资源优势。借助于行政机关的管理优势，在调处医疗纠纷的过程中，行政机关可以在其职权范围内，调用各种仪器设备等资源，有效地分析、检验医疗纠纷中出现的各种技术问题，为客观公

---

① 邓红阳："十四年未了医疗纠纷开庭再审 医患双方激辩医疗鉴定可信度"，《法制日报》2007年6月13日第八版。

② 邓新建："广东省率先出台医疗技术准入制度：高难手术要由'高人'做"，《法制日报》2002年8月6日第一版。

正处理医疗纠纷提供最强有力的技术设备支持。

4. 行政机关的处理可以兼顾个案的公正与医疗卫生事业的健康发展。卫生行政机关是国家管理医疗卫生行政事务的专门组织，肩负着促进国家医疗事业的健全发展、提高医疗品质、保障病患者权益、促进医学科学发展、增进国民健康等法定职责。在调处医疗纠纷的过程中，行政机关不仅可以做到对医疗纠纷个案的正确调处，而且还可以从国家与社会医疗卫生宏观发展着想，全面考量与权衡各种因素和条件，把个案的公正与地方社会医疗卫生事业的发展有机结合起来。

5. 行政机关可以从源头上预防和解决医疗纠纷。与其他任何组织处理和解决医疗纠纷相比，行政机关不仅可以解决医疗纠纷，而且还可以通过行使行政管理权，把在调处医疗纠纷过程中发现的引发医疗纠纷的问题也一并予以处理，从而预防新的医疗纠纷的发生，减少和杜绝容易引发医疗纠纷的因素滋生。根据北京某肿瘤医院医务处一位负责人的统计，医疗纠纷案件的审理结果中，大部分与医疗事故无关，最终判定 80% 是因为收费问题、态度问题、重复检查问题、医嘱不同等问题造成的。① 另据《人民日报》2001 年 9 月 20 日要闻版报道：湖南省慈利县医疗卫生主管部门有法不依，知法犯法，违规办证，致使只有 6 万居民的县城，个体诊所多达 54 家，而其中仅有 9 人具备执业医师资格。这些个体诊所为了抢到病人、留住病人，不管能不能诊断，能不能治疗，统统大包大揽下来，结果是因诊断失误、治疗失误等，造成了不少致伤、致残、致死等医疗事故。当患者将无证行医致死人命的行医者告到县卫生局时，卫生局却让以赔偿 2000 元私了。更为严重的是，该县卫生局不仅论"关系"（包括用金钱打通的关系）和"来头"（上面有人说话）办证，而且，每当省市卫生行政部门组织检查时，县卫生局还会提前逐个通知不具备资格的诊所歇业几天，以逃避上级的检查。② 类似这样一些问题，是引发医患纠纷和医疗纠纷争议的主要因素之一，但囿于管理权限，其他的组织和机构或者无法介入其中，展开调查和处理，或者难以突破个案，由点及面全部予以查处。但是，卫生行政管理机关却可以借助其行政权力所具有的规制扩散效果，运用其行政管理权从源头上予以防范，不仅解决医疗纠纷民事争议，还可以查处卫生行政违法行为。达到解决一个案，教育一大片，影响全行业的效果。

---

① 高红十，徐瑞祥："改革医疗体制　化解医患纠纷"，《法制日报》2006 年 9 月 15 日第七版。
② 转引自张桂辉："可敢轻易看医生"，《法制日报》2001 年 11 月 5 日第七版。

近来各地方纷纷仿效福建省聘请警务人员进医院的做法，引入警方的力量进入医疗纠纷的处理。如 2007 年 4 月武夷山 14 家医院聘请警察当副院长；沈阳自 2006 年开始在医院设立"警务室"；① 2007 年 5 月 16 日北京大学人民医院的警务工作站也正式挂牌。② 警察进驻校园、进驻设区，得到了社会的普遍认同和赞誉，但警察进医院的这种"岗位前移"行动却引发不同的声音，如"警察保护医院，谁来保护患者？""警察怎能成为医院的家丁？"等等。③ 根据卫生部发言人毛群安的解释，警察并不介入医疗纠纷的解决。这些措施主要是针对一些医疗机构管理不到位，内部治安保卫机构不健全，治安防范基础设施条件差，群防群治的措施和经费不落实，社会治安防范队伍与医疗机构内部治安保卫力量没有形成合力，致使一些医院出现了倒卖专家号的"票贩子"和以介绍看病、转院等为名进行谋利的"医托"，盗窃、诈骗患者等治安案件也时有发生等问题，为了配合卫生部、中央综治办、公安部等中央七部委联合下发的《关于深入开展创建"平安医院"活动的意见》而开展的活动。④ 因此，警察进驻医院建立警务室、警务站的做法，对于遏制"医闹"和"闹医"等行为，加强医院的治安管理，给患者提供一个安全、正常的医疗秩序和医疗环境，无疑具有直接的意义。但是，这些措施不是医疗纠纷的解决机制。第一，根据我国《警察法》第 6 条的规定："公安机关的人民警察按照职责分工，依法履行下列职责：（一）预防、制止和侦查违法犯罪活动；（二）维护社会治安秩序，制止危害社会治安秩序的行为；（三）维护交通安全和交通秩序，处理交通事故；（四）组织、实施消防工作，实行消防监督；（五）管理枪支弹药、管制刀具和易燃易爆、剧毒、放射性等危险物品；（六）对法律、法规规定的特种行业进行管理；（七）警卫国家规定的特定人员，守卫重要的场所和设施；（八）管理集会、游行、示威活动；（九）管理户政、国籍、入境出境事务和外国人在中国境内居留、旅行的有关事务；（十）维护国（边）境地区的治安秩序；（十一）对被判处管制、拘役、剥夺政治权利的罪犯和监外执行的罪犯执行刑罚，对被宣告缓刑、假释的罪犯实行监督、考察；（十

---

① 霍仕明，张国强："民警进驻医院都干点什么"；郭晓宇："卫生部纠正对武夷山'医院综治副院长'一事的误读——打击医闹不是创建平安医院的全部"；以及该报配发的短评："不必紧张"。《法制日报》2007 年 5 月 11 日第二版。

② 李松，黄洁："北京首家医院警务工作站投入使用"，《法制日报》2007 年 5 月 17 日。

③ 短评："不必紧张"，《法制日报》2007 年 5 月 11 日第二版。

④ 于呐洋："创建平安医院 构建和谐医患关系"，《法制日报》2007 年 5 月 12 日第二版。

二）监督管理计算机信息系统的安全保护工作；（十三）指导和监督国家机关、社会团体、企业事业组织和重点建设工程的治安保卫工作，指导治安保卫委员会等群众性组织的治安防范工作；（十四）法律、法规规定的其他职责。"其中并不包括直接对民事纠纷的处理权。医疗纠纷从性质上讲属于民事纠纷，警察机关及其工作人员可以调解医疗纠纷，但并不因此具有依其职权处理和裁决医疗纠纷的权力。第二，警察机关属于国家公权组织，在司法机关和其他有权机关对于医疗纠纷未作出生效法律裁判之前，除非基于其职权维护公共秩序和制止违法行为的需要，不能越权介入到医患纠纷，更不能凭借国家强制力非法采取强制措施等手段强行调处医疗纠纷，避免纠纷升级引发群体性事件发生。还需要注意的是，警察进驻医院后，所需办公场所、部分办公设施以及水、电、通讯等办公开支可能由医院负担，而且医院还可能以各种名义给予驻院警察以"慰问"和"补贴"等，并在医疗纠纷的处理问题上提出一些非分的要求和额外的帮助，对此派出驻院警察的公安机关应当严格自律，避免"吃了人家的嘴软"、"拿了人家的手短"，更要防止警察机关最终沦为医院的"打手"和"家丁"。

（三）行业协会

如前所述，单纯外设的监督机制，不仅不能有效地控制医疗行为、科学公平处理医疗纠纷，而且，还使得医界丧失了自我约束、自我规范、自我净化、自我发展的能力，甚至可能会刺激医界合力共同对付患者，把医疗事业引向歧途，造就一个法律更多但秩序更少的世界。[①] 虽然由医务人员处理医疗纠纷的中立性受到质疑，但是，这种通过社会力量控制、行业组织控制的做法在外国却普遍存在。如日本在医师协会内部设立了旨在解决医疗纠纷的医疗纠纷处理委员会，德国在师协会下设专司医疗纠纷的调处机构，瑞士的医学会对于医疗纠纷的调查处理，美国的医院内部调查和诉前处理程序等等。事实上这种做法的合理性也并不难理解，即医学专家所具有的无以替代的专业判断优势；更主要的是，共同的利益关系使得他们的命运息息相关，组织内任何个人的不规矩行为将会断送整个事业的命运，影响整体中其他多数人赖以生存的基础，必要的清理门户的做法也是整体利益和安全得以自保的必然选择。因为医疗行业成员之间构成了一个职业群体，其中某个医疗机构或者某些医务人员违反执业规

---

① ［美］罗伯特·C·埃里克森著，苏力译：《无需法律的秩序——邻人如何解决纠纷》，中国政法大学出版社 2003 年 8 月第一版，第 354 页。

范的行为，不仅损害了患者的利益，也损害了社会整个医界的尊敬和信任，让全体医务人员蒙羞。即使由于专业领域的隔阂，患者或者社会并不知晓医务人员是否实施了违背其职业规范，但某些情况下医界同行却心知肚明。例如右脚有病左脚"挨刀"的荒唐手术，① 一般人即可识别，但像"光量子"治疗仪、氦氖激光血管内照射治疗仪、"光纤针"等伪劣医疗器械和虚假治疗行为，② 以及上海市东方医院发生的未经批准对患者进行临床试验和无指征心肺联合移植手术、学术造假等问题，③ 如果不是医生陈晓兰、唐志雄仗义执言予以揭露，普通人哪里能分得清真伪呢？因此，同行的监督是最有效的监督，行业组织的内控也是最有效的控制。《国际医学伦理法典》对于医生相互之间的职责也作了具体要求："医生应该对同事检点行为，而他也同样对他。"

在行业内控方面，虽然有些地方已经迈出了可喜的步伐，如上海东方医院的问题在媒体曝光后，医界的反应充分展示了医界自我监控的力量在规范医疗行为过程中所起的无可替代的特殊作用。④ 2007 年 1 月中旬，上海市宣布成立人体器官移植技术临床应用委员会。但是，局部的应对措施和特定情景下的自发反应，尚未构成医界自治和控制的机制，也不能满足医界保持整体自我清洁的需要。目前我国的医学会无论是整体功能安排还是内部机构设置，都不能满足对医疗行为有效控制的作用。我们期待着通过对于医学会的改革达到对于医疗行为的有效规范。

（四）仲裁机构

仲裁的性质决定了其公正性追求。仲裁是一种民间性质的利益冲突救济机制，公正是其赖以存在的基础和生命力所在。与司法审判相比，其权威性不是直接来自于国家强制力的保障，而是源自社会的认同和当事人的自愿选择。然而，根据我国《仲裁法》的规定，我国现行仲裁机构的受案范围仅限于合同纠纷和其他财产权益纠纷。笔者赞同建立专门的仲裁机制对调处医疗纠纷，这不仅因为仲裁的中立性能够满足纠纷处理的公正性需求，仲裁制度设计的对程序的深度参与更易被纠纷当事人认同，仲裁的程序简便快捷，可以用最低的程序代价实现对于医疗纠纷的彻底解决等，更重要的是，仲裁能够较好实现纠纷处理的专业性与法律性的统一。在医疗纠纷处理问题上，始终存在一个专业性

① 新华社："4 岁童右脚有病左脚'挨刀'"，《南方都市报》2007 年 2 月 16 日 A16 版。
② 柴会群："医生陈晓兰 10 年打假路"，《南方周末》2006 年 12 月 28 日 A6 版。
③ 沈颖："上海东方医院治心术调查"，《南方周末》2006 年 12 月 7 日 B10 版。
④ 沈颖："多名权威专家回应上海东方医院事件"，《南方周末》2007 年 2 月 8 日 B10 版。

与公正性如何协调统一的问题。把医疗纠纷完全交给医方，其中立性、公正性不能得到完全认同；把医疗纠纷完全交给医患双方以外的第三方处理，囿于医疗纠纷专业的也难以做到科学公正。借鉴国外医疗纠纷处理的经验，建立由医方和法律等方面专家共同组成的仲裁庭，可以将医疗纠纷裁决所必须的医疗专业需求和法律专业保障有机结合，也可以最大限度地吸纳社会积极因素参与纠纷的处理。

如果实行医患纠纷仲裁制度，法学专家和医学专家共同组成的仲裁庭就有能力对医患双方提交的证据材料，去伪存真，综合分析判断，从而正确认定案件事实，可以同时完成医疗过错责任的认定与赔偿数额的确定，从而克服医患纠纷民事诉讼中审判人员医学知识不足难以查明事实、医疗事故鉴定委员会法学素养不足难以正确适用法律这一医学与法学总是"两张皮"、难以有机结合的缺陷。①

三、医疗纠纷多元解决机制的原则

因为医疗纠纷的多元解决机制包括两种或两种以上的纠纷解决机制，必然涉及到多种纠纷解决机制之间的关系问题。在处理医疗纠纷过程中如何安排这些程序，本文认为，应当坚持以下原则：

（一）当事人选择原则

考虑到当事人的负担能力、主观认同以及所处环境，在以上各种医疗纠纷解决机制中，应当赋予当事人选择其中一种作为解决其医疗纠纷的权利。

（二）各机制之间有限连接原则

基于法定的司法最终解决原则和仲裁的一裁终裁原则，对于已经法院和仲裁机构受理或者作出生效裁决的医疗纠纷，当事人不得向其他纠纷解决机制再行主张。除此之外，当事人对通过其他纠纷解决途径作出的决定如果不服，可以按照约定向仲裁机构申请仲裁，或者依法享有管辖权的法院提起诉讼。

（三）程序不回归原则

基于法律规定的"一事不再理"原则，对于已经仲裁机构和法院作出生效裁决的医疗纠纷，当事人不得就同一事实和理由向仲裁机构和法院重复申请仲裁和提起诉讼。除此之外，也不应允许当事人对通过其他纠纷解决途径已经作出决定的医疗纠纷，重新申请解决，进行再一次处理。

---

① 赵新河："构建仲裁制度是公正高效处理医患纠纷的必然选择"，《中州学刊》2005 年第 6 期。

（四）证据相互认可原则

在法律许可的情况下，当事人可以连续选择两种或者两种以上纠纷解决途径。为了避免程序上不必要的重复，对于通过前一纠纷解决途径已经确认的事实和证据，当事人之间没有正当法律理由，后一纠纷解决机构即予以确认，不再重复调查或重新审核认定。

（五）禁毁约原则

在前一纠纷解决运行过程中，对于当事人已经达成协议的部分，如果当事人仍然坚持，且不存在《民法通则》第 58 条规定的民事行为无效的情形的，或者当事人依照《民法通则》第 59 条主张撤销、变更不成立的，应视为继续有效，后一纠纷解决机构予以认叫。

四、医疗纠纷的管辖

非公权组织处理医疗纠纷通常基于双方当事人的自愿选择，一般不发生管辖权争议的问题，而根据我国的行政管理体制，行政处理的管辖依据医疗机构与直接的卫生行政管理机关之间的关系来确定，行政处理的管辖机构就是发生医疗纠纷的医疗机构的主管卫生行政机关。因此，可能发生管辖权争议的主要是通过诉讼途径解决的医疗纠纷。

关于医患双方分处两地的医疗纠纷诉讼的管辖权问题，一直存在着两个完全对立的观点。其中，一方认为，医疗纠纷诉讼应该适用一般地域管辖，由医疗机构所在地法院管辖。主要理由如下：首先，患者以损害结果地为由，就地提出诉讼，医疗机构不得不奔赴各地应诉，增大了医疗机构的人力物力开支；其次，如果医疗机构所在地法院未获得管辖权，当医疗事故鉴定在原告所在地进行时，由于大的医疗机构都在中心城市，原告居住地是否可以公正鉴定或是否有能力鉴定，值得怀疑，而且增加了医院的鉴定成本；其三，医患双方情绪对立，医疗机构派员到原告居住地应诉可能遭到原告方暴力行为；最后，当地法院的地方保护主义可能导致医院败诉，如法院在医方无过错的情况下采取无过错原则或公平责任原则，向患方倾斜，认为有损害必判赔偿，无原则地判决医疗机构进行赔偿。[①] 另外一方则持完全相反的观点，认为医疗纠纷以侵权结果发生地确立管辖权，符合我国现行法律的相关规定，符合法理要求，也有利

---

① 王琼书，赵育新，刘幼英，陈大军："医疗纠纷诉讼中的管辖权异议"，《中国医院管理》2005 年第 11 期；沈成良："医疗事故争议纠纷的诉讼管辖"，《法律与医学杂志》2003 年第 4 期。

于遏制地方保护主义。①

医疗纠纷案件大体上可以类分为医疗合同纠纷案件与医疗侵权纠纷案件。根据我国《民事诉讼法》的规定，此两类案件都属于特殊地域管辖的案件，不适用普通地域管辖关于原告就被告的规定。因此，主张根据普通地域管辖原则确定医疗纠纷案件管辖法院的观点显然与立法相悖。根据《民事诉讼法》特殊地域管辖的规定，因合同纠纷提起的诉讼，由被告住所地或者合同履行地法院管辖；因侵权行为提起的诉讼，由侵权行为地或者被告住所地法院管辖。最高人民法院《关于适用〈中华人民共和国民事诉讼法〉若干问题的意见》第28条规定："民事诉讼法第29条规定的侵权行为地，包括侵权行为实施地、侵权结果发生地。"《民事诉讼法》第35条又规定："两个以上人民法院都有管辖权的诉讼，原告可以向其中一个人民法院起诉；原告向两个以上有管辖权的人民法院起诉的，由最先立案的人民法院管辖。"因此，医疗纠纷的民事诉讼管辖应当是具体明确的，即除非医疗行为的损害结果发生在患者所在地，其他情况下都将由被告也即医疗机构所在地法院管辖。

如果抛开了地方保护主义等因素不考虑，单从技术上讲，笔者认为，由医疗机构所在地的法院管辖医疗纠纷诉讼更为有利：其一，方便法院查证取证。医疗纠纷案件的核心问题是要查明医疗机构及其医务人员在医疗活动中，是否违反医疗卫生管理法律法规、规章和诊疗护理规范、常规以及医疗职业道德，对于讼争的医疗活动主观上是否存有过失。这些问题的查明，需要深入到医疗机构的现场调查了解，也需要考虑当地当时的医疗卫生条件状况，参考该医疗机构以往的内部管理和诊疗实际，综合进行判断。当地法院与医疗机构同在一地更方便了解，而外地法院要了解和掌握这些情况则存在一定困难，而且实施诊疗行为的医务人员和了解案件情况的证人也都在管辖当地，有利于法院传唤他们出庭作证。第二，有利于与当地卫生行政部门配合，对医疗机构及其医务人员的行为进行必要的行政管理。案件发生在当地医疗机构，又由当地的法院审理，当地的卫生行政管理机关能够全面及时地掌握相关情况，有针对性地采取措施，纠正医疗机构的违法、违规行为。这些问题虽然出现在具体个案中，但却往往带有普遍性，法院的审判权鞭长莫及，而且如果当事人不是以医疗事故争议提起的诉讼，医疗机构也不需要将

---

① 彭松："再论医疗事故争议纠纷的诉讼管辖"，《法律与医学杂志》2006年第1期。

审理的结果报告当地的卫生行政机关，① 卫生行政机关就无从获取这些信息，不能行使行政权展开必要的行政管理活动。

　　然而现实的情况是，地方保护主义已成为司法不公的制度结构性缺陷，患者与医疗机构不仅在专业知识方面存在较大差距，在经济条件、诉讼能力、人际关系等方面更是无法相比。据报道，重庆市忠县的周泽桂为了状告县中医院手术中存在过错造成其妻子残疾，仅有初中文化且十分贫穷的他到重庆和周边区县的书店熟读了七十八本医书和二十多本法律书籍，记笔记近十万字，历经八年艰辛三次审理，才打赢了一场从开始本应胜诉的官司。试想，如果周泽桂夫妇不是在本县医院而是在外地医院做的手术，诉讼案件如果由医院所在地法院管辖，那他们打赢官司的难度又要增加几成？因此，在公共利益维护（方便法院诉讼、节省司法资源、有利于行政管理）与患者利益不能两全的情况下，保护公民的生命与健康这一最基本权利，不仅是我国宪法和法律确定的基本原则，也是以人为本法治观的基本要求，现实的制度设计与安排应当对此做出回应。笔者建议，建立类似于现行行政诉讼正在试点的异地审理制度，② 赋予原告以管辖选择权，方便患者及其家属进行诉讼，尽可能消解地方保护主义对于法院审判可能造成的干扰和影响。

　　我们已经进入了一个科技日新月异、社会高速发展的崭新时期，人类也早已"可上九天揽月，可下五洋捉鳖。"人们出于对生命的珍惜和对美好生活的向往，总是企求医学也能够不断地创造奇迹，然而人类对于自身却远未做到真正认识和了解，医学也还不能完全救大众于疾病苦难之中。医界也是人的世界，既彰显着善良仁慈的光芒，也难以避免错误与邪恶混迹其中。因此，在可预见的未来，医疗纠纷仍将继续发生，而建立科学、高效、公平的医疗纠纷解决机制就是我们必须的选择。与普通民事纠纷不同的是，在医疗纠纷中，虽然医患双方存在一定的不对等关系，在医疗纠纷中，当事人地位也具有一定的恒定性，即提出医疗纠纷请求的一方始终是患者或其家属，医方则始终处于被主张的地位。但是，医疗卫生事业与个体生命健康，对人类社会来讲都是至关重要的，任何一种医疗纠纷解决机制都必须从保全两者利益的目的出发，实现两

---

　　① 《医疗事故处理条例》第44条的规定："医疗事故争议经人民法院调解或者判决解决的，医疗机构应当自收到生效的人民法院的调解书或者判决书之日起七日内向所在地卫生行政部门作出书面报告，并附具调解书或者判决书。"
　　② 袁定波："扭转告状难、高官不见官现象——浙江探索行政案件异地管辖制和负责人出庭应诉制"，《法制日报》2007年3月29日第五版。

种价值的共赢。本章只对医疗纠纷的解决机制进行了初步探讨，但医疗纠纷仅在纠纷解决的问题上也远未终结，如改革现行诉讼制度、构建专门的诉讼程序，改革现行医疗管理体制、转换政府职能，改革医学专业学会、强化行业自律与自治、提升非政府组织对于医疗纠纷的调处能力，以及构建新型的医疗纠纷解决制度等等。我们殷切地期待着，也有理由相信，医疗纠纷能够得到有效化解，医疗卫生事业能够不断进步，人类一定能"永享生命的快乐和实践医术"，医学及其从业人员"永受人们的尊敬。"①

---

① 摘自希波克拉底誓言。

后 记

　　从获得广东省哲学社会科学"十一五"规划项目立项，到完成研究并付梓成书，历时近五年，期间经历了调动工作、迁居城市的劳烦和祖屋被拆迁的无助，也经历了母亲从病重到去世的痛苦，使纠纷解决这一沉重的研究课题增添了许多力不从心与心力交瘁之感。但无论如何，作为一位学者，有著作问世总是一件值得高兴的事情，尤其是我非常尊敬的《民主与法制》社副总编刘桂明先生为拙作拔冗写序，更让我甚感欣慰，令拙作增辉。

　　拙作的完成首先要感谢我的妻子郭丽红教授，她不仅给了我生活上的关心和照顾，更在本项目研究过程中，同我进行过许多专业上的讨论与交流。

　　感谢广东省社科规划办及课题的评审专家，尽管我不知道他们的名和姓，但他们给予我选题的认可和对我研究能力的信任，使我获得了该项研究的立项。

　　感谢我供职的广东工业大学文法学院慷慨给予的出版资助。

　　当然，也要感谢教育部高等学校社会科学发展研究中心将拙作列为"高校社科文库"并给予部分出版资助，并感谢光明日报出版社责任编辑的辛勤劳动。

　　因为能力和水平的局限，书中存在不少疏漏和错误，恳请读者不吝赐教。谨以此书献给我的母亲！

邵俊武

2010 年 9 月 24 日